Unterrichten mit Logik & Liebe

Pearl Nitsche

NONVERBALE INTELLIGENZ
im Klassenzimmer

We have to reach them to teach them!

Impressum
1. Auflage Mai 2008
Cover nach einer Idee von Heidi Breuer
Kern Design: Shareef Fahim
Illustrationen: Derrick Nitsche
Plakate: Laura Nitsche
© by Pearl Nitsche, 2008
ISBN 978-3-939359-89-0
Alle Rechte vorbehalten. Ein Nachdruck oder eine andere Verwertung ist nur mit ausdrücklicher schriftlicher Genehmigung des Verlags gestattet.
printyourbook
Inge Reichardt Verlag
Fuggerstraße 2c
86836 Untermeitingen
www.printyourbook.de
www.pearls-of-learning.com

Die Autorin

Pearl Nitsche, gebürtige Amerikanerin, die seit mehr als 30 Jahren in Wien lebt, ist begeisterte Lehrerin, Lehrerausbildnerin, Sprach- und Kommunikationstrainerin wie auch Konferenzsprecherin.

Sie gründete 1984 das SLL Institut, das auf die Kommunikation und das Lernen mit ganzheitlichen Unterrichtsmethoden wie Superlearning, Suggestopädie, NLP für Lehrer (Neurolinguistisches Programmieren) und andere gehirngerechte Lerntechniken spezialisiert ist. Sie hat in den letzten zwei Jahrzehnten tausende LehrerInnen in acht von neun Bundesländern Österreichs sowie auch europaweit – von Russland bis Istanbul – und auch in Nord- und Südamerika ausgebildet.

"Tue, was du liebst und liebe, was du tust. Und du wirst keinen einzigen Tag mehr in deinem Leben arbeiten"
– Mark Twain

Sie hat Unterrichtserfahrung mit Lernenden aller Altersgruppen, vom Kindergarten bis zur Universität, arbeitet seit über zwanzig Jahren in der Erwachsenenbildung und unterrichtete bis vor kurzem 1o- bis 14-jährige Schüler einer bilingualen Mittelschule im 16. Wiener Bezirk.

Ihr erstes Buch heißt

NONVERBALES KLASSENZIMMER MANAGEMENT.
Strategien aus der Praxis für die Gruppe

und behandelt wie aus dem Titel ersichtlich ist, nonverbale Gruppentechniken. Dieses zweite Buch, das Sie jetzt in Ihren Händen halten,

NONVERBALE INTELLIGENZ im Klassenzimmer
We Have to Reach Them to Teach Them!

beinhaltet weitere Themen, vor allem das Arbeiten mit dem Individuum, die in ihrem beliebten Seminar

Nonverbales Klassenzimmer Management

für Lehrer behandelt werden.
Sie liebt ihre Arbeit!

Ein Großes Dankeschön

An **Michael Grinder.**
Er hat mir dieses Thema vorgestellt. Mit seinen Ermutigungen, solche Seminare zu veranstalten, gab er mir den ersten Schub in diese Richtung. Danke, Michael, du hast mein Leben verändert!

An **meine „visuelle" Tochter Karin Laura und an meinen „kinästethischen" Sohn Derrick.** Ihr beide schenkt mir nicht nur Beispiele für die Kurse, sondern liefert mir vor allem ein inspirierendes Beispiel für das Leben. Danke!

An **meine ehemaligen Schüler und Schülerinnen in der Bilingualen Mittelschule.** Ich war eure Lehrerin und gleichzeitig habe ich so viel von euch gelernt!

Und an **alle Lehrerinnen und Lehrer,** die an den Kursen teilnahmen.

Einen ganz besonderen Dank an die Lehrerinnen, die mir ihre Kommentare und Erlebnisse für dieses Buch schickten. Viele der Ideen in diesem Buch stammen von euch. Ihr seid die inspirierten und inspirierenden Begleiter unserer Kinder. Diese Kinder - unsere Zukunft - liegen in euren Händen. Gemeinsam tragen wir dazu bei, dass unsere Welt ein besserer Platz zum Leben wird!

Leseinfo

Aus Gründen der besseren Lesbarkeit habe ich auf die doppelgeschlechtliche Anrede – LehrerInnen, SchülerInnen, TrainerInnen, etc. - verzichtet. Die Form variiert und ich habe mich bemüht die weiblichen und die männlichen Formen gleichmäßig zu verteilen. Wenn also von der Lehrerin die Rede ist, ist auch der Lehrer gemeint; wenn vom Schüler gesprochen wird, betrifft die Aussage auch die Schülerin. Das heißt, die männliche oder weibliche Form ist jeweils eingeschlossen.

Ich habe mich auch bemüht, Anerkennung für die Ideen, die ich im Laufe der letzten zwei Jahrzehnten sammelte, an den entsprechenden Stellen dieses Buchs zu geben. Falls ich eine Quelle übersehen bzw. nicht erkannt habe, aus der ein Spiel, eine Aktivität oder eine Geschichte stammt, bitte ich um die Zusendung dieser Information, die ich bei der nächsten Ausgabe dieses Buchs berücksichtigen werde.

Inhaltsverzeichnis

Einführung

Teil I – DIE BASIS

Kapitel 1   Die Realität hat viele Gesichter
Kapitel 2   Einfluss vs. Macht
Kapitel 3   Flexibilität siegt!

Teil II – LERNSTILE & LERNSTRATEGIEN

Kapitel 4   Lernstile:
             Wie nehmen wir unsere Welt wahr?
Kapitel 5   Der kinästhetische Schüler:
             Du bist ein kleiner Wirbelwind!
Kapitel 6   Spiele & Aktivitäten
             für Bewegungshungrige
Kapitel 7   Der auditive Schüler:
             Du bist eine Plaudertasche!
Kapitel 8   Spiele & Aktivitäten
             für Redefreudige
Kapitel 9   Der visuelle Schüler:
             Deine Augen sind wie ein Fotoapparat!
Kapitel 1o   Visuelle Aktivitäten & „Frame Games"
             für den multi-modalen Unterricht
Kapitel 11   Metaprogramme:
             Lebens- & Lernstrategien

Teil III – ZUSAMMENFASSEND

Kapitel 12:   Das Ziel:
              Multimodalität. So erreichen Sie alle

Bibliographie
Kontaktinformation

Einführung

Herzlich willkommen bei

**NONVERBALE INTELLIGENZ
im Klassenzimmer
We Have to Reach Them to Teach Them!**

ein Leitfaden für Lehrer und Trainer, der Wege zeigt, wie Sie mit weniger Worten die Lernenden in Ihrem Klassenzimmer besser erreichen können.

Dieses Buch ist ein Wegweiser und eine Sammlung meiner Erfahrungen als Lehrerin sowohl in einer Wiener bilingualen Mittelschule für 1o- bis 14-jährige, als auch an einer Handelsakademie für 14- bis 19-jährige. Es ist auch eine Sammlung der Erfahrungen von Lehrern, die bei meinen Lehrerfortbildungsseminaren für alle Schulstufen – von Kindergartenbetreuern, Volksschul-, Hauptschul- und Gymnasiallehrern über Ausbildner in der Erwachsenenbildung bis zu Universitätsdozenten - teilgenommen haben.

Das Buch bietet sowohl Theorie als auch handfeste Werkzeuge, um Lehrern zu helfen, im Klassenzimmer das umzusetzen, was sie am meisten wollen – nämlich unterrichten!

Probieren Sie es einmal nonverbal!

Wir reden und reden und reden als Lehrkräfte ... und sehr oft werden wir frustriert. Wir haben das Gefühl, dass unsere Schüler einfach nicht zuhören oder unsere verbalen Anweisungen nicht ernst nehmen.

Wie kann ich meine Schüler besser erreichen?
Worte tun es anscheinend nicht. Seit Jahrhunderten sprechen Lehrer die gleichen Sätze aus: „Seid leise!", „Passt auf!", „Warum hast du schon wieder deine Hausübung vergessen?" Und seit Jahrhunderten beklagen sich Lehrer, dass die Schüler nicht zuhören.

Das ist die Macht der Gewohnheit. Es entsteht ein Gefühl der Ohnmacht. Aber wenn wir wollen, dass etwas sich verändert, müssen wir etwas anders machen als bisher.

Mein Vorschlag: Probieren Sie es nonverbal.

Über 82% unserer Kommunikation ist nonverbal

Professor Albert Mehrabian, der seit den 60er Jahren ein Pionier in der Kommunikationsforschung ist, hat an der University of California ein Projekt über Kommunikation durchgeführt. Er stellte fest, dass die drei Faktoren, die die Effektivität eines Gespräches beeinflussen, folgende sind:

7% verbal = die Worte, die gesprochen werden
38% vokal = wie diese Worte sich anhören

und

55% visuell = wie man dabei ausschaut

Das sind 7% verbal und 93% nonverbal!

Andere, konservativere Einschätzungen setzen den Anteil der Kommunikation, der nonverbal stattfindet, auf ca. 82%. Ein beachtlicher Anteil, den Lehrer, um erfolgreich zu unterrichten, unbedingt beachten sollten.

Sehr oft sind uns aber unsere nonverbalen Signale gar nicht bewusst. Wir vermitteln dadurch Botschaften, die nicht konform mit unseren Erwartungen bzw. den Erwartungen unserer Schüler sind. Wir sind dann überrascht oder enttäuscht, dass die Schüler unsere Anweisungen nicht befolgen.

Wie oft hört man im Lehrerzimmer den Satz: "Ich habe es ihm schon so oft gesagt, aber er macht es nicht". Nonverbale Botschaften sind stärker als verbale.

Wenn unsere verbale Botschaften und unsere nonverbale Botschaften nicht übereinstimmen, wenn wir nicht **KONGRUENT** sind, "hören" und reagieren unsere Schüler eher auf unsere nonverbalen Botschaften als auf unsere Worte. Diese nonverbalen Botschaften, die auf der unbewussten Ebene ablaufen, sind viel "lauter" als Worte.

Das Ziel:
Das Unbewusste bewusst machen!

Viele der Techniken, die ich hier präsentiere, werden Ihnen bekannt vorkommen. Sie werden sich oft dabei denken: "Ja! Das mache ich auch!".

Es passiert oft in meinen Seminaren, dass Teilnehmer mir das Feedback geben: "Eine der schönsten Wirkungen war, dass ich eine Bestätigung für Techniken bekam, die ich bis jetzt intuitiv eingesetzt habe".

"Intuitiv" ist hier das Schlüsselwort.

Wir wissen intuitiv, wie wir effektvoll unterrichten können. Und wir tun das auch. Nur, da wir meist aus dem Bauch heraus handeln und die Hintergründe nicht verstehen, setzen wir dieses intuitive Wissen nicht systematisch ein. Manchmal klappt es, manchmal auch nicht. Der Erfolg wird dem Zufall überlassen.

Erst wenn wir verstehen, WARUM es so funktioniert – wenn das unbewusste Handeln bewusst wird – haben wir ein verlässliches Werkzeug, das wir bewusst und systematisch im Klassenzimmer einsetzen können. Damit können wir unsere Erfolge im Klassenzimmer Management bewusst ansteuern – statt sie dem Zufall zu überlassen.

Liebe Pearl!

Heute ist mein Klassenzimmer anders als früher: Ich bin ruhiger, gelassener und entspannter geworden. Ich muss mich weniger ärgern, da vieles automatisch und ruhiger verläuft. Die Stimmung in der Klasse ist freundlicher, weil ich weniger ermahnen oder schimpfen muss. Ich bin wieder lieber im Unterricht und meine Magenschmerzen, verursacht durch die täglichen Auseinandersetzungen, treten nur mehr ganz selten auf.

Margit W., Hauptschullehrerin, Wien

DAS UNBEWUSSTE BEWUSST WERDEN LASSEN

Liebe Pearl!

„… in unserem Seminar hast Du mir gezeigt, wie wichtig es ist, auf die verschiedenen Typen von Menschen auch unterschiedlich einzugehen. Bisher war ich immer ein Mensch, der mit der Brechstange alle gleich behandelt hat. Ich dachte, das wäre gut so und gerecht, jetzt aber weiß ich, dass ich damit sehr viele Menschen vor den Kopf gestoßen, beleidigt oder ihre Gefühle ignoriert habe. Man kann wirklich nicht alles über einen Kamm scheren. Ich hoffe und wünsche mir, dass ich noch viele weitere Erkenntnisse über mich selbst gewinne und dass ich dadurch ein besserer Lehrer und Mitmensch werde. Ich danke dir, dass du meine Augen geöffnet hast…"

Karl P., Hauptschullehrer, Tirol

Wie geht das vor sich?

Mein erstes Buch,

**„Unterrichten mit Logik & Liebe
NONVERBALES KLASSENZIMMER MANAGEMENT
Strategien aus der Praxis für die Gruppe"**

handelt, wie aus dem Titel ersichtlich ist, von Gruppentechniken.

In dem Buch, das Sie jetzt in der Hand halten, geht es um die einzelne Person.

Haben Sie manchmal das Gefühl, dass einzelne Schüler in Ihren Klassen von einem anderen Planeten kommen? Dass Sie und Ihre Schüler in zwei verschiedenen Welten leben?

Um eine Person zu erreichen, ist es nicht notwendig, ihre Realität anzunehmen. Aber um sie zu erreichen, müssen wir zumindest ihre Realität wahrnehmen. So können wir sie dort abholen, wo sie sind und sie dann dorthin bringen, wo Lernen optimal stattfinden kann.

Aus diesem Grund werden in diesem Buch folgende Themen behandelt:

- Welche **NONVERBALEN SIGNALE** deuten auf den Lern- oder Kommunikationsstil meines Gegenübers? Welche – visuell, auditiv oder kinesthetisch - ist seine bevorzugte Modalität?

Diese Signale stellen den **ZUGANG** zum Schüler dar.

- Welche **METAPROGRAMME** oder **LERNSTRATEGIEN** setzt der – vor allem schwer erreichbare - Schüler ein? Was motiviert ihn? Soll ich ihm z.B. die sprichwörtliche Karotte vor die Nase halten oder ist es besser, er weiß, was ihm alles entgehen wird, wenn er nicht ordentlich lernt? Braucht er viele Details oder eher einen globalen Überblick? Und so weiter...

Wenn ich seinen Zugang erkenne und seine Strategien verstehe, weiß ich, wie ich darauf reagieren kann, um ihn dort, wo er jetzt ist, abzuholen. Welche **NONVERBALEN TECHNIKEN** kann ich einsetzen, um

> Liebe Pearl!
>
> Danke für die tolle Veranstaltung... mir ist so viel in meinem Unterrichtsablauf deutlich gemacht worden. Vor allem ist mir bewusst geworden:
>
> Viel Nonverbales läuft automatisiert ab, einiges setzt man auch bewusst ein, aber dass man den Unterricht wirklich bewusst nonverbal lenken kann, das war für mich beim gestrigen Seminar eine neue Erfahrung.
>
> Danke und alles Liebe
>
> Gerda K., Volksschule, Steiermark

den Schüler besser zu erreichen bzw. zu motivieren?

- Sie werden nie eine Klasse haben, wo alle Lernenden die gleiche Hauptmodalität haben. Es kommt hinzu, dass, je multimodaler Ihr Unterricht gestaltet wird, das Erlernte umso besser ins Langzeitgedächtnis eingeht. Aus diesen Gründen behandelt das letzte Kapitel den **MULTIMODALEN UNTERRICHT.**

Meine ursprüngliche Absicht war es, auch Gruppentechniken, vor allem die Herstellung von Gruppenrapport, zu behandeln. Das Thema ist jedoch zu umfangreich. Und schon habe ich wieder ein neues Thema für eines der nächsten Bücher, die ich gerne schreiben will!

- Die Lehrer, die in meinen Kursen sind, sind eine Inspiration und eine unerschöpfliche Quelle von tollen Ideen. Aus diesem Grund habe ich „Aktion Erfahrung" initiiert. Viele Lehrer haben mir **TIPPS UND TECHNIKEN,** die sie selbst im Unterricht einsetzen, für dieses Buch zur Verfügung gestellt. Diese Beiträge wie auch **AKTIVITÄTEN,** die Sie gleich morgen im Klassenzimmer einsetzen können, habe ich an den passenden Stellen eingefügt.

Nachdem Sie dieses Buchs fertig gelesen haben, werden Sie Ihre Schüler (und vielleicht auch sich selbst) mit anderen Augen betrachten. Sie werden besser verstehen, woher schwieriges Verhalten stammt. Dieses Verständnis resultiert in mehr Geduld und Einfühlungsvermögen. Nun wird Ihnen eine Auswahl an Handlungsmöglichkeiten zur Verfügung stehen. Das Gefühl der Ohnmacht verschwindet.

Das Resultat: eine harmonische und produktive Atmosphäre im Klassenzimmer, die sowohl Ihren Schülern wie auch Ihnen zu Gute kommen wird.

Wie hat es begonnen?

In den 70er Jahren wurde in Kalifornien an der Universität von Santa Cruz das Neurolinguistische Programmieren (NLP) von Richard Bandler, Informatiker und Mathematiker, und John Grinder, Professor der Sprachwissenschaft, entwickelt. Inzwischen hat sich dieser Kommunikationsansatz, der ursprünglich im Bereich der Psychotherapie begann, in allen Bereichen und Berufssparten weltweit verbreitet.

Michael Grinder, Johns Bruder und ein hervorragender Lehrer und Trainer, hat diese Erkenntnisse in den Bereichen Pädagogik und Business erweitert. In den frühen 90er Jahren habe ich mehrere Seminare Michaels besucht und war fasziniert von der Klarheit und Genialität der vorgestellten Unterrichtstheorien und Techniken. Grundlegende Kenntnisse und Erkenntnisse, die jede Lehrerin (zumindest intuitiv) weiß, werden in ein klares, durchsichtiges System gestellt. Das Unbewusste wird bewusst. Das Intuitive wird zum Werkzeug. Und der Lehreralltag wird nicht nur leichter, sondern macht (noch mehr) Freude und Spaß!

Michael hat mich ermuntert, dieses Wissen an LehrerInnen weiterzugeben. Das habe ich jahrelang in meinen Seminaren gemacht und viele tausende Lehrer weltweit dadurch erreicht. Mit meinem letzten Buch über nonverbale Gruppenstrategien bin ich zu der Erkenntnis gekommen, dass meine Botschaft durch die Veröffentlichung von Büchern einen viel größeren Kreis erreichen kann. Das Buch ist zu einem „Bestseller" für Lehrer geworden. Das hat mir wieder die Bestätigung gegeben, wie extrem wichtig dieses Thema für Lehrer ist.

Meine Leser und Seminarteilnehmer wollten mehr. Immer wieder bin ich gefragt worden: „Wann kommt das nächste Buch heraus?" oder „Warum steht das, was du gerade gesagt hast, nicht im Buch?!?!"

Ich habe eure Fragen ernst genommen und dieses Buch ist meine Antwort darauf.

Michael Grinder
www.michaelgrinder.com

Ein Gespräch zwischen Kollegen

Dies ist ein Buch für Lehrer, das von einer Lehrerin geschrieben wurde. Ein Buch von der Praxis für die Praxis – ein Gespräch unter Kollegen. Es beinhaltet eine riesige Menge von Tipps und Techniken, die Sie morgen im Klassenzimmer gleich einsetzen können.

Es wird Ihnen schon aufgefallen sein: Vom Schreibstil her ist dies kein "wissenschaftliches" Werk. Ich kann zwar (wenn es unbedingt sein muss!) in der Theorie verweilen, aber im Herzen bin ich ein Praktiker. So schreibe ich auch.

Die Tatsache, dass ich lieber in der Praxis als in der Wissenschaft verweile, hat mich jahrelang daran gehindert, ein Buch zu veröffentlichen. Ich fragte mich immer wieder: Muss ein Buch nicht trocken und wissenschaftlich verfasst werden, damit es glaubwürdig ist? Und ich höre heute noch die Worte meiner Lehrer aus der eigenen Schulzeit: „Man schreibt ein wertvolles Werk, das faktisches Wissen beinhaltet, NIE in der ersten Person Einzahl, in der „Ich-Form".

Dann habe ich es halt gewagt. Ich wusste, ich habe etwas sehr Wichtiges mitzuteilen und es geht eben für mich nur so auf dieser informellen „Lehrer zu Lehrer"-Basis.

Die Leserreaktionen waren überwältigend! Meine Leser erzählten, sie hätten richtig aufgeatmet – endlich ein Buch, das wertvoll und gleichzeitig leicht verständlich ist. Sehr viele haben sich auch die Zeit genommen und die Mühe gemacht mir das mitzuteilen. An dieser Stelle möchte ich euch nochmals danken.

Am Ende des Buchs finden Sie eine kurze Bibliographie.
Die meisten Informationen stammen jedoch entweder von meinen eigenen Erfahrungen in der Schule, von Erlebnissen meiner Kursteilnehmer und von den Seminaren und Erzählungen, die ich mit meinen zwei großartigen Mentoren und Lehrern, Michael Grinder und Dr. Charles Schmid, erlebt habe.

NLP wird auch manchmal „A Model of Excellence" genannt. Dem liegt folgendes Prinzip zu Grunde: Wenn wir etwas Neues lernen oder kreieren wollen, sollen wir zuerst ein Modell suchen, das diese Fertigkeit schon par excellence in sich trägt, um nicht das Rad neu zu erfinden. Dann machen wir dieses Modell nach.

Ich werde hier in diesem Buch dieses Prinzip gelegentlich bei meinen eigenen Ideen einsetzen ☺. Vor allem im Einführungsteil und auch bei manchen der Geschichten habe ich aus meinem ersten Buch zitiert. Die Grundbegriffe und Basisannahmen von „Nonverbaler Intelligenz" (Wenn es Emotionale Intelligenz und Multiple Intelligenzen gibt, warum nicht auch „Nonverbale Intelligenz" ?) sind für das Verständnis der neuen Leser, die dieses Thema noch nicht kennen, unbedingt notwendig. Und, wie wir Lehrer wissen, ist eine kurze Wiederholung sicher pädagogisch wertvoll.

Wie beim ersten Buch hat Robin Riegler in liebenswürdiger Weise die Korrektur gemacht. Robin verdient ein großes Dankeschön: Da meine Muttersprache nicht Deutsch ist, hat er die Hände wieder einmal voll zu tun gehabt! Es gibt noch immer Stellen, die sich sehr "Englisch" anhören. Wir haben sie mit Absicht so gelassen. Das bin ich und das passt auch, unserer Meinung nach, zum Ton des Buches – ein Gespräch unter Lehrern.

> Liebe Pearl!
>
> „Übrigens habe ich Dein Buch mit Vergnügen gelesen und hörte sogar deine Stimme dabei!"
>
> Edith J., Trainerin in der Erwachsenenbildung, Deutschland

Das Format

Wenn Sie dieses Buch durchblättern, werden Sie merken, dass es teilweise ein ungewöhnliches Format hat. Der Buchtext selbst ist zum Großteil auf der linken Seite des Buchs. Auf der Seite, die rechts erscheint, sehen Sie zum Inhalt passende Abbildungen, Zeichnungen, Tabellen, Lehrerbeiträge, Zitate, verschiedene Aktivitäten, wie auch Platz für Ihre eigenen Notizen.

Zum Großteil wird im Text auf diese rechte Seite gar nicht hingewiesen. Die Informationen sind einfach dort, um beim Lesen des Buchs entweder jetzt oder später, bewusst oder auch unbewusst und peripher wahrgenommen zu werden.

Probieren Sie es selbst einmal aus:
Erzählen Sie Ihren Schülern, dass sie die Informationen, die einfach peripher, am Rande des Haupttextes stehen, eigentlich nicht anschauen sollen. Oder erwähnen Sie sie gar nicht. Wohin glauben Sie werden die Augen Ihrer Schüler wandern?

Das periphere Lernen ist ein suggestopädisches Element.

Suggestopädie und andere gehirngerechte Lernmethoden

Mein zweites Spezialgebiet ist **„GEHIRNGERECHTES LERNEN"** auch **„SUGGESTOPÄDIE"** oder **„SUPERLEARNING"** genannt. Ich biete seit vielen Jahren Ausbildungslehrgänge zu diesem Thema an und lasse auch viele suggestopädische Elemente in meine sonstige Arbeit, wie z.B. dieses Buch, einfließen.

In den 6oer Jahren hat Dr. Georgi Lozanov, ein bulgarischer Arzt und Professor an der Universität von Sofia Suggestopädie, die erste ganzheitliche Lernmethode, entwickelt. Kurz zusammengefasst ist Suggestopädie die Aufnahme von Wissen in entspanntem Zustand, untermalt von klassischer oder Barockmusik. Auf diese Weise wird der neue Stoff drei bis fünf Mal schneller als bei herkömmlichen Lerntechniken passiv gespeichert. Nun muss der passiv gespeicherte Stoff aktiviert werden und dies geschieht anhand von spielerischen, kreativen und interaktiven Lerntechniken.

Die moderne Suggestopädie versteht sich als eine Methodenvielfalt mit dem Ziel, Lernprozesse zu optimieren und unser riesiges Potenzial an ungenützten mentalen Reserven auszuschöpfen. Als Kern der **MODERNEN SUGGESTOPÄDIE** bleibt Lozanovs Methode. Hinzu kommen die neuesten Erkenntnisse aus Lernbiologie, Streßforschung, Gehirnforschung, humanistischer Psychologie wie z.B. NLP, Kinesiologie und aus anderen Bereichen, die sich mit Lernen und Lerntheorien befassen. Dieser Ansatz kann erfolgreich für jedes Fach und für alle Altersgruppen eingesetzt werden und wirkt sehr motivierend.

In dieses Buch habe ich viele gehirngerechte und suggestopädische Elemente einfließen lassen. Wann immer so ein Element vorkommt, werde ich Sie darauf aufmerksam machen. Auf diese Weise können Sie sich nicht nur mit dem Inhalt und Thema dieses Buchs beschäftigen, sondern Sie können auch gleichzeitig mit dem suggestopädischen Prozess Bekanntschaft machen.

Falls Sie in Wien sind ...
Renée Thier unterrichtet in der Übungsvolksschule der
Pädagogischen Hochschule und macht Vorführungen von
Suggestopädie und ihrem Einsatz in der Schule.
Anmeldung unter:
http://fortbildung.phvienna.at/db1/v_list.aspx?inst=p1

Es gibt einige internationale Verbände, die durch regelmäßige
Konferenzen, Newsletters und den Aufbau von Netzwerken diese
Unterrichts- und Lernmethoden aktiv unterstützen.

DGSL
(Die Gesellschaft für suggestopädisches Lehren & Lernen)
Tel.: ++49 8123 99 1000
e-mail: dgsl@compuserve.com
website: www.dgsl.de

IAL
(International Alliance for Learning)
e-mail: info@ialearn.org
website: www.ialearn.org

Es gibt auch Informationen über Suggestopädie auf meiner Website:
www.pearls-of-learning.com ➨ Suggestopädie in der Schule

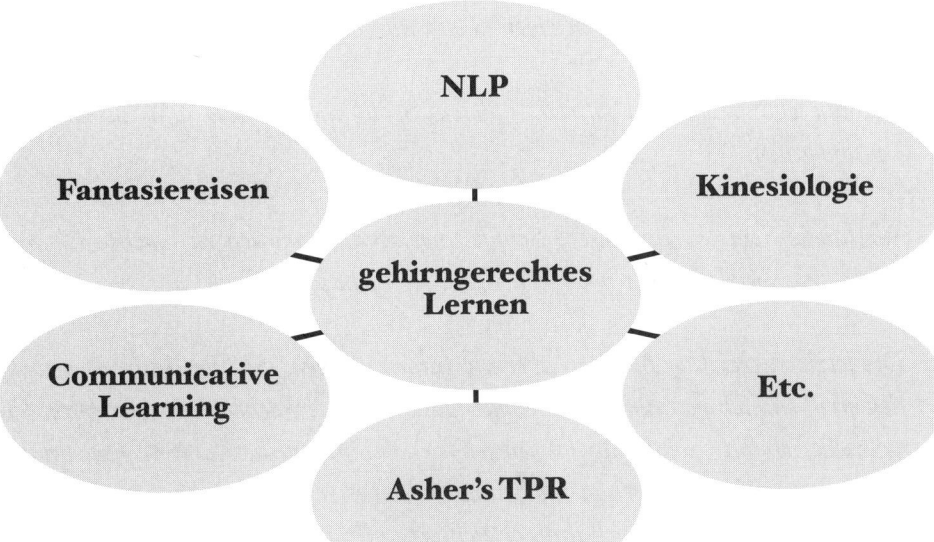

Das nonverbale Smorgåsbord

Ich biete Ihnen hier in diesem Buch eine große Auswahl an Techniken an, ein Potpourri, das Sie gleich morgen in Ihrer Klasse umsetzen können.

Hier geht es um die Vielfalt und auch um Ihre Experimentierfreude. Es ist etwas für jedes Fach dabei, für jede Schulstufe wie auch für den Erwachsenenunterricht. Manche Techniken werden für Ihre momentane Situation passend sein, andere nicht.

Daher möchte ich alle Leser und Leserinnen herzlich zu einem nonverbalen Intelligenz -"Büffet" einladen. Bedienen Sie sich und füllen Sie Ihren Teller voll mit den Köstlichkeiten, die Sie im Moment brauchen. Genießen Sie sie und setzen Sie sie für einen effektiveren, genussvolleren Unterricht ein! Essen Sie sich satt. Und falls Sie wollen, können Sie selbstverständlich die Büffetreste einpacken und für einen anderen Tag und eine andere Situation in der Tiefkühltruhe gut aufbewahren.

Die Zukunft liegt in unseren Händen

Einer der schönsten und bedeutungsvollsten Momente in meiner Berufslaufbahn hat sich in Lienz in Osttirol ereignet.

Ich war gerade dabei ein Seminar zu beenden, als eine Lehrerin aufzeigte und meinte, sie hätte noch etwas zu sagen. Sie ist dann aufgestanden und sagte:

„Ich bin schon seit vielen Jahren in diesem Beruf und nächstes Jahr werde ich in Pension gehen.

Wie dieses Seminar für unsere Schule angekündigt worden ist, dachte ich mir, ‚Naja, was werde ich hier noch lernen, das ich nicht schon weiß?'

Die letzten zwei Tage habe ich über die Informationen, die hier besprochen worden sind, einfach gestaunt. Wie schade, dass ich diese Sachen jetzt erst höre. Ich wünsche, ich hätte sie vor 40 Jahren gehört. Da hätte meine Karriere ganz anders ausgeschaut. Ich hätte auch meine Schüler noch besser erreichen können. Das hätte sowohl mein Leben wie auch ihres erleichtert und verändert.

Deshalb bin ich sehr froh, dass meine KollegInnen, die hier sitzen, die Möglichkeit haben, anders und bewusster an den Unterricht heranzugehen.

Danke für die Inspiration und die Einsicht, die Sie uns gegeben haben."

Es war still im Raum.
Ihre Worte haben mich und auch allen anderen zutiefst berührt.

Dieser ihr Kommentar und auch das Feedback tausender LehrerInnen, die im Laufe der letzten zwanzig Jahre meine Seminare besucht haben, sind die eigentlichen Beweggründe, warum ich dieses Buch schreibe.

Unser Beruf ist ein nobler Beruf. Ein Beruf, der bestimmt, wie die Welt von morgen ausschauen wird. Unsere Kinder sind unsere Zukunft. Das heißt, die Zukunkft liegt in unseren Händen. Es ist mein Wunsch und Ziel, mit den Informationen auf den nächsten Seiten Ihre schon vorhandene Größe und Hingabe an diesen noblen Beruf zusätzlich zu bereichern. Ich möchte meinen Teil dazu beitragen, dass Ihre Freude am Beruf sich steigert und dass Sie mit diesen Werkzeugen sowohl Ihr eigenes Potenzial wie auch das Potenzial Ihrer Lernenden noch leichter und effizienter ausschöpfen können.

Wir haben die Möglichkeit, aus der Welt einen besseren Ort zum Lernen und zum Leben zu machen. Gemeinsam werden wir das schaffen!

Pearl Nitsche

> Ich ging mit meinen Schülern zum Eislaufen und wir plauderten über alles Mögliche – schulisch und privat. Plötzlich fragt eine Schülerin: „... Und was arbeiten Sie, Frau Lehrer?"
>
> Edith S., Hauptschullehrerin, Steiermark

TEIL I

DIE BASIS

Die Realität hat viele Gesichter

Erzählen Sie viele Geschichten im Unterricht?

Ich hoffe es! Geschichten – seien es „formelle" Geschichten oder auch Erzählungen, die zum sozialen Lernen dienen, z.B. „Als ich damals so alt war wie ihr ..." oder „Am Wochenende ist mir etwas Eigenartiges passiert ..."- sind das beste Mittel, das Sie in Ihrem Lehrerkoffer haben, um Wichtiges zu vermitteln.

Geschichten und persönliche Erlebnisse sind ein integrierter Bestandteil meiner Seminare. Viele Lehrer haben mir auch erzählt, dass sie sich – als sie später nach Abschluss des Seminars ihre Mitschrift durchgelesen haben – die Geschichten am besten gemerkt haben. Und manche haben sogar noch meine Stimme beim Geschichtenerzählen hören können!

Warum erzähe ich so viele Geschichten?
Da gibt es viele Antworten!

- JEDER – ob jung oder alt - hört gerne Geschichten. Wenn Sie in der Klasse fragen: „Soll ich euch eine Geschichte erzählen?", werden Sie immer ein begeistertes „Ja!" hören und Sie werden förmlich spüren, wie die Atmosphäre sich ändert und lockert.

- Geschichten sind die Brücke zwischen den verschiedenen Lerntypen. Mit einer Geschichte erreichen Sie jeden, der im Raum sitzt.

- Geschichten sind Anker. Sie sind mächtig. Sie sprechen, wie alle Anker, mit dem Unbewussten.

- Geschichten sind Metaphern für das Leben. Sie sind Transportmittel für Ideen und Vorschläge, die wir indirekt vermitteln wollen. Dadurch gehen wir Widerständen aus dem Weg.

- Geschichten zeigen uns Lösungen, die uns sonst vielleicht verborgen bleiben würden.

- Die Bedeutung einer Geschichte ist individuell. Es gibt keine richtigen oder falschen Interpretationen. Ihre Bedeutung ist das, was Sie gerade in diesem Moment brauchen.

- Geschichten wecken unsere Träume. Dadurch werden sie möglich und können in Erfüllung gehen.

- Sie sind ein Geschenk, das vom Herzen kommt.

- Geschichten binden eine Gruppe zusammen. Während des Erzählens atmen alle zusammen – und Rapport entsteht. Die Harmonie ist fast spürbar.

Aus all diesen Gründen, beginnen wir mit einer Geschichte:

DIE BRILLE

Eines Tages bemerkte ein Mann, dass er nicht mehr so gut sehen konnte. Da rief er gleich einen Freund an, der Optiker war, und erzählte ihm seine Situation.

Der Freund sagte: „Kein Problem! Komme morgen vorbei und ich werde deine Augen untersuchen."

WO FINDE ICH METAPHORISCHE GESCHICHTEN?

Es gibt unzählige Quellen – aber hier einige Ideen, um mit der Suche zu beginnen:

- Die Bücherreihe: „Hühnersuppe für die Seele". Das sind inspirierende Kurzgeschichten, zusammengestellt von Jack Canfield, Mark Hansen, et. al. Es gibt Bände zu allen möglichen Themen, angefangen mit „Hühnersuppe für die Seele. Für Katzenliebhaber" über „Hühnersuppe für die Seele. In Arbeit und Beruf" bis zu „Hühnersuppe für die Seele. Für Golfspieler".

Hier sind einige Titel, die für Lehrer besonders zutreffend sind:

- „Hühnersuppe für die Seele. Geschichten, die das Herz erwärmen",
- „Hühnersuppe für die Seele. Für Kinder",
- „Hühnersuppe für die Seele. Für Jugendliche",
- „Hühnersuppe für die Seele. Für Sportler",

Und falls Sie noch mehr Auswahl haben wollen, schauen Sie in Amazon unter „English Books". Tragen Sie „Chicken Soup for the Soul" als Suchkriterium ein. Als ich vor fünf Minuten nachschaute, habe ich 645 Treffer gehabt!!

Einige Bücher mit metaphorischen Geschichten, die sonst auf meinem Bücherregal stehen:

- Ortner, Gerlinde: „Märchen, die den Kindern helfen. Geschichten gegen Angst und Agression.", Verlag Orac, 1988
- Die Bücher von Verena Kast, Schweizer Psychologin, die viele Bücher über therapeutische Märchen schreibt.
- Willi Hoffsümmer ist ein deutscher Pfarrer, der eine Menge Bücher mit Kurzgeschichten für die Schule, die Gruppe und den Gottesdienst geschrieben hat. Sie eigenen sich nicht nur für den Religionsunterricht, sondern die meisten Geschichten können - teilweise mit kleinen Änderungen - überall verwendet werden.
- Die Bibel
- Aesops Fabeln

Der Mann kam am nächsten Tag wie vereinbart zum Optiker und dieser untersuchte genauestens seine Augen. Er ließ ihn alle Buchstaben ablesen, setzte die verschiedensten Geräte ein und als er mit alledem fertig war, sagte er zu seinem Freund: „Es ist genau das, was ich vermutet habe – du bist ja kurzsichtig. Aber mache dir keine Gedanken darüber. Ich werde dir eine Brille verschreiben und du wirst dann genau so gut sehen wie zuvor."

Dann wurde der Optiker nachdenklich, schaute seine Freund nochmals an und sagte: „Ich habe jetzt eine Idee. Ich weiß, wie wenig Zeit du hast und ich denke, da kann ich dir vielleicht helfen."

Der Optiker nahm seine eigene Brille ab und schaute sie und dann seinen Freund an. „Weißt du, diese Brille hier ist die beste Brille, die ich je in meinem Leben hatte. Ich trage sie seit fünf Jahren und sehe eigentlich perfekt damit. Und nun – da du so ein guter Freund von mir bist – möchte ich dir diese Brille schenken." Und mit diesen Worten überreichte er seinem Freund seine Brille.

Der Freund dachte sich: „Eigenartig ... dass gerade seine Brille mir passen sollte. Naja ... er ist Optiker und er wird sich schon auskennen." Er nahm die Brille und setzte sie auf. Er schaute ... und schaute ... und sah absolut nichts. Alles war verschwommen. Da sagte er dem Freund: „Du, das finde ich sehr nett von dir, dass du mir deine Brille schenkst, aber weißt du, ich sehe damit nichts."

Der Optiker schaute ihn entsetzt an. „Was heißt das, du siehst nichts?! Natürlich kannst du damit sehen. Ich bin Optiker und ich kenne mich aus. Wenn ich sage, du wirst perfekt sehen, dann stimmt das auch. Nun setze die Brille nochmals auf. Wenn du dich nur ein bisschen bemühst, dann wird das gut gehen!"

Der Mann dachte sich: „Naja, das hat er doch gelernt und er kennt sich sicherlich aus. Ich werde es halt noch mal probieren." Er setzte die Brille wieder auf und schaute durch. Er bemühte sich wirklich. Er kniff die Augen zusammen, strengte sich an – und sah noch immer nichts.

Er nahm die Brille wieder ab und sagte: „Weißt du, vielleicht ist es besser, wenn ich mir einen anderen Optiker suche." Er gab dem Freund diese Brille wieder zurück und verließ das Optikergeschäft.

Da stand der Optiker auf und ging mit seiner Assistentin zum Fenster. Sie schauten, wie der ehemalige Freund den Weg entlang zur Straße ging. Der Optiker wandte sich zu seiner Assistentin und sagte, „Da sehen Sie es nochmals. Es ist immer wieder dasselbe. Die Leute kommen zu mir und wollen etwas haben. Ich tue das Allerbeste was

Die Realität hat viele Gesichter

> ■ Auch im Bereich Management sind metaphorische Geschichten eine beliebte Art und Weise Mitarbeiter, Vorgesetzten, Kunden uva. zu erreichen. Ein Buch dieser Richtung, das mir gefällt, ist:
> Nöllke, Matthias, „Anekdoten, Geschichten, Metaphern für Führungskräfte", Haufe Verlag, 2002

ich kann. Eigentlich mache ich viel mehr als ich müsste. Die Leute aber bemühen sich überhaupt nicht – und für meine Mühe sind sie nicht einmal dankbar!"

Und das, liebe Leser, ist das Thema dieses Buchs.

Wir haben verschiedene Realitäten oder Die Landkarte ist nicht das Gebiet

Jeder von uns schaut die Welt durch eine andere Brille an. Meine Realität ist nicht die Ihre. Und Ihre gleicht nicht die Ihrer Freunde und auch nicht die Ihrer Lernenden. Jeder von uns erlebt die Welt anders oder, wie es zum ersten Mal im Jahre 1933 vom polnischen Philosophen und Wissenschaftler Alfred Korzybski ausgedrückt wurde, „Die Landkarte ist nicht das Gebiet." Bandler und Grinder haben diesen Grundsatz als die erste und zentrale Prämisse für NLP übernommen. Sie ist auch der Grundsatz, auf dem dieses Buch aufgebaut ist.

NLP: Ein kurzer Überblick

Der NLP Ansatz wurde in den 70er Jahren in Kalifornien an der Universität von Santa Cruz von Richard Bandler, Informatiker und Mathematiker und John Grinder, Professor für Sprachwissenschaften, entwickelt.

Begonnen hat es, indem sie sich die Frage stellten, warum manche Psychoanalytiker hervorragende Ergebnisse erzielen und andere nur durchschnittliche. So begannen sie ihre Arbeiten mit einem therapeutischen Hintergrund, indem sie die Arbeitsweisen von drei hervorragenden und sehr bekannten Psychotherapeuten

- Virginia Satir, die die Conjoint-Familientherapie entwickelte,
- Fritz Perls, Gründer der Gestaltpsychologie und
- Milton H. Erickson, der wesentlich zur Verbreitung der klinischen Hypnotherapie beitrug,

analysierten. Sie haben auch die Erkenntnisse von

- zwei Sprachwissenschaftlern, Alfred Korzybski und Noam Chomsky,
- wie auch einem Sozialanthropologen, Gregory Bateson, und
- dem Psychoanalytiker Paul Watzlawick

herangezogen.

Das Resultat der Forschungen von Bandler und Grinder wird Neurolinguistisches Programmieren (abgekürzt NLP) genannt und hat sich inzwischen weltweit etabliert. Sowohl die Theorie als auch die Werkzeuge, die hier vorgestellt werden, basieren auf NLP Erkenntnissen. NLP selbst ist eine Sammlung von Techniken, Mustern und Strategien, die effektive Kommunikation, persönliches Wachstum, Veränderung und Lernen unterstützen. Der Ansatz ermöglicht es uns, unsere eigenen Denkprozesse und zwischenmenschlichen Interaktionen besser zu verstehen.

Der ungewöhnliche Name dieser Methode kann wie folgt erklärt werden:

Das "N", Neuro, steht für unsere fünf Sinneswahrnehmungen, die auch Modalitäten genannt werden. Sie werden sehr oft mit dem Akronym VAKOG bezeichnet.

DER APFEL

Stellen Sie sich vor, Sie halten einen Apfel in der Hand.
- Spüren Sie das Gewicht des Apfels.
- Welche Farbe hat Ihr Apfel? Hat er nur eine Farbe oder mehrere? Gibt es Farbschattierungen, die zu merken sind?
- Merken Sie die Regelmäßigkeiten und auch die Unregelmäßigkeiten auf der Haut.
- Berühren Sie die Haut des Apfels mit einem Finger. Wie fühlt sich das an?
- Nun drücken Sie leicht darauf. Spüren Sie den Widerstand?
- Heben Sie den Apfel an Ihre Nase. Riechen Sie einmal daran.
- Beißen Sie einmal hinein. Hören Sie das knackige Geräusch, wenn Sie hineinbeißen?
- Lassen Sie den Geschmack des Apfels sich in Ihrem Mund verteilen. Wie schmeckt das?
- Halten Sie den angebissenen Apfel nochmals zu Ihrer Nase hin. Riecht er nun noch intensiver als zuvor?

Worte. Das sind nur Worte.
Wir glauben oft, dass Worte unsere Realität beschreiben.
In der Tat kreieren sie sie.

V-	**isuell**	das Sehen
A-	**uditiv**	das Hören
K-	**inästhetisch**	das Spüren
O-	**lfaktorisch**	das Riechen
G-	**ustatorisch**	das Schmecken

Die Modalitäten sind für jeden von uns das Tor zur Realität und bei jedem Menschen unterschiedlich ausgeprägt. Wie jeder Einzelne die Welt wahrnimmt und diese Wahrnehmung im Kopf darstellt, bestimmt seine persönlichen Bilder der Realität. Diese Wahrnehmungsvorliebe, vor allem die ersten drei Modalitäten – visuell, auditiv und kinästhetisch - wie auch die Altersgruppe, in der sich ein Kind momentan befindet, bestimmen auch seinen Lernstil.

Das "L", Linguistisch, steht für die Worte, die wir aussuchen, um unsere persönliche Realität im Gespräch wie auch in unseren Gedanken darzustellen. Wir filtern die Realität und drücken damit unsere bevorzugte Modalität, unsere Werte und Glaubenssätze, unsere Erinnerungen, die Kultur und unser Weltbild aus. Veränderung findet statt, wenn wir unsere Gedanken und unsere Sprachmuster verändern.

Das "P", Programmieren, steht für unsere Denkprogramme, die wir, wenn wir wollen, positiv verändern können, damit wir unsere Träume und Ziele und unser Potenzial erreichen können.

Menschen mögen Menschen, die ihnen ähnlich sind.

Stellen Sie sich vor, ...

... Sie sind auf einem Seminar und setzen sich neben einen Seminarteilnehmer, den Sie vorher nicht kannten. In der Pause beginnen Sie miteinander zu plaudern. Sie verstehen sich auf Anhieb und staunen darüber, wie viel Sie gemeinsam haben! Es ist so, als hätten Sie sich ein Leben lang gekannt!

Es hat zwischen Ihnen einfach geklickt ....

Solche Situationen werden Sie aber auch kennen ...

... Sie haben eine Tante, die Sie alle zwei bis drei Monate besuchen müssen. Eigentlich ist die Tante eine sehr nette Frau aber aus irgendeinem Grund gehen Sie nicht gerne zu ihr hin. Sie verstehen das nicht ganz. Vielleicht haben Sie sogar leichte Schuldgefühle. Es ist nichts mit der Tante los. Aber jedesmal wenn der Pflichtbesuch beendet ist, atmen Sie auf ...

Hier klickt es nicht. Aber warum? Woran liegt das?

Die Antwort heißt **RAPPORT**. Rapport bedeutet, mit anderen auf einer Wellenlänge zu sein, kurz, in seine oder ihre Welt einzusteigen. Wir fühlen uns im Einklang, in Rapport, mit Menschen oder auch Gruppen, die uns ähnlich sind. Rapport ist eine wichtige Voraussetzung für gute Kommunikation.

In der ersten Szene waren Sie mit dem Seminarteilnehmer in Rapport d.h. Sie hatten beide aller Wahrscheinlichkeit nach die gleiche Hauptmodalität. Durch diese Ähnlichkeit sind Sie beide auf der gleichen Wellenlänge und geniessen das Beisammensein.

Mit der Tante besteht kein Rapport. Sie teilen nicht die gleiche Modalität und haben wenig gemeinsam.

Wenn zwei Personen die gleiche Modalität teilen, entsteht Rapport von selbst:

Zwei Visuelle z.B. schauen einen schönen Sonnenuntergang an. Sie brauchen dabei gar nicht zu reden. Die Tatsache alleine, dass sie diesen wunderschönen Anblick miteinander erleben dürfen, genügt, um Ihnen ein schönes Gefühl der Zweisamkeit zu vermitteln.

Zwei Kinästheten joggen in den Sonnenuntergang hinein – und sie spüren ein Gefühl der Harmonie und des Rapports.

Zwei Auditive schauen den wunderschönen Sonnenuntergang an – und reden die ganze Nacht durch über jeden Sonnenuntergang, den sie bis jetzt erlebt haben!

In diesen Beispielen entsteht Rapport von selbst, weil die Modalitäten zufällig übereinstimmten. Aber wie schaut das aus, wenn Ihr Gesprächspartner oder der Lernende eine andere Modalität als Hauptpräferenz hat?

Rapport:
Der rote Faden, der sich durchzieht

Eine Technik, die NLP und allen Techniken, die in diesem Buch vorkommen, zugrunde liegt, ist das Prinzip des

Spiegeln ➜ RAPPORT ➜ Pacen ➜ Führen

Rapport

Nachdem wir den visuellen, auditiven oder kinästhetischen Lernstil in unseren Schülern erkannt haben, können wir diesen spiegeln und einen Rapport zum Schüler aufbauen. Wie oben erwähnt, bedeutet Rapport mit anderen in Einklang zu sein. Rapport ist die Voraussetzung für gute Kommunikation.

Rapport findet auf einer nonverbalen Ebene statt. Sie müssen nicht mit jemanden der gleichen Meinung sein, damit Rapport vorhanden ist. Sie müssen Ihren Gesprächspartner nicht einmal mögen. Rapport ist einfach ein respektvoller Umgang beiderseits. Sie und Ihr Gesprächspartner können vollkommen konträrer Meinung und trotzdem in Rapport sein. Nur weil Sie und Ihr Gesprächspartner verschiedener Meinung sind, ist das keine Reflektion über sein Wesen. Ein Mensch ist - zum Glück - mehr als das, was er sagt, tut oder glaubt.

Rapport gibt uns auch die Erlaubnis, den Schüler auf seine Reise ins Lernen zu begleiten und Brücken zu bauen. Nicht nur um ihn zu erreichen, sondern diese Brücken ermöglichen und erleichtern auch seinen Weg in unsere Welt. Durch diese Erweiterung seiner Welt kann er das Gelernte in neue Situationen transportieren und anwenden. Rapport herzustellen und eine Beziehung zu den Schülern zu entwickeln ist der Schlüssel zum Lernerfolg und bietet uns oft zusätzlich Lösungen bei disziplinären Problemen im Klassenzimmer an.

Falls dieser Rapportzustand nicht bereits vorhanden ist – bei vielen ist er automatisch da – können wir, unter anderem, spiegeln, d.h. durch die Körperhaltung, die Wortwahl, die Stimme oder den Atem stellen wir den Rapport zum Gesprächspartner her.

Nachdem ein Rapport durch das Spiegeln hergestellt worden ist, kann die Lehrerin das "Pacing" einsetzen, d.h. eine Zeitlang mit dem Schüler im Gleichschritt gehen, bevor sie dann zum Führen übergeht. Pacen kann verglichen werden mit dem Aufspringen auf einen Bus, der schon in Bewegung ist. Wenn Sie direkt darauf springen würden, würden Sie wahrscheinlich stürzen und sich verletzen. Stattdessen läuft man neben dem Bus eine Zeit lang bis man gleich schnell ist und dann springt man erst auf. Wenn eine Lehrerin einen Schüler „paced", ist das ein Prozess, bei dem sie zuhört, wo sie Anerkennung gibt und sich bemüht den Schüler zu verstehen. Dadurch bringt sie den Schüler dorthin, wo er tatsächlich leichter und besser lernen kann.

Sie können das auch einmal probieren, wenn das nächste Mal ein aufgeregter Elternteil zu Ihnen in die Sprechstunde kommt.

Ich höre manche von Ihnen sich fragen: „Sie meint, ich soll mich auch so verhalten? Wenn ich mich auch so aufrege, wird sich dann die Situation nicht verschlechtern?"

Der Schlüssel zur erfolgreichen Herstellung vom Rapport in so einer heiklen Situation ist, dass Sie dabei emotional neutral bleiben. Wenn der Vater oder die Mutter laut spricht, sprechen Sie auch laut. Wenn Sie heftige und aufgeregte Körperbewegungen machen, tun Sie das auch. Wichtig ist nur, dass Sie sich dabei nicht aufregen. Bleiben Sie innerlich ruhig und beginnen Sie dann, nachdem Rapport hergestellt wurde, langsam ruhiger zu sprechen und nehmen Sie allmählich eine stillere Körperhaltung an. Führen Sie den Vater oder die Mutter in einen Zustand in dem sie alle miteinander ein konstruktives Gespräch führen können.

Folgende Geschichte, die diesen Prozess wunderbar illustriert, stammt von einer Wiener Lernberaterin, Ursula. Eines Tages kam Ursula, die damals als Trainerin mit ihrem Mann in verschiedenen Banken und Firmen arbeitete, in unseren Ausbildungslehrgang für Suggestopädie und erzählte:

> *"Weißt du, Pearl, ich habe alles was wir in diesem Kurs bis jetzt gemacht haben, meinem Mann erzählt. Aber eins werde ich ihm NIE sagen!"*
>
> *Da war ich schon sehr neugierig!*
> *"Was habe ich denn gesagt?" fragte ich.*

"Diese Rapport-Technik!
Weißt du, ich gehe gerne spazieren und mein Mann geht auch gerne spazieren. NUR ich hasse es mit ihm spazieren zu gehen, weil er immer zu schnell geht! Das diskutieren wir schon seit 25 Jahren! Jeden Sonntag, wenn wir in Wien sind, fahren wir auf die Hohe Wand, um spazieren zu gehen. Wir fangen schon im Auto zum Diskutieren an. Und trotz der langatmigen Diskussionen steigen wir dann aus und ich muss ihm trotzdem die ganze Zeit nachlaufen!

Nachdem du das letzte Mal im Kurs vom Rapport erzählt hast, dachte ich mir: 'Ich probiere das nächsten Sonntag aus'. Und siehe da – es hat funktioniert!

Wir sind ins Auto gestiegen und auf dem Weg zur Hohen Wand habe ich das Thema gar nicht angeschnitten. Statt zu diskutieren habe ich meine Kräfte gesammelt!

Als wir angekommen sind, sind wir guter Laune ausgestiegen und haben angefangen zu gehen. Da habe ich mich am Anfang bemüht, in seiner Geschwindigkeit zu gehen. Als ich aber spürte, dass meine Kräfte nachlassen, bin ich – ganz allmählich – immer langsamer geworden. Und siehe da! Er auch!

Es war der schönste Spaziergang in 25 Jahren!

Der Grund, warum ich es ihm nicht erzählen möchte, ist, weil ich diese schönen Spaziergänge auch in Zukunft genießen will!"

Eine bessere Beschreibung von Rapport und Führen hätte ich nie finden können! Danke, Ursula!

Es zahlt sich aus, Rapport mit Ihren Klassen und mit Ihren – vor allem mit den lebhaftesten und schwierigsten! – Schülern herzustellen! Rapport öffnet die Tür zu ihrer Welt. Und wo Rapport herrscht, vermindern sich enorm die Strapazen und die Zeit, die für Klassenzimmer Management benötigt werden. Der Ton – auch seitens der Schüler – und die Atmosphäre werden respektvoller und dadurch wesentlich effizienter. Machtkämpfe verschwinden und werden durch produktive Gespräche ersetzt. Durch den Einsatz von Einfluss statt Macht und durch Ihre Ausstrahlung von positiver, natürlicher Autorität entsteht eine harmonische Zusammenarbeit ausgerichtet auf gemeinsame Ziele. Das "Ich" ist ein "Wir" geworden. Und der Erfolg ist vorprogrammiert.

2

Einfluss vs. Macht

Beginnen wir wieder mit einer Geschichte

DIE MÄUSEFAMILIE

Die kleinen Mäuschen waren erst wenige Tage alt. Und sie waren voll Lebensfreude. Unter dem wachsamen Auge ihrer Mutter tummelten sie umher, hüpften und sprangen, quiekten und kreischten und hatten eine vergnügliche Zeit.

Plötzlich fiel ein großer schwarzer Schatten über sie. Sie erstarrten alle.

Vorsichtig drehten sie ihre kleinen Mäuseköpfchen herum, um die Ursache dieses Schattens zu entdecken. Dort, geduckt und bereit zum Sprung, stand ein ungeheuer großer schwarzer Kater. Sein Fell war zottelig. Seine gelben Augen waren so groß wie Teller. Seine Barthaare waren lang und bedrohlich. Seine Zähne waren gelb und scharf und trieften vor Speichel. Wenn diese Katze ein Wort hätte sagen können, dann wäre dieses Wort „Mahlzeit!!" gewesen.

Die Mutter Maus reagierte sofort. Schnell wie der Blitz sprang Mutter Maus über ihre kleinen Mäuslinge und versperrte den Zwischenraum zwischen ihnen und dem Kater. Sie stellte sich auf die Hinterpfoten und funkelte frech in die Augen des Katers. Dann begann sie, so laut sie konnte, mit Nachdruck zu bellen: „Wuff, wuff, wuff, wuff, wuff!!"

Der Kater war so überrascht, dass er auf den Fersen kehrt machte und davon schoss, mit dem Schwanz zwischen seinen Hinterbeinen.

Da kehrte die Mäusemutter zu ihren kleinen Mauskindern zurück und sagte: „Lasst das für euch eine Lehre sein, meine Lieben! Unterschätzt niemals, wie wichtig das Erlernen einer Fremdsprache ist!"

Die nonverbale Sprache ist unsere erste Sprache

Ich habe nach dem Erzählen dieser Geschichte im Seminar oft davon gesprochen, dass die nonverbale Kommunikation, eine „Fremdsprache" für uns ist, die wir erlernen müssen. Aber als ich in diesem Moment diese Worte auf Papier schreiben wollte, ist mir bewusst geworden, dass diese Aussage eigentlich nicht stimmt. Die nonverbale Sprache ist in der Tat unsere erste Sprache, unsere eigentliche Muttersprache.

Ist ein Baby hungrig, sind die Windeln naß oder hat es sonst ein Bedürfnis, das befriedigt werden sollte, weint es. Ist es glücklich, lacht es oder gibt zufriedene Geräusche von sich. Diese ersten nonverbalen Signale, die von der Geburt an vorhanden sind, verfeinern sich immer weiter. Das Baby kann sich immer besser mitteilen – bis es mit ca. 1 ½ bis 2 Jahren zu sprechen beginnt.

Das Kleinkind sagt sein erstes Wort! Es kommen immer mehr Worte dazu. Nun spricht es in Sätzen! Die Schule beginnt und das Kind kann diese Worte und Sätze sogar auf Papier setzen! Ab diesen Zeitpunkt wird der Schwerpunkt auf die verbale Sprache velegt. Die nonverbale Intelligenz rückt in den Hintergrund. Ihr wird weniger Wichtigkeit geschenkt. Sie gerät teilweise sogar fast in Vergessenheit. Sie läuft automatisch ab. Wir sind auf „automatischem Pilot". Wir fliegen einfach gerade dahin.

Aber wenn wir verstehen was wir tun und wie es funktioniert, haben wir mehr Möglichkeiten. Wir können ganz bewusst die Richtung ändern, andere neue Wege gehen und Ziele ansteuern, die uns im Klassenzimmer helfen. Das ist die „Nonverbale Intelligenz".

Als ich 16 Jahre alt war, hat meine Lateinprofessorin während der Sommerferien für eine Gruppe von Schülern und Schülerinnen unserer Schule eine Exkursion nach Europa organisiert. Als sie uns von der geplanten Reise erzählte, dachte ich mir: „Da würde ich sehr gerne mitmachen. Aber es ist sicherlich zu teuer. Meine Familie wird sich die Reise bestimmt nicht leisten können." Ich habe es meiner Mutter trotzdem erzählt und war fast sprachlos als sie sagte: „Klar fährst du mit!"

Das war für mich ein richtiges Abenteuer. Wir besuchten alle Großstädte Europas – Rom, London, Paris, Wien – und der Höhepunkt der Reise - Mayerhofen im Zillertal in Tirol, wo wir einen Deutschkurs besucht haben. Wieder angekommen in Pennsylvania habe ich mich für das Fach Deutsch an der High School angemeldet. Ich freute mich auf den Deutschunterricht! Umso mehr habe ich dann gestaunt, als am ersten Tag unsere Lehrerin, Frau Stewart, sagte: „Bevor ihr mit der deutschen Sprache anfangen könnt, müsst ihr zuerst eure eigene verstehen. Aus diesem Grund werden wir uns die ersten sechs Wochen dieses Schuljahrs der englischen Grammatik widmen."

Es gibt sicherlich unterschiedliche Meinungen, ob dies der richtige Ansatz ist, um eine Fremdsprache zu erlernen. Ich jedenfalls war enttäuscht. Endlich bestand die Möglichkeit, in den Genuss des Unterrichtes einer exotischen Fremdsprache zu kommen und stattdessen musste ich mich 6 Wochen lang mit dem tagtäglichen Englisch zufrieden geben! Auf lange Sicht gesehen bin ich jedoch sehr dankbar, dass es so geschah. Unsere Englischlehrer haben zwar versucht, uns die englische Grammatik beizubringen aber wir dachten zumindest unterbewusst: „Wozu brauchen wir das? Wir können schon Englisch." Die Grammatik war bei uns automatisiert und deswegen hat das Verständnis für die Strukturen der englischen Grammatik gefehlt. Erst als ich Deutsch, die Fremdsprache, gelernt habe, habe ich Englisch, die Muttersprache, begriffen. Dieses Verständnis hat mir dann viele Türen – nicht nur um Deutsch zu lernen - geöffnet. So ist es, denke ich, auch mit unserer allerersten Muttersprache, der Körpersprache.

Wir schenken ihr wenig Aufmerksamkeit, aber sie ist ständig präsent. Und sie ist voll aktiv! Wie in der Einführung erwähnt, besteht unsere Kommunikation zu über 82% aus nonverbalen Botschaften – seien sie in der Form der Körperhaltung, der Bewegung, der Stimmlage, peripheren Informationen wie z.B. wo ich sitze oder stehe im Klassenzimmer, wie ich mich anziehe und mich präsentiere, das Aussehen des Klassenzimmers selbst, etc. Das heißt, ob es uns bewusst ist oder nicht, wir sind immer dabei zu kommunizieren – ob wir sprechen oder nicht.

Aus diesem Grund stelle ich folgende Frage:
Wenn wir ohnehin ständig dabei sind zu kommunizieren, ist es nicht sinnvoll, dass wir dies auch bewusst tun? Dass wir die Botschaften, die wir allen mitteilen, selbst bestimmen statt sie dem Zufall zu überlassen? Wollen wir es nicht selbst in der Hand haben, was wir anderen mitteilen?

Aber wenn man die Zeitungen heutzutage liest, Fernsehen schaut, Erzählungen von Lehrern, Schülern und Eltern hört, bemerkt man, dass die Schüler immer mehr selbst nach der Macht greifen. Überall hört man, dass Lehrer die Kontrolle über ihre Klassen verlieren. Teilweise herrschen Terrortaktiken und Machtübergriffe seitens der Schüler in Schulen, weltweit. Schüler, sogar Volksschüler, werden in manchen Ländern am Morgen mit Metallsuchgeräten überprüft, ehe sie das Schulgebäude betreten dürfen. Viele Lehrer fühlen sich ohnmächtig und frustriert.

Nonverbale Intelligenz ist mächtig

Unser intuitiv richtiges nonverbales Handeln muss uns bewusst werden. Um zu diesem Verständnis zu gelangen, müssen wir lernen, einen Schritt zurückzugehen, damit wir uns selbst beobachten können. Dann sind wir nicht immer mitten im Geschehen, sondern wir sind in der Lage uns kurz zu distanzieren. Wir können uns selbst wie auch die Situation beobachten und dann passend handeln. Das tun zu können ist ein Geschenk. Weil diese Fähigkeit es uns ermöglicht, frei von der Willkür anderer zu sein. Mit dieser Fähigkeit können wir das Klassenzimmer effektiv, souverän und respektvoll managen. Statt aus dem Bauch zu handeln, statt den Erfolg dem Zufall zu überlassen, können Lehrer die Zügel selbst in die Hand nehmen und wieder die ehrenvolle Position, die ihnen im Klassenzimmer und in der Gesellschaft zusteht, einnehmen. Damit tun Sie sich selbst und Ihren Schülern etwas Gutes.

Wobei ich betonen möchte, dass das Wort „mächtig" in diesem Zusammenhang nicht mit der Ausübung von Macht in Verbindung gebracht werden soll. Auch Macht hat seinen Platz in unseren Klassenzimmern. Wenn es notwendig ist, müssen wir Macht einsetzen. Wenn z.B. die Sicherheit von Schülern gefährdet ist und es nicht anders geht, ist Macht sehr wohl angebracht.

Aber die wirklich großartige Lehrerin zieht, wo immer es geht, ihren Einfluss der Macht vor – und dadurch ist sie wahrhaft mächtig.

EIN GEFÜHL DER HARMONIE – STATT EINES DER OHNMACHT

Liebe Pearl!

Ich habe seit unserem Seminar viel mehr Selbstsicherheit im Klassenzimmer, weil ich weiß, dass ich mit nonverbalen Mitteln - statt mit einem „hilflosen Hineinschreien in die Klasse" - wieder ein ruhiges, konzentriertes Arbeitsklima schaffen kann. Ich bin dadurch lockerer und entspannter und kann besser spontan auf die Bedürfnisse meiner SchülerInnen eingehen.

Elenore F., Polytechnische Lehrerin, Wien

Einfluss vs. Macht

Stellen Sie sich vor:

Wir sind im Klassenzimmer und ich sage zum Franzi: „Und jetzt setzt du dich da drüben hin."

Das ist Macht.
Weil es nur zwei Möglichkeiten gibt, was als Nächstes passiert:

Möglichkeit Nummer 1:
Es kann sein, dass Franzi mich anschaut und sagt: „Ja, Frau Lehrer" - und setzt sich um.

Wenn das der Fall ist, kann ich innerlich jubeln, weil Franzi das gemacht hatte, was ich ihm befohlen habe.

Möglichkeit Nummer 2:
Franzi schaut mich an und sagt: „Nein" bzw. fängt an, mit mir darüber zu diskutieren.

Wenn das passiert, dann muss ich ganz schnell überlegen, was ich tun werde, damit Franzi tatsächlich das macht was ich ihm gesagt habe. Sonst wird meine Autoritätsrolle in Frage gestellt. Und die Aufrechterhaltung der Rolle der positiven, natürlichen Autorität ist das Auf und Ab im Klassenzimmer Management.

Im Machtbereich bewege ich mich immer auf Glatteis.
Wenn ich die Macht ergreife, bin ich auf der Defensive und daher in der schwächeren Position. Ich habe keine Auswahlmöglichkeiten mehr. Der Schüler macht etwas und ich bin gezwungen zu reagieren. „Ich sage dir, was du zu tun hast und du sollst es sofort tun." Es kann sein, dass der Schüler es tut. Aber es kann auch, wie beim Franzi, passieren, dass er "Nein" sagt. Wenn das passiert, verliere ich, durch mein eigenes Autoritär-Werden, an Autorität.

Natürlich geht es nicht immer nur mit Einfluss.
Manchmal müssen wir als Lehrer Macht einsetzen.
Es ist unsere Aufgabe, die Klasse effizient und zielorientiert zu führen. Wir müssen Grenzen setzen, um die Sicherheit unserer Schüler zu gewährleisten und ein positives Lernklima zu schaffen. Wenn es mit der sanften Methode des

Liebe Pearl!

Am beeindruckendsten für mich war die Tatsache, dass seit diesem Seminar so eine harmonische Stimmung bei uns im Klassenzimmer herrscht. Dadurch bin ich nie dazu gekommen, einen negativen Anker zu setzen - weil ich ihn nie gebraucht habe! Ich habe immer auf eine Gelegenheit gewartet, etwas deutlich Unangenehmes mitteilen zu müssen. Diese Gelegenheit kam erst im Jänner und da hatte ich den Anker längst vergessen. Wir haben einfach im Sitzkreis über den Vorfall gesprochen.

Vielleicht habe ich im 2. Semester wieder die Gelegenheit dazu. Oder vielleicht werde ich das Glück haben, dass aufgrund dieser harmonischen Stimmung im Klassenzimmer es nie notwendig wird. Jedenfalls ist die Technik bei mir im Hinterkopf und ich kann sie benützen falls ich sie je brauche.

Freja Z., Volksschullehrerin, Wien

Liebe Pearl!

Mein Unterricht hat sich insofern geändert, dass ich viiiiiiel weniger rede. Die Kinder können so dem Gesprochenen besser zuhören und auch folgen. Dadurch ist die QUALITÄT des Unterrichtes gestiegen.

Mir persönlich hat es sehr geholfen, dass ich nun aus mir herausgehen kann, mich distanzieren kann und somit einen klaren Überblick behalte. Früher habe ich die Dinge viel zu persönlich genommen und jetzt ist das, zum Glück, anders.

Es kommt hinzu, dass die Schüler sehr gut auf nonverbale Kommunikation ansprechen. Sie lernen sich auch selbst einzuschätzen und es fällt ihnen mittlerweile auch schon selbst auf, wenn es zu turbulent bzw. zu laut wird ... und dadurch muss ich auch viel weniger sprechen!

Anita S., Hauptschullehrerin, Wien

Einflusses nicht geht, müssen wir disziplinieren und zur Macht übergehen.

Aber für den Schüler und für uns selbst ist es immer vorteilhafter, die Probleme schon vorher mit Einfluss im Keim zu ersticken. Wenn ich im Klassenzimmer Einfluss einsetze, habe ich die Klasse im Griff. Es wird kein Machtkampf herausgefordert. Ich arbeite nicht reaktiv, sonder pro-aktiv. Ich löse Probleme, bevor sie wirklich zu Problemen werden. Das trägt viel zu meiner positiven, natürlichen Autorität bei. Ich habe Auswahlmöglichkeiten und dadurch kann sowohl Franzi wie auch ich das Gesicht wahren und es wird Frieden herrschen.

In jedem Bereich des Klassenzimmermanagements ist folgender Grundsatz zentral:

> **Einfluss ist – so lange es geht – immer Macht vorzuziehen!**

Wenn ich im EINFLUSSBEREICH bin, bin ich auf sichererem Boden. Es ist mein Ziel solange wie möglich im Einflussbereich zu bleiben. Ich stelle mit dem Einzelnen oder mit der Klasse Rapport her. Die Bereitschaft mitzumachen ist dadurch gegeben. Ich führe und die Klasse folgt. Es ist eine "win/win" Situation. Dem Schüler geht's gut und mir auch.

Der NLP Ansatz gibt uns die Werkzeuge, die wir brauchen um im Einflussbereich zu bleiben und den natürlichen Widerstand, den der Einsatz von Macht automatisch hervorruft zu vermeiden.

Hören wir die klagenden Worte einer Lehrerin am Anfang der Unterrichtsstunde:

Worte erzeugen Widerstand!!

Stellen Sie sich vor:

Sie sind Schüler.
Es hat vor 2 Minuten geläutet. Die Pause ist theoretisch vorbei. Aber die Lehrerin ist noch nicht im Zimmer. Sie und Ihre Freunde nützen diese letzten Minuten voll aus, um ein Spiel, das ihr während der Pause begonnen habt, zu Ende zu spielen. Ich, die Lehrerin, stürze nun in das Zimmer hinein und beginne laut und mit scharfer

Einfluss vs. Macht 2

Stimme zu schimpfen:

"Immer wieder das Gleiche! Wie oft soll ich es noch sagen?!! Ihr habt am Anfang der Stunde auf den Plätzen zu sitzen und ruhig zu sein! Und die Sachen, die ihr nun für die Mathe Stunde braucht? Habt ihr sie schon hergerichtet?! Sicherlich nicht!! Ich rede und rede und rede und manchmal habe ich das Gefühl, ihr hört einfach nicht zu!..."

und so weiter und so fort!

Wie leicht schlüpfen wir – trotz den besten Vorsätzen – in solche Sprachmuster hinein!

Und was bringen Sie?
Absolut nichts!

Wie Sie sich diese Szene vorstellten, und meine keppelnde, klagende Stimme hörten, was haben Sie innerlich empfunden? Ärger? Gleichgültigkeit? Angst? Haben Sie sich vielleicht gedacht: "Wieso ich?" Oder vielleicht innerlich die Ohren zugemacht?

Alle diese Reaktionen, wie auch die anderen unzähligen Reaktionen, die daraus resultieren könnten, gehören zur Kategorie "Widerstand".

Innerlicher Widerstand bildet eine Barriere, die wieder überwunden werden muss, bis der Lernprozess in der Stunde beginnen kann.

Unsere Schüler kommen ohnehin mit so vielen Lernbarrieren zu uns. Sätze und Glaubenssätze wie, "Das kann ich nicht". oder "Das werde ich nie schaffen". sind keinem von uns fremd. Damit Lernen stattfinden kann, müssen diese Barrieren beseitigt werden. Das bedeutet viel Arbeit! Wenn wir mit keppelnden Worten kommen, kreieren wir nur noch weitere neue Barrieren. Dadurch machen wir uns die Arbeit unnötig schwerer.

Wie in der Physik gilt auch im Klassenzimmer folgendes Prinzip:

DRUCK ERZEUGT GEGENDRUCK
(Und Worte sind Druck!)

Ja, Worte sind Druck. Und sie können auch noch sehr verletzend sein. Sie werden auf der unbewussten Ebene oft als der Einsatz von Macht empfunden. Und sehr oft, vor allem in den Altersgruppen, mit denen wir es zu tun haben, ruft ein Machteinsatz sofortigen Widerstand hervor. Der Schüler rebelliert. Und eine neue Herausforderung steht uns bevor!

Nonverbale Botschaften hingegen, die auf der unbewussten Ebene laufen, sind Einfluss. Sie sind sanfter. Sie blamieren den Schüler nicht und behandeln ihn daher respektvoller. Sie schenken uns Zeit – Zeit, die uns die Gelegenheit gibt, "abzukühlen" und mit Perspektive zu handeln. Sie sind "Geheimsignale", die von den Schülern entweder als ein gemeinschaftsbildendes Klassenritual aufgenommen werden oder, wenn sie auf der unbewussten Ebene wahrgenommen werden, gar nicht auffallen.

Nonverbale Botschaften schenken uns Einfluss und Einfluss ist, in diesem Fall, eine durchaus positive Form der Macht.

Die Integritätsfrage

Gelegentlich bekomme ich die Frage gestellt:

„Ja, aber sind diese Techniken nicht manipulativ?"

Worte wie „Macht", „Integrität" und „Manipulation" werden sehr oft mit NLP in Verbindung gebracht. Wenn Sie jetzt im Seminar sitzen würden, würden Sie mir vielleicht an dieser Stelle Fragen zu diesen Themen stellen. Daher denke ich, da wir im Moment leider nicht die Gelegenheit haben, mit einander darüber zu reden, ist es vorteilhaft diese Fragen hier anzuschneiden.

Ja, es stimmt, NLP kann manipulativ eingesetzt werden.
Die Techniken, die ich Ihnen hier beibringe, sind Werkzeuge.
Wie Sie diese Werkzeuge verwenden, ist Ihre Entscheidung.

Ich vergleiche diese Techniken gerne mit einem Messer. Mit einem Messer kann man jemanden in den Rücken stechen. Aber die meisten Menschen benutzen das Messer dazu, um ein Stück Brot oder eine Scheibe Wurst zu schneiden. Wozu Sie das Messer benützen, bleibt Ihnen überlassen.

Wir sind, wie gesagt, ständig dabei andere zu beeinflussen. Manchmal bewusst, manchmal unbewusst. Wenn Sie bewusst andere beeinflussen, um Ihre eigene Ziele zu erreichen, stellt sich automatisch die Frage, ob Sie dabei integer sind. Die Frage, die man sich stellen muss, ist: Wenn ich mein Ziel erreiche, wird das positive oder negative Auswirkungen für die andere Person mit sich bringen? Wenn die Auswirkungen sowohl für die andere Person wie auch für mich positiv sind, ist das eine sogenannte „win – win" Situation. Beide Beteiligten gewinnen. Wenn das angestrebte Ziel zu meinem Vorteil und zum Nachteil der anderen Person ist, ist das Manipulation.

Da fast alle Teilnehmer in meinen Kursen Lehrer sind, gehe ich von der Annahme aus, dass Sie höhere Ideale haben und gewissenhaft mit diesen Werkzeugen umgehen werden. Falls Sie diese Erkenntnisse jedoch einsetzen wollen, um Ihre Schüler auszunützen, sind Sie meiner Meinung nach - ganz ehrlich gesagt - im falschen Beruf. (Außerdem bezweifle ich sehr, dass so ein Lehrer sich für dieses Buch interessieren würde!)

Es kommt hinzu, dass Werkzeuge, die zu falschen und unehrlichen Zwecken eingesetzt werden können, unbedingt allen bekannt sein müssen. Nur wenn ich etwas nicht kenne, ist es möglich mich damit auszutricksen. Mit Wissen kann ich mich schützen!

Jede gute Lehrerin ist Schauspielerin!

Eine weitere Frage, die oft gestellt wird ist:

„Ja aber, wenn ich alle diese Techniken einsetze, dann bin ich nicht mehr authentisch."

Das mag stimmen, aber als Lehrerin kann man es

sich einfach nicht leisten, immer authentisch zu sein. Wir haben eine wichtige Aufgabe und diese Aufgabe ist es, die Klasse zu führen. Manchmal ist es notwendig, sich anders als authentisch zu verhalten um diese Aufgabe zu erfüllen.

Ich persönlich habe eine sehr lebhafte Persönlichkeit und ich gestalte auch meine Unterrichtsstunden gerne so. Im Normalfall entspricht dieses authentische Verhalten mir, meinen Schülern und meinen Lernzielen. Aber es gibt Situationen im Schulalltag, wo dieses Verhalten nicht passend ist.

Für mich persönlich sind die langweiligsten Tage im Schuljahr die, an denen die Schüler Schularbeiten schreiben. Da sind alle, wie es sich gehört, brav und fleißig bei der Arbeit. Und mir wird fad. Da gibt es keine Action! Wenn ich hier "authentisch" handeln würde, wären schlechtere Noten für die Schüler das Resultat!

Oder ich gebe den Schülern auf, einen Aufsatz zu schreiben. Alle sind ganz ruhig und schreiben brav. Plötzlich fällt mir ein, ich muss UNBEDINGT der Klasse etwas sagen. Oder ich fange an, mit einem Schüler leise zu reden. Und was passiert? Im Nu ist die Ruhe vorbei und alle reden mit mir oder mit einander. Dann muss Ruhe wieder hergestellt werden, damit die Arbeit erledigt werden kann.

Und wer war an dieser Unruhe schuld? Nicht die Schüler, sondern ich! Weil ich mich anders verhielt, als ich es von den Schülern erwartet habe – und sie haben mich gespiegelt.

Heißt das, dass wir nie authentisch im Klassenzimmer sein können?

Nein. Wir können authentisch sein – aber zum richtigen Zeitpunkt.
Wenn ich nach der Pause ins Klassenzimmer komme und möchte, dass die Schüler zur Ruhe kommen, muss ich, nachdem ich ihre Aufmerksamkeit gewonnen habe, selbst ruhig sein. Erst dann, wenn die richtige Stimmung entstanden ist, kann ich zu meinem eigenen authentischen Verhalten übergehen.

Das heißt:

Jede gute Lehrerin ist eine Schauspielerin!
Jede Lehrerin braucht eine Reihe von Techniken in ihrem Lehrerkoffer, um im schulischen Alltag zurecht zu kommen. Manche Techniken fühlen sich von Haus aus natürlich und „richtig" an. Andere müssen erlernt werden – und geübt werden, bis sie in Fleisch und Blut übergehen.

3

Flexibilität siegt!

Waren Sie als Schülerin immer brav?

Ich nicht. Ich war zwar gutmütig und keiner meiner Lehrer hätte mich als schlimm bezeichnet. Ich habe aber sehr gerne in der Schule getratscht. Vor einigen Jahren, als ich in Pennsylvania bei meiner Familie auf Besuch war, erzählte mir mein Bruder, dass er vor kurzem meinen (inzwischen SEHR alten!) Mathematikprofessor auf der Straße getroffen hatte. Sie haben miteinander geplaudert. Er fragte meinen Bruder wie es seiner Schwester in Österreich geht – und ob sie inzwischen schon gelernt hat, in welche Richtung man schaut, wenn man auf einem Sessel sitzt!

Als mein Bruder mir diese Geschichte erzählte, worüber wir sehr gelacht haben, war ich noch als Lehrerin in der Bilingualen Mittelschule in Wien beschäftigt. Als ich nach den Weihnachtsferien wieder in die Schule kam und einige Kinder wegen Tratschens während der Stunde ermahnen musste, fielen mir seine Worte ein. Und ich habe innerlich wieder lachen müssen.

Perspektive tut gut

Ich denke mir immer wieder, dass wir als Lehrer manchmal das Verhalten unserer Schüler zu ernst nehmen. Ja, es stimmt, dass während der Stunde nicht getratscht werden soll. Es ist auch wichtig, dass die Schüler ihre Hausübungen machen. Und sie sollen wirklich nicht am Gang laufen. Diese Sachen müssen eingehalten werden. Aber wenn es gelegentlich nicht klappt, ist es wirklich nicht das Ende der Welt.

Als Lehrer brauchen wir ein gutes Gedächtnis. Und eine gesunde Portion Humor. Damit wir uns in die Welt unserer Schüler einfühlen können und sie dort abholen können, wo sie sind. Wenn wir das fertigbringen, ist es ein Kinderspiel, sie dorthin zu führen, wo sie sein sollen.

Ich weiß nicht, wie das heutzutage in Amerika ist, aber als ich in die Schule ging, gab es kein Schwindeln bei Tests oder Schularbeiten. Das Schwindeln war verpönt. Wir haben manchmal am Anfang eines Schuljahres mit einer oder der anderen Lehrerin einen Vertrag unterschrieben, wo wir versprochen haben, nicht zu schwindeln. Aber im Grunde genommen war ein Vertrag nicht notwendig. Das tat man einfach nicht – unsere Lehrer hätten damals das Klassenzimmer während einer Schularbeit verlassen können und ins Lehrerzimmer gehen können, um einen Kaffee zu trinken und wir hätten brav, ohne die Augen wandern zu lassen oder dem Nachbarn eine Frage zu stellen, weiter gearbeitet.

Dann kam ich nach Österreich und unterrichtete sechs Jahre lang an einer Handelsakademie für 14- bis 19- jährige Jugendliche. Bei der ersten Schularbeit habe ich meinen Augen nicht trauen können! Es hat mir niemand erzählt, dass Schwindeln der Nationalsport in Österreichs Schulen ist! Die Schüler waren raffiniert und ich war fasziniert davon, wie viele kreativen Arten und Weisen zum Schwindeln ersonnen wurden.

Natürlich habe ich mein Bestes getan, das Schwindeln in den Griff zu bekommen bzw. zu unterbinden. Das ist unsere Aufgabe als Lehrer. Und es gehört zum Spiel dazu! So habe ich und auch die Schüler diese Sache auch betrachtet. Keiner von uns hat das persönlich genommen.

Später, als ich an der Bilingualen Mittelschule unterrichtete, waren die Schüler jünger und haben nicht so gut schwindeln können. Da ist in mir aber eine Idee geboren worden! Als ich den Schularbeitsstoff den Schülern eine Woche vor jeder Schularbeit bekannt gegeben habe, habe ich ihnen auch gesagt, dass jeder Schüler einen Schwindelzettel zur Schularbeit mitbringen dürfte. Da waren die Schüler begeistert!

Die Größe des Zettels habe ich festgelegt – zwei Zentimeter mal zwei Zentimeter - und die einzige andere Bedingung war, dass er mit der Hand beschriftet werden müsste. Damit begann die fleißige einwöchige Vorbereitung von Schwindelzetteln. Was kann ich nicht? Was ist der wichtigste Stoff, den ich darauf schreiben soll? Wie soll die Anordnung sein, damit ich alles schnell finden kann? Immer wieder wurde der Zettel neu geschrieben. Der Stoff wurde immer weiter komprimiert. Wahrscheinlich haben meine Klassen beim Präparieren der Schwindelzettel weitaus mehr gelernt, als es ohne Schwindelzettel je der Fall gewesen wäre!

Ich habe meine Perspektive verändert – und sowohl die Schüler wie auch ich haben davon profitiert.

Probieren Sie einmal etwas anders!

Seit Jahrhunderten regen sich Lehrer über die gleichen Verhaltensweisen im Klassenzimmer auf. Dabei ist es egal auf welchem Kontinent oder in welchem Land die Lehrer und die Schüler sich befinden. Als ich vor langer Zeit selbst Schülerin war, haben meine Lehrer genau die gleichen Sätze und Mahnungen – halt auf Englisch statt auf Deutsch - ausgesprochen, die ich und meine Kollegen in der Schule täglich sagen. Auf meinen Seminaren in Orten, so weit von Österreich entfernt wie Buenos Aires, Novosibirsk oder Istanbul, stellen Lehrer mir haargenau die gleichen Fragen wie ich sie in Wien gestellt bekomme. In der Bilingualen Mittelschule in Wien haben wir Schüler aus der ganzen Welt. Die Schüler haben mir viele Geschichten von dem Schulalltag in ihrem Ursprungsland erzählt und - siehe da - Lehrer in Ghana, in Kanada, in Jamaika und in Mexiko City scheinen vor den gleichen Herausforderungen im Klassenzimmer zu stehen wie wir in Europa.

„Seid leise!", „Dreh dich um!", „Spuck den Kaugummi heraus!", „Es hat schon geläutet!", „Passe doch auf!", „Jetzt räumen wir zusammen!", „Gehe auf deinen Platz!" – Wir sagen es noch einmal. Und noch einmal. Und wieder einmal. Genau so wie alle früheren Lehrergenerationen. Vielleicht ist es an der Zeit, dass wir etwas Neues versuchen?

Das erinnert mich an eine schöne Geschichte ...

DIE FLIEGE

Es war ein heißer Tag, Mitte Juni, und ich saß in meinem Wohnzimmer und las ein Buch. Nur ein paar Meter von mir entfernt, hörte ich das verzweifelte Geräusch eines Kampfes zwischen Leben und Tod. Eine Fliege versuchte mit ihrer ganzen Kraft und Energie vergeblich durch die Glasscheibe eines Fensters zu fliegen. Das Summen der Flügel erzählte mir die Strategie der Fliege: Streng dich noch mehr an.

Aber es funktioniert nicht.

Die Fliege strengte sich immer mehr und mehr an, aber ihr verzweifelter Versuch bot keine Hoffnung für das Überleben. Die Fliege hatte keine Chance. Egal wie sehr sie sich anstrengt, wird es ihr nicht gelingen durch das Glas zu brechen. Aber sie gab nicht auf.

Die Fliege ist zum Scheitern verurteilt. Sie wird dort auf dem Fensterbrett sterben.

Die tragische Ironie dabei war, dass nur einige Meter davon entfernt die Tür offen gestanden ist. Fünf Sekunden fliegen und die kleine Kreatur könnte die Welt da draußen, die sie so dringend suchte, erreichen. Nur ein Bruchteil der Anstrengung, die sie jetzt einsetzte, wäre notwendig, um die Freiheit zu erreichen.

Die Möglichkeit frei zu werden ist da. Sie muss nur richtig in Anspruch genommen werden.

Warum versucht die Fliege nicht eine andere Möglichkeit? Warum versteift sie sich darauf, dass diese Idee, kombiniert mit mehr Anstrengung, die einzige Aussicht auf Erfolg bietet? Warum probiert sie nicht einmal etwas anderes?

Offensichtlich glaubt die Fliege, dass diese Lösung die einzige ist. Sie sieht nur diesen einen Weg ins Freie.

Aber mehr Anstrengung oder öfters probieren wird nicht unbedingt mehr Erfolg mit sich bringen.

Es ist ganz einfach:
Wenn ich immer wieder das Gleiche tue, werde ich auch immer wieder die gleichen Ergebnisse bekommen.

Wenn ich zwei Eier in eine Pfanne gebe und sie umrühre, werde ich Eierspeise erhalten – auch wenn es mein Ziel war Spiegeleier zu braten. Und wenn ich es hundertmal tue, wird nach wie vor das Resultat Eierspeise sein.

Nehmen Sie einen Schritt zurück

Bevor ich aber etwas Neues ausprobiere, ist es von Vorteil, wenn ich erkenne woran es liegt, dass es bis jetzt nicht funktioniert hatte. Um das zu tun, muss ich zumindest einen Augenblick lang eine andere Perspektive einnehmen.

Wer von uns kennt das nicht?

Ich stehe im Klassenzimmer und unterrichte. Ich mache irgend etwas mit den Schülern, von dem ich glaube zu wissen, wie sie darauf reagieren werden. Und – was ist das?! Sie reagieren ganz anders als ich erwartete! Es kann sein, dass die Reaktion positiv ist. Es kann sein, dass sie negativ ist. Von Bedeutung ist nur, dass sie unerwartet ist.

Nun, wie reagiere ich darauf?
Wenn sie positiv ist, freue ich mich – und unterrichte weiter.
Wenn sie negativ ist, kämpfe ich um das Überleben.

Was hier fehlt ist die Analyse.
Warum haben die Schüler anders reagiert? Was habe ich getan, um diese Reaktion hervorzurufen?

Nonverbale Intelligenz ist ein ganzheitlicher Prozess. Die Körpersprache ist eine rechtshemisphärische, intuitive Tätigkeit. Damit sie im Klassenzimmer systematisch und erfolgreich eingesetzt werden kann, ist es notwendig sie linkshemisphärisch zu analysieren. Nur dann können diese Erkenntnisse gezielt und erfolgreich eingesetzt werden. Der Zufall wird ein Werkzeug.

Die Analyse gelingt uns durch das gewinnen von Perspektive.
Wenn die Schüler anders als erwartet reagieren, nehmen Sie einfach einen Schritt rückwärts und schauen Sie die Situation von dieser Position aus an. Sie können diesen Schritt entweder in Gedanken machen oder manchmal hilft es sehr, wenn Sie in heiklen Situationen tatsächlich einen Schritt zurückgehen. Schauen Sie die Situation von dieser Perspektive aus an und stellen Sie sich die Frage: „Was habe ich jetzt getan oder gesagt, um diese Reaktion hervorzurufen?"

Dieser Schritt zurück oder - wie es manchmal beim NLP genannt wird – die **DISSOZIIERUNG** schenkt uns auch die Möglichkeit, emotionale Distanz zum Problem zu gewinnen. So können wir die Kontrolle über die Situ-

WIE MACHST DU DAS? NA KLAR ... NONVERBAL!

Liebe Pearl!

... ich war gestern in Essen um in einer Grundschule mit 80 % Ausländerquote zu unterrichten. Es hat voll Spaß gemacht! Das ist ein Projekt mit der Philharmonie in Essen und hat viel mit Tanz, Bewegung, Stimme und Gesang zu tun. Die Schüler mussten also nicht lange still sitzen!

Die Lehrerinnen und Studenten fragten mich ganz erstaunt nach dem Unterricht, wie ich es wohl geschafft hätte, die Aufmerksamkeit der Kinder beinahe unentwegt auf mich zu ziehen. Ich erklärte ihnen über deine nonverbale Techniken und sie waren begeistert.

Patricia G., Musikpädagogin, Kärnten

Liebe Pearl!

Heute fragte mich ein Schüler, nachdem ich bei meinem Anker stand und auf Ruhe wartete: „Du, Frau Lehrerin, warum redest du eigentlich fast nicht mehr, seit du auf Seminar warst?"

Ich habe nicht gleich geantwortet - klar - ich wartete auf Ruhe.

Sogleich meldete sich eine Schülerin: „Na, weil wir so doch auch verstehen, was sie will." ... dann war Ruhe.

Ich wusste, dass ich auf dem richtigen Weg bin, denn wenn die Schüler es schon merken...!

Elisabeth R., Volksschullehrerin, Wien

ation behalten. Wir sind souverän und die Tatsache, dass wir über der Sache stehen, hilft uns auf das Problem zu fokussieren und positive Lösungen sogar in den schwierigsten Situationen zu entdecken.

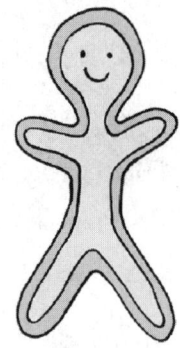

*Sie sind in sich.
Sie sind assoziiert.*

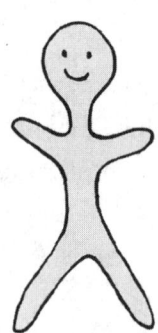
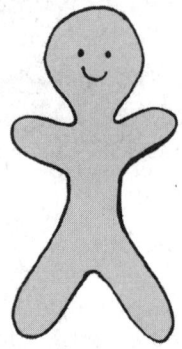

Sie nehmen einen Schritt zurück, schauen sich selbst und die Situation an. Sie sind dissoziiert.

Flexibilität siegt!

Flexibilität ist stressvermindernd. Sie schenkt uns die Möglichkeit, mehrere Lösungen zu einem Problem zu finden. Durch die Flexibilität werden wir frei. Eine NLP Vorannahme ist:

> **DIE PERSON, DIE AM FLEXIBELSTEN IST, KANN DAS SYSTEM AM MEISTEN BEEINFLUSSEN.**

Denken wir wieder an die Fliege.

Wenn Sie ein Problem haben und es fällt Ihnen nur eine Lösung zu diesem Problem ein, haben Sie gar keine Auswahl. Diese Lösung ist die einzige, die Ihnen zur Verfügung steht und dadurch, dass Sie keine Auswahlmöglichkeiten haben, verringen sich Ihre Erfolgschancen.

Zwei Lösungen ergeben ein Dilemma.
Entweder so oder so. Das ist doch keine Freiheit!

Erst wenn Sie drei Möglichkeiten haben, können Sie aussuchen. Dann sind Sie frei. Sie probieren eine Lösung und wenn sie nicht funktioniert, probieren Sie eine andere. Und wenn die nicht geht, eine andere. Und noch eine und noch eine. Bis es Ihnen halt gelingt!

Aus diesem Grund sagt man in NLP, dass die Person mit der meisten Flexibilität diejenige ist, die am meisten Einfluss auf das System hat. Diese Flexibilität, Lösungen zu suchen, haben Sie nur dann, wenn Sie diesen Schritt zurücknehmen können, um das Problem aus verschiedenen Perspektiven anzuschauen.

Die drei Positionen

Aus diesem Grund schlägt NLP vor, Probleme oder Situationen aus drei verschiedenen Positionen zu betrachten:

Die **ERSTE POSITION** ist meine natürliche Perspektive. Ich bin in mir drinnen. Ich empfinde, was ich momentan spüre und denke. Diese, wie auch die anderen zwei Positionen, können sowohl positiv wie auch negativ sein. Wenn ich in der ersten Position bin, kann es sein, dass ich ganz klar und deutlich weiß, was ich möchte. Meine Werte und Glaubenssätze sind klar definiert und ich handle aus meinen Stärken heraus. Die negative Situation wäre, dass ich in der ersten Position extrem egoistisch sein kann.

Wenn ich in der **ZWEITEN POSITION** bin, bin ich einfühlsam. Ich kann mich in andere hineinleben. Ich nehme die Bedürfnisse anderer wahr und manchmal sind die anderen Menschen mir wichtiger als ich mir selbst. Wenn die andere Person leidet, leide ich mit. Mütter von Kleinkindern sind oft in der zweiten Position. Wenn ein Arzt aber immer wieder in der zweiten Position wäre und jedesmal, wenn ein Patient stirbt, der Arzt mitleidet, dann würde er sehr bald seinen Beruf aufgeben müssen. So ist es, zumindest teilweise, bei uns Lehrerinnen auch!

Die **DRITTE POSITION** ist der **DISSOZIERUNG** ähnlich. Wenn ich in der dritten Position bin, die auch **MANAGER POSITION** genannt wird, betrachte ich die Situation von außen. Ich bin in dieser Position emotional neutral. Ich nehme einen Schritt aus mir heraus und betrachte die Situation von außen. Es kann sogar sein, dass ich nicht nur eine Situation sondern auch mich selbst beobachte. Wenn dies der Fall ist, sehe ich mich wie auf einem Foto. Ich empfinde dabei keine Emotionen. Diese dritte Position ist sehr zu empfehlen, wenn z.B. eine Lehrerin diszipliniert und emotional neutral bleiben möchte.

TEIL II

LERNSTILE & LERNSTRATEGIEN

4

Lernstile:
Wie nehmen wir unsere Welt wahr?

Damals sagte die Mäusemutter: „Unterschätzt niemals, wie wichtig das Erlernen einer Fremdsprache ist!"

Die „Fremdsprachen", die wir hier lernen werden, sind die Lernstile und die Lernstrategien unserer Schüler und Mitmenschen. Wenn ich den Lernstil meines Gegenübers erkenne und dadurch weiß wie ich ihn leichter erreichen kann, habe ich seine „Sprache" gelernt. Seine „Sprache" zu können ist der Schlüssel womit ich die Tür zu seiner Welt aufsperren kann. Wenn ich einmal in seiner Welt drinnen bin, können wir gemeinsam überall hin – von einem Lernstil zum nächsten - wandern. Aber zuerst brauche ich den Schlüssel, der mir den Zugang zu seiner Realität ermöglicht.

Wenn mir der Schlüssel fehlt, d.h. wenn ich versuche, in seine Welt einzutreten ohne seine Sprache zu verstehen und zu sprechen, werde ich auf Widerstand stoßen. Der Eintritt wird mir verwehrt oder schwer zugänglich gemacht. Daher unser Titel:

„**We have to reach them to teach them**"

Lernstiltheorien

Lernstile werden in Wikipedia wie folgt beschrieben:

„Lernstile gehören zu einem Konzept, das in den Siebzigerjahren durch die Lernpsychologie entwickelt worden ist und davon ausgeht, dass die meisten Menschen einige wenige individuelle Methoden bevorzugen, mit Stimuli und Informationen umzugehen. Unter ansonsten gleichen Lernbedingungen erzielen Lernende oft deshalb unterschiedliche Erfolge, weil die von ihnen bevorzugte Lernmethode nicht angeboten wird ... Es sind [für diesen Beitrag] über 80 Lernstilmodelle vorgeschlagen worden, die alle wenigstens zwei unterschiedliche Lernstile aufweisen."

aus Wikipedia, der freien Enzyklopädie

80 Lernstilmodelle!
Das alleine ist das Thema für einige Bücher!
Die Lernstiltheorien von Howard Gardner, John Grinder, Richard Bandler, Michael Grinder, Rita Dunn, Georgi Lozanov und so vielen anderen Wissenschaftlern, die sich mit der Gehirnforschung beschäftigen, sind alle sehr wertvoll.

Hier werden wir jedoch, der Einfachheit halber, den Schwerpunkt auf die drei Lernstile – visuell, auditiv und kinästhetisch - wie auch die Metaprogramme von NLP legen. Diese Lernstiltheorien habe ich ursprünglich von Michael Grinder in seinen Seminaren gehört. Im Laufe der Jahre habe ich die Theorien mit meinen eigenen Erfahrungen und Einsichten erweitert und dann gleich in der Schule ausprobiert. Es sind diese Erkenntnisse und Erfahrungen wie auch die meiner TeilnehmerInnen, die ich mit Ihnen, liebe Leser, teilen möchte.

Eine der bekanntesten Lernstiltheorien ist:

HOWARD GARDNERS
8 MULTIPLE INTELLIGENZEN

Howard Gardner, Professor für Erziehung und Pädagogik an der Harvard Universität, schrieb 1985 das Buch *„Frames of Mind. The Theory of Multiple Intelligences"* (Basic Books, New York). Dieses Buch wurde auch 1991 als deutsche Ausgabe unter dem Titel *"Abschied vom IQ. Die Rahmentheorie der vielfachen Intelligenzen"* herausgegeben. (Klett-Cotta, Stuttgart) In dieser Theorie diskutiert er die verschiedenen Formen der Intelligenz, die ein Mensch haben kann.

Zeitgenössische westliche Kultur unterrichtet, prüft, verstärkt und belohnt hauptsächlich zwei Arten Intelligenz: verbal-linguistische und logisch-mathematische, die in traditionellen IQ Tests gemessen werden. Howard Gardners Theorie der multiplen Intelligenzen schlägt vor, dass es mindestens acht Intelligenzen (er ist dabei, die neunte, die Spirituelle Intelligenz, auszuarbeiten und schließt nicht aus, dass es auch weitere zukünftige geben wird). Er behauptet, dass jede Person ein „Intelligenzprofil" über alle diesen Intelligenzen besitzt. Während die Anhänger von IQ-Tests glauben, dass Intelligenz festgelegt ist, hält die MI-Theorie dagegen, dass die Intelligenz über Zeit entwickelt werden kann, obwohl für die eine Person diese Entwicklung einfacher als für eine andere sein kann. Er schlägt vor, dass möglichst viele Fähigkeiten im Unterricht entwickelt bzw. aktiviert werden sollen.

Die 8 bisher ausgearbeitete Intelligenzen bzw. Stärken sind:

1. Verbal-Linguistische Intelligenz
2. Logisch-Mathematische Intelligenz
3. Visuell-Räumliche Intelligenz
4. Rhythmisch-Musikalische Intelligenz
5. Körperlich-Kinästhetische Intelligenz
6. Naturalistische Intelligenz
7. Interpersonale Intelligenz
8. Intrapersonale Intelligenz

V-A-K- Entwicklungsprozess

Jedes Kind, das ohne Behinderung auf die Welt kommt, erkundet seine Welt und nimmt ständig neue Informationen über die fünf Sinneswahrnehmungen, oder - wie sie in NLP genannt werden - Repräsentationssysteme bzw. Modalitäten, auf:

- das Sehen (visuell oder V),
- das Hören (auditiv oder A),
- das Taktile (kinästhetisch – K). Beim K werden auch die Emotionen inkludiert,
- das Riechen (olfaktorisch – O) und
- das Schmecken (gustatorisch – G)

Die fünf Sinneswahrnehmungen sind für jeden von uns das Tor zur Realität und bei jedem unterschiedlich ausgeprägt. Wie jeder Einzelne die Welt wahrnimmt und diese Wahrnehmung im Kopf darstellt, bestimmen seine persönlichen Bilder der Realität. Diese Wahrnehmungsvorliebe, vor allem die ersten drei Modalitäten – visuell, auditiv und kinästhetisch - wie auch die Altersgruppe, in der sich ein Kind momentan befindet, bestimmen seinen Lernstil. Mit diesen drei Hauptmodalitäten bzw. Lernstilen werden wir uns näher in den nächsten Kapiteln beschäftigen.

- Es gibt zum Beispiel Schüler, die einen **VISUELLEN LERNSTIL** haben. Sie haben eine gerade, stille Körperhaltung und lernen mit den Augen. Ihre Motivation, in die Schule zu kommen, ist Lernen. (Leider sitzen sehr wenige von ihnen in unseren Klassenzimmern!) Sie sind stark im Kopf, philosophieren gerne und haben einen Perfektionstrieb. Die visuelle Entwicklungsphase, nach Michael Grinder, beginnt mit ca. 14.

- Schüler mit einem **AUDITIVEN LERNSTIL** lernen durch das Sprechen und Hören. Sie haben eine rhythmische und symmetrische Körperhaltung, sind sehr gesellig und tratschen gerne! Ihre Hauptmotivation, in die Schule zu kommen, ist Beziehungen aufzubauen – zu ihren Mitschülern und zu Ihnen. Die auditive Entwicklungsphase findet im Alter von 1o bis 14 statt.

- Schüler, die einen **KINÄSTHETISCHEN LERNSTIL** haben, sind kleine Wirbelwinde! Sie sind ständig in Bewegung und greifen alles an. Ihre Bewegungen sind eher asymmetrisch und weg vom Rumpf. Sie reagieren körperlich und emotional stark und lassen sich von der Arbeit leicht ablenken. Sie kommen auch wegen der Beziehungen in die Schule. Sie sind meist lieb – aber anstrengend!! Die kinästhetische Entwicklungsphase findet zwischen der Geburt und dem Alter von 1o statt.

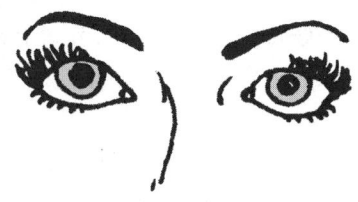

Visuell

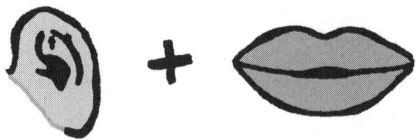

Auditiv

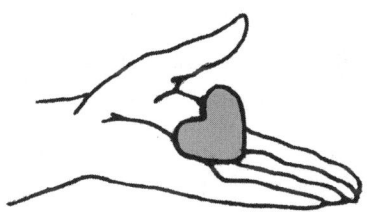

Kinästhetisch

Die bevorzugte Modalität

Nachdem ein Kind den oben beschriebenen Prozess durchgemacht hat, ist es in der Lage, in allen drei Hauptmodalitäten - visuell, auditiv oder auch kinästhetisch - zu lernen, zu kommunizieren und zu handeln. Das macht es auch. Es ist ständig dabei, die Modalität zu wechseln. Aber gleichzeitig wird das Kind bzw. jeder Erwachsene eine oder zwei Modalitäten haben, die es bzw. er bevorzugt. Das ist die Modalität, bei der man sich einfach am wohlsten fühlt. Und das ist auch die Modalität, die man automatisch in jeder Stresssituation bzw. immer dann, wenn man etwas Neues und Schwieriges lernt, einsetzt.

Die bevorzugte Modalität ist auch von der Kultur, in der man aufwächst, abhängig. Eine Freundin von mir z.B. hat auf einem Indianerreservat in den USA unterrichtet. Am Anfang hat es sie sehr gestört, dass ein Schüler, wenn sie mit ihm gesprochen hat, stets den Augenkontakt gemieden und immer auf den Boden geschaut hat. Wie sie dieses Phänomen einer Kollegin erzählte, hat sie erfahren, dass in dieser Kultur ein Kind einem Erwachsenen Respekt zeigt, indem es keinen Augenkontakt mit Erwachsenen aufnimmt.

Für diejenigen von uns, die viele Kinder aus ausländischen Familien in der Klasse haben, ist es besonders wichtig, auf unterschiedliche nonverbale Signale zu achten und sich darüber zu informieren. Nur so bekommen wir Hinweise auf die Bedeutung dieser Signale.

In der Bilingualen Mittelschule, in der ich bis vor einigen Jahren unterrichtete, haben über 70% unserer Schüler Deutsch nicht als Muttersprache gehabt. Anfänglich habe ich öfters beim Zuhören am Spielplatz oder während der Gangaufsicht aufgrund des Tonfalls eines Gesprächs vermutet, dass zwei oder mehrere türkische Kinder miteinander Streit hätten. Als ich aber ihr Gespräch weiter verfolgt habe, konnte ich feststellen, dass sie eigentlich ganz friedlich miteinander spielten. Später einmal erzählte mir eine türkische Kollegin, dass dieses Mißverständnis meinerseits an der geänderten Betonung der Sprache lag. Eine Frage wird im Türkischen anders betont als im Deutschen und daher hört sich das für meine Ohren anders an.

Die Basken haben angeblich andere Augenbewegungen als wir und je weiter man in Europa nach Norden kommt, z.B. Schweden, Finnland und auch Großbritannien, desto weniger Körper- und Kopfbewegungen gibt es beim Sprechen. Das sind Unterschiede, auf die zu achten besonders wichtig ist.

Andererseits bin ich auf meinen Seminarreisen durch die Welt immer wieder über die Ähnlichkeiten der nonverbalen Botschaften überrascht. Im Laufe der letzten zwanzig Jahre habe ich Seminare über nonverbale Führungstechniken in ca. 25 Ländern auf vier Kontinenten abgehalten. Fast allen nonverbalen Merkmale, die in den nächsten Kapiteln angeführt werden, haben Zustimmung bei den Teilnehmern dieser Seminare gefunden.

Hier geht es um nonverbale Richtlinien, die sehr oft, aber nicht ausschließlich,

Lernstile: Wie nehmen wir unsere Welt wahr?

STELLE DIR VOR...
Machen Sie folgende Übung mit einem Partner oder in einer Gruppe.

Eine Person liest die folgenden Listen von visuellen, auditiven und kinästhetischen Eindrücken langsam vor. Die anderen Personen machen die Augen zu und stellen sich diese Eindrücke vor.

Anschließend können Sie besprechen:

- Welche Eindrücke waren am stärksten? Welche waren schwächer?
- Haben Sie nur etwas gesehen, gehört oder gespürt? Oder waren mehrere Sinneswahrnehmungen gleichzeitig vorhanden?
- Waren die Bilder, Geräusche, Gefühle klar und deutlich? Oder waren sie verschwommen? Haben Sie die Bilder farbig gesehen oder schwarz/weiß? Waren die Eindrücke wirklichkeitstreu?
- Haben Sie sonst etwas wahrgenommen? Gerüche? Geschmäcker?
- Als Sie sich selbst anschauten, haben Sie sich als eine Gesamtheit - wie auf einem Bild - gesehen?

visuelle Eindrücke
1. eine brennende Kerze
2. sich selbst beim Spazieren
3. ein junger, spielender Hund
4. eine Hand schreibt deinen Namen an die Tafel
5. die Eingangstür deiner Wohnung oder deines Hauses

auditive Eindrücke
1. eine Schulglocke
2. eine Stimme, die deinen Namen ruft
3. Wellen am Meer
4. eine miauende Katze
5. ein Rasenmäher

kinästhetische Eindrücke
1. nasse Socken anhaben
2. unter der warmen Dusche stehen
3. einen Eiswürfel in die Hand nehmen
4. mit einem Finger über ein Stück Sandpapier fahren
5. die Hand eines Menschen berühren

stimmen. Es ist aber nicht das Ziel der folgenden Kapitel, Menschen in Kategorien einzuordnen oder ihnen die Etiketten „Visueller", „Auditiver" oder „Kinästhet" anzuheften. Wir wollen und sollen niemanden „verschubladisieren".

Eine weitere Vorannahme von NLP ist:

> **DIE RESSOURCEN, DIE WIR BRAUCHEN, SIND IN UNS.**

Das heißt in diesem Fall: Jeder von uns hat alle drei Fähigkeiten – visuell, auditiv und kinästhetisch - in sich. Wir wechseln pausenlos zwischen allen dreien. Und die Intensität und das Ausmaß der bevorzugten Modalitäten verändern sich ständig. Nichts ist statisch. Und deswegen sind Lernstile, meiner Meinung nach, praktisch nicht messbar. Das Ziel sollte sein, einfach festzustellen, welche Hauptmodalität Sie selbst wie auch Ihre Schüler bevorzugen. Gratulieren Sie sich – und dann erweitern Sie Ihr Spektrum!

Kennen Sie den englischen Ausdruck: „Use it or lose it!" ?
Das heißt: „Nütze deine Talente, weil sie sonst verloren gehen!"

Wenn wir als Babys auf die Welt kommen, sind wir mit einem tollen Seh-, Hör-, Fühl-, Riech- und Schmeckvermögen ausgestattet. Dann entdecken wir, dass die eine oder andere Variante für uns leichter geht – und wir vernachlässigen die anderen. Leonardo da Vinci sagte einmal, dass Menschen Meister im Schauen ohne zu sehen, im Hören ohne zuzuhören, im Berühren ohne zu spüren, im Essen ohne zu kosten, im Sich-Bewegen ohne die Bewegung wahrzunehmen, im Einatmen ohne zu riechen und im Sprechen ohne zu denken seien. Das wäre eine richtige Herausforderung, um unser Leben zu bereichern und multimodaler zu werden!

Das Ziel: Multimodalität

Für uns Lehrkräfte ist es dringend notwendig, multimodal zu sein, egal welche Hauptmodalität wir selbst bevorzugen.

Erstens aus höchstpersönlichen Gründen: je multimodaler ich nämlich bin, desto reicher wird mein Leben. Niemand hat nur eine Modalität, aber eine Person, die hauptsächlich visuell ist, nimmt zum Großteil nur das wahr, was sie sieht. Viele der Geräusche und Gefühle, die zur Realität dazu gehören, gehen an ihr einfach vorbei. Oder wenn eine Person hauptsächlich kinästhetisch ist, sieht sie und hört sie nicht so gut.

Meine Hauptmodalität z.B. ist auditiv und meine zweite ist kinästhetisch. Die visuelle Fähigkeit habe ich auch – aber sie ist wesentlich schwächer ausgeprägt. Ein Beispiel: Ich bewundere immer die Leute, die, nachdem sie z.B. Zeuge bei einem Überfall waren, dem Polizeizeichner den Täter in Detail beschreiben können. Der Zeichner setzt sich vor seinem Zeichenblatt hin und die Person beschreibt wie groß der Täter war, welche Haarfarbe er hatte, ob er eine große Nase, ein herabfallendes Kinn, ausgeprägte Backenknochen, etc. hatte. Der Zeichner stellt anhand dieser Beschreibung innerhalb von Minuten ein Porträt her, das zur Fahndung nach dem Verbrecher geeignet ist. Wie machen die Leute das? Mir fällt überhaupt nicht auf wie jemand ausschaut. Wenn ich mich in so einer Situation befinden würde, würde ich zwar wissen, ob die Person männlich oder weiblich war. Mehr aber sicher nicht!

Falls ich aber zufällig ein Gespräch mit dem Verbrecher geführt oder ihn sprechen gehört hätte, könnte ich sicherlich auditive Informationen über die Lautstärke, den Tonfall seiner Stimme, seine Wortwahl, etc. geben. Ich bin, wie die meisten Auditiven, sehr gesellig und geniesse Gespräche mit anderen Menschen. Ich kann meist sehr gut wiedergeben, was in einem Gespräch gesagt worden ist. Falls Sie mir aber nachher die Frage stellen, ob die Person mit der ich gesprochen habe, eine Brille trägt, sind die Chancen sehr groß, dass ich die Frage nicht beantworten kann. Ich persönlich merke mir viel leichter auditive als visuelle Eindrücke.

Unsere Aufgabe ist es, ALLE zu erreichen

Als Lehrkraft gibt es einen zweiten sehr wichtigen Grund warum ich an meiner Multimodalität arbeiten soll: Nur so besteht die Möglichkeit, dass ich alle Schüler, die in meinem Klassenzimmer sitzen, erreichen kann.

Es ist meine Aufgabe als Lehrkraft, ALLE Lernenden zu erreichen. Egal ob sie meine Hauptmodalität teilen oder nicht. Das heißt, ich muss meine Botschaften so ausdrücken, dass möglichst alle mich verstehen können. Aus diesem Grund ist es essentiell, dass ich als Lehrkraft die Multimodalität in meinen Unterricht und in meine Stundenbilder einbaue. Nur so habe ich wirklich mein Bestes getan um alle im Klassenzimmer zu erreichen.

Darum geht es: Das Bestmögliche zu tun.

Als Lehrkraft wird es mir einfach nicht gelingen, immer alle zu erreichen. Das ist eine gegebene Tatsache und ich brauche mich zum Glück nicht mit einem Perfektionstrieb zu quälen. Es wird einfach Fälle geben, in denen ich den Lernenden nicht erreiche. Wichtig ist jedoch, dass ich das Allerbeste tue, was ich tun kann. Das reicht.

Niemand hat nur eine Modalität. Wir wechseln zum Glück ständig von einer zur anderen. Die Hauptmodalität ist einfach die, bei der wir uns am wohlsten fühlen. Und es ist auch die Modalität, in die wir automatisch wechseln, wenn wir in einer Stresssituation sind bzw. wenn wir etwas Neues, Schwieriges lernen. Solche Situationen kommen oft in der Schule vor und sowohl die Erkennung meiner eigenen Hauptmodalität wie die meiner Schüler sind wichtige Informationen für mich als Lehrerin.

Nun stellen wir uns vor ...

Es ist ein wunderschöner Sommertag. Ich entscheide mich, ich möchte an der Alten Donau, einem abgeschnittenen Arm der Donau, der im Sommer für alle Wiener ein wunderschönes und beliebtes Freizeitgebiet darstellt, rudern gehen. Ich miete mir ein Ruderboot und lege meine drei Packerln – das visuelle, das auditive und das kinästhetische - vor mir in das Boot hinein.

Nun rudere ich auf der Alten Donau und genieße den herrlichen Sommertag. Aber plötzlich wird es finster. Der Himmel verdunkelt sich. Es donnert. Es blitzt. Ich entdecke ein Loch in meinem Boot. Und – oh Schreck! - ich kann nicht schwimmen!!! Das ist wirklich eine Stresssituation!

Was mache ich?
Ich werfe die Packerln, die ich nicht bevorzuge, – das visuelle und das kinästhetische

- über Bord. Und bleibe mit meinem letzten, dem auditiven Packerl, im Boot.

Das heißt, wenn ich in einer Krisensituation bin, stehen mir – leider - unter Umständen weniger statt mehr Ressourcen zur Verfügung, um die Krise zu meistern.
Ein weiteres Beispiel:

Früher haben Piloten in Krisensituationen Anweisungen über ihre Kopfhörer bekommen. Wenn der Pilot auditiv war, ist das gut gegangen. Er hat die Informationen über seine Hauptmodalität, über die Ohren, bekommen und damit ist er meist gut zurecht gekommen. Wenn der Pilot visuell war, haben seine Ohren nicht so gut funktioniert und die Fortsetzung der Krise war vorprogrammiert. Heutzutage gibt es Computer-Bildschirme im Flugzeug und daher erhalten Piloten zum Glück in Krisensituationen nicht nur auditive, sondern auch visuelle Informationen.

WIE ICH SIE ERREICHEN KANN:

- Ich respektiere die Kinder.
- Ich spreche die Kinder an, ich spreche zu ihnen – Blickkontakt ist ganz wichtig!
- Ich bin selber ruhig und gelassen.
- Ich will ein gutes Vorbild sein. – Die Regeln, die die Kinder befolgen sollen, muss ich selbst befolgen!
- Ich bemühe mich die Kinder zu verstehen. Da hilft mir heute besonders ein Seminar über „Die gewaltfreie Kommunikation von Marshall Rosenberg". Alle Menschen haben dieselben Bedürfnisse und sie wollen diese Bedürfnisse erfüllt haben. Sie haben nur unterschiedliche Strategien, sich diese Bedürfnisse zu erfüllen.
- Ich ermutige und lobe die Kinder und bin bemüht, aus ihnen das Beste herauszuholen.

„Eine wertschätzende Beziehung zu den Kindern ist unbedingt notwendig – dann ist das Unterrichten ein Vergnügen."

Anna K., Hauptschullehrerin, Tirol

Spiegeln Sie die Modalität

Wir erreichen das Individuum, sei es Schüler, Elternteil, Direktor, Kollege oder jemanden aus unserem Privatkreis, indem wir seine Hauptmodalität spiegeln und Rapport herstellen. Wenn ich jemanden mit einer Botschaft erreichen möchte, muss ich „seine Sprache sprechen", d.h. ich muss sein bevorzugtes Sinnessystem berücksichtigen. So wird meine Botschaft „sinn-voll" und sie wird besser aufgenommen und verstanden.

Wie schon erwähnt ist meine Hauptmodalität auditiv. Das heißt wenn ich in einer Stresssituation bin oder etwas Neues und Schwieriges lernen muss, können Sie mich am leichtesten erreichen, wenn Sie mit mir reden.

Ich mache viele Seminare in Wiener Schulen, die in den weitesten Winkeln Wiens versteckt sind. Teilweise komme ich in Gegenden, in denen ich in den fünfunddreißig Jahren, die ich in Wien lebe, noch nie war. Meistens fahre ich mit dem Auto hin. Den Weg zu erkunden, die richtigen Einbahnstraßen zu fahren, einen Parkplatz zu finden, damit ich rechtzeitig in der Schule ankomme, das ist oft für mich ein richtiges Abenteuer und tatsächlich eine Stresssituation.

Aus diesem Grund habe ich mir ein GPS-System für das Auto gekauft.

Es stehen mir zwei Vorgangsweisen zur Verfügung:

Ich kann auf das GPS schauen. Dort ist eine kleine Karte: Ich sehe dort die Straßenlage und die Karte gibt mir an, in welcher Richtung ich fahren soll. Diese Möglichkeit nütze ich gelegentlich.

Die Variante, die ich bevorzuge ist jedoch die Auditive:
Ich höre dann eine angenehme Frauenstimme, die mir ruhig und freundlich den Weg bekanntgibt. Die Stimme und diese Variante sprechen mich besonders an. Diese nette Frau ist auch sehr geduldig. Egal, wie falsch ich auch abbiege oder fahre, sie schimpft nie und sagt einfach in aller Seelenruhe: „Drehen Sie sobald wie möglich um."

„Fahren Sie eine sehr lange Zeit gerade aus. Nach 50 Metern biegen Sie rechts ab. Bald biegen Sie rechts ab. JETZT biegen Sie rechts ab. Usw." Diese Anweisungen geben mir ein Gefühl der Sicherheit. Ich kann mich zwingen die Karte zu lesen – aber spüre einen Widerstand in mir, wenn ich die Anweisungen lesen muss, statt sie zu hören.

Ihre Stimme hingegen irritiert meinen kinästhetisch-visuellen Sohn sehr. „Wann hört sie endlich auf zu quatschen?" Bei der ersten gemeinsamen Fahrt mit dem GPS hat seine kinästhetische Seite gesiegt: Er versuchte durch das Drucken aller Knöpfe auf dem Gerät ihre Stimme auszuschalten – und plötzlich hat sie, mit der gleichen angenehmen Stimme, Französisch gesprochen!

Visuelles Lernen ist notwendig für den akademischen Erfolg

Wenn ich die Seminarteilnehmer am Beginn eines Seminars fragte, welche Modalität sie für ihre bevorzugte halten, würden 95% der Teilnehmer bei „visuell" aufzeigen. Wie sie aber im Laufe des Seminars mit Erstaunen feststellen, stimmt das sehr oft nicht.

Wie oben beschrieben, machen wir den gesamten Entwicklungsprozess durch, bevor wir uns dann eine bevorzugte Modalität aneignen. Wir sind dann in der Lage, in allen drei zu kommunizieren und zu lernen. Keine Modalität ist „besser" oder „schlechter" als die anderen. Für den akademischen Erfolg ist jedoch die visuelle Fähigkeit Bedingung. Hier liegt auch aus verschiedenen Gründen der Schwerpunkt in unserem Schulsystem.

Und da jeder von uns ein Studium abgelegt hat, um Lehrer zu werden, und dafür visuell lernen musste, ist dies die Modalität, die wir am ehesten mit Lernen und unseren eigenen Fähigkeiten in Verbindung bringen. In Wirklichkeit ist es aber so – wir können visuell lernen, das muss aber noch lange nicht unsere bevorzugte Modalität sein!

Visuell Erlerntes: Schnell gelernt – aber auch oft schnell vergessen!

Ja, visuell lernen zu können ist die Voraussetzung für den akademischen Erfolg. Daher sollten wir unseren Schülern diese Fähigkeit unbedingt beibringen. Das heißt aber nicht, dass visuelles Lernen die bessere Form des Lernens ist. Visuell Gelerntes ist schnell Gelerntes. Dieser Stoff ist aber meist nicht im Langzeitgedächtnis gespeichert.

Wer kennt das nicht?
Eine Prüfung steht bevor. Ich lerne und lerne – vielleicht die ganze Nacht durch. Ich bestehe die Prüfung und habe sogar eine tolle Note. Und zwei Wochen später habe ich alles, was ich gelernt habe, wieder vergessen!

Das erinnert mich an ein Rätsel, das ich vor kurzem bei einem Kongress gehört habe:

FRAGE: Was ist der Unterschied zwichen der besten und der schlechtesten Note auf einem Test?

ANTWORT: Die Person, die die schlechteste Note bekommen hat, hat den Stoff 1o Minuten vor dem Test vergessen.
Die Person, die die beste Note bekommen hat, hat den Stoff 1o Minuten nach Beenden des Tests vergessen!

Leider stimmt es, dass der Großteil des Stoffes, den wir im Klassenzimmer unterrichten, vergessen wird.

Alle zwei bis drei Jahre mache ich in meiner Wohnung eine große Aktion, in der ich alles, das ich nicht mehr brauche, aussortiere und Ordnung in meinen Wohnraum (und in mein Leben!) bringe. Alle Läden, Schränke und Bücherregale kommen daran. Was ich nicht mehr brauche wird verschenkt, verkauft oder weggegeben. Es ist erstaunlich, wie viel sich ansammelt – und teilweise habe ich sogar einige Dinge entdeckt, die ich schon längst vergessen hatte!
Letzten Sommer, als ich wieder diese Ausräum-Aktion durchführte, fand ich in einem Ordner eine Menge Seminararbeiten, die ich vor einer kleinen Ewigkeit während meines Studiums hier in Wien geschrieben hatte. Beim Durchblättern dieser Arbeiten überkam mich das Erstaunen. Ich war nämlich eine sehr gewissenhafte Studentin und ich habe in jede Seminararbeit,

die sich in diesem Ordner fand, sehr viel Zeit und Mühe investiert. Ich habe auch, wie beim Durchblättern ersichtlich war, gute Noten dafür bekommen. Was mich aber erstaunte war, dass ich mich teilweise nicht einmal mehr an die Themen dieser Arbeiten erinnerte. Habe ich wirklich so viel Zeit und Mühe in etwas investiert, von dem ich heute keine Ahnung mehr habe, dass ich mich jemals mit diesem Thema beschäftigt hatte?

Visuelles Lernen hat trotzdem viele Vorteile. Vor allem ist es schnell und daher für das Lernen für Prüfungen gut geeignet. Aber wenn ich mir langfristig etwas merken muss, brauche ich mehr als das rein Visuelle.

Auditives und Kinästhetisches Lernen gehen ins Langzeitgedächtnis

Wie lange ist es her, seitdem Sie das Lied „Alle meine Entlein" gesungen haben? Wahrscheinlich ist es länger her.
Nun möchte ich Sie bitten, kurz mit dem Lesen aufzuhören und die Worte zu diesem Kinderlied zu sagen oder zu singen. (Falls Sie dieses Buch im Kaffeehaus oder sonst wo in der Öffentlichkeit lesen, brauchen Sie die Worte nur zu denken und nicht laut zu singen)

Sie haben es können, nicht wahr?
Das ist auditives Lernen. Was Sie rhythmisch und melodisch gelernt haben, bleibt in Ihrem Gedächtnis auf Ewigkeit. Das Gelernte wird automatisiert. Man braucht nicht nachzudenken – das Wissen ist einfach da.

Eine Lehrerin erzählte mir vor kurzem, dass sie ihre Tante im Altersheim regelmäßig besucht. Ihr ist es aufgefallen, dass viele ältere Menschen, die teilweise verwirrt und kein zusammenhängendes Gespräch mehr führen könnten, sitzen und stundenlang Gebete, die sie in der Kindheit auswendig gelernt haben, vor sich hin sagen.

Warum können sie das?
Weil sie die Gebete damals mit Rhythmus auswendig gelernt haben.

Einzelne Worte und Sätze werden in der linken Gehirnhälfte gespeichert. Lieder sind rechts gespeichert. Manche Menschen, die einen Schlaganfall erlitten haben, sind nicht mehr in der Lage zu sprechen. Dafür können sie singen!

Angeblich funktioniert das beim Stottern auch. Michael Grinder erzählte einmal über einen Country Western Sänger, der Stotterer war. Beim Singen hatte er aber kein Problem. Er und sein Band waren einmal auf Tournee und haben in einem Motel übernachtet. Einmal ist der Sänger mitten in der Nacht munter geworden und merkte, dass ein Einbrecher dabei war, durch das Fenster in das Zimmer zu klettern. Einige Mitglieder seiner Band schliefen im gleichen Zimmer, aber der Sänger hat vor lauter Angst so gestottert, dass er kein Wort herausgebracht hatte. Daher hat er die Warnung seinen Zimmerkollegen laut gesungen – und sie waren gerettet!

Auch kinästhetisches Lernen oder Lernen durch „Muskelgedächtnis" geht ins Langzeitgedächtnis.

Wenn Sie einmal Radfahren gelernt haben, werden Sie immer Radfahren können. Auch wenn Sie 20 oder 30 Jahre nicht auf ein Rad gestiegen sind, werden Sie es noch immer bzw. wieder können. Radfahren muss man kinästhetisch lernen. Es geht nur so.

Stellen Sie sich vor ...

... ich möchte Ihnen und Ihrer Klasse das Radfahren visuell beibringen. Ich komme in die Klasse mit einem funknagelneuen Rad und stelle es vorne hin.

„Heute werden wir Radfahren lernen. Aber kommen Sie bitte NICHT näher! Das Rad dürfen Sie zwar anschauen aber auf keinen Fall angreifen."

Dafür erzähle ich alles über Radfahren. Ich zeige Ihnen Zeichnungen und wir berechnen die Wahrscheinlichkeit, dass Sie oben bleiben, etc., etc.

Nachdem wir das alles durchgearbeitet haben, gehen wir hinaus auf den Parkplatz und ich sage: „Gut! Nun steigen Sie auf das Rad und fahren Sie damit!"

Szene

Werden Sie fahren können?
Sicherlich nicht.

Beim Radfahren ist es klar. Diese Fähigkeit muss kinästhetisch unterrichtet werden. Aber es gibt andere Kenntnisse wo die Notwendigkeit von kinästhetischen Übungen nicht so offensichtlich ist. Hier gilt der Grundsatz:

MUSKELGEDÄCHTNIS IST LANGZEITGEDÄCHTNIS.

Daher sollten Sie unbedingt bei jedem Thema, das neu und schwierig ist - egal welche Schulstufe - zumindest eine kinästhetische oder auditive Übung dabei haben damit der Stoff ins Langzeitgedächtnis geht.

Mein Kollege Franz und ich bringen unseren 11-jährigen Schülern das menschliche Verdauungssystem im Biologieunterricht bei. Wir haben den Stoff mit visuellen und auditiven Techniken präsentiert und eingeübt und nun – als Krönung - war das kinästhetische Einüben daran. Wir haben dazu eine Aktivität bereit, die ich vor vielen Jahren von meinem genialen Mentor und Trainer im gehirnfreundlichen Lernen, Dr. Charles Schmid, gelernt habe.

Franz fragte: „Wer von euch möchte ein Big Mac sein?"

Da sind gleich mindestens 10 Hände in die Luft geschossen. „Ich! Ich! Ich! Bitte Herr Lehrer, nehmen Sie mich!"

Wir haben gleich 5 Big Macs ausgesucht, die sich in der Zwischenzeit in eine Ecke gestellt haben.

Mit dem Rest der Schüler haben wir das menschliche Verdauungssystem aufgestellt.

- *Zwei von ihnen waren die Zähne, die die Big Macs beim Durchgehen mit den Händen „gekaut haben".*

- *Hinter den Zähnen sind die Speicheldrüsen gestanden, die mit zwei (leeren!!) Gießkannen die Big Macs begossen haben.*

- *Einige haben die Speiseröhre gebildet.*

- *Mehrere waren der Magen und als Muskel massierten sie die Big Macs*

- *Beim Dick- und Dünndarm haben die Schüler ein Jazz Chant gesagt: „Peristolic Movement. Keep on moving. Peristolic Movement. Keep on moving ..."*

- *Und zwei waren der After – mit Sound Effects!*

Sie haben die Übung geliebt! (Franz und ich haben uns zwar gefragt, was die Eltern der After-Darsteller sich gedacht haben als sie ihre Kinder nachmittags gefragt haben: „Und was hast du heute in der Schule gemacht?"). Wir haben einige Tage später formhalber einen Test gemacht. Aber der Test war eigentlich überflüssig. Jedes Kind hat jede Frage 100% richtig beantworten können. Und ich bin sicher, dass sie es heute noch perfekt können!

Vor allem waren sie so motiviert. Sie haben gebettelt nach mehr!

„Wann dürfen wir wieder so etwas Lustiges machen?" ist eine Frage, die Lehrer, die gehirnfreundliche Lerntechniken einsetzen, oft hören. Das ist auch gut so. Weil Lernende, die am Ende der Stunde oder des Schultages sagen oder denken: „Das Lernen war heute super! Ich freue mich jetzt schon auf die nächste Stunde" sind motivierte Schüler. Und motivierte Schüler, Schüler die sich freuen in Ihre Stunde zu kommen, werden in Ihrem Unterricht kein Störfaktor sein.

Wie erkennt man die bevorzugte Modalität?

Wenn wir die Körpersprache unserer Mitmenschen beobachten, bekommen wir viele Hinweise oder Indikatoren dafür, mit welcher Modalität ein Schüler gerade arbeitet. Die Atmung, die Körperhaltung, die Wortwahl und die Stimme ändern sich je nach dem entsprechenden Lernstil. Sogar der Körperbau des Schülers gibt uns Hinweise auf die Hauptmodalität. Wir werden in den nächsten drei Kapiteln diese Merkmale systematisch und im Detail behandeln, damit Sie

1. feststellen können, in welcher Modalität Ihr Gegenüber sich momentan befindet und

2. anschließend Ihren Gesprächspartner, sei es ein Kind oder Erwachsene, besser erreichen bzw. mit ihm leichter Rapport herstellen können.

Einige dieser Merkmale, die wir näher betrachten werden, sind:

Die Wortwahl

Die Worte und Phrasen, die bevorzugt werden, geben Hinweise auf die Hauptmodalität oder zumindest auf die Modalität, in der Ihr Gegenüber sich momentan befindet. Einige Beispiele sind:

- **visuelle Ausdrücke** wie: Ich sehe was du meinst; Da schau her; von meinem Blickwinkel; illustrierende Worte wie Farben, oder Worte und Phrasen, die ein Bild malen ...

- **auditive Ausdrücke** wie: Das hört sich gut an; Da klingelt es bei mir; Das ist Musik für meine

Ohren; Worte, die Geräusche beschreiben oder nachahmen …

- **kinästhetische Ausdrücke** wie: Das fühlt sich richtig gut an; Es war berührend; Das geht mir unter die Haut; Worte, vor allem Verben, die Bewegung darstellen …

- und auch **olfaktorische** und **gustatorische Ausdrücke** wie: Ich kann sie nicht riechen; Es duftet; bittersüß; Das hat einen bitteren Nachgeschmack hinterlassen …

Natürlich gibt es viele Worte, die keine Verbindung zu den Sinneswahrnehmungen haben, neutrale Worte wie „analysieren", „lernen", „verstehen", „kommunizieren" usw. Oder es gibt Ausdrücke, die gemischt sind: „Sitzt du auf den Ohren?" (kinästhetisch und auditiv), „Da hört man das Gras wachsen" (auditiv und kinästhetisch), usw.

Der Schlüssel ist, zu merken, welche Modalität Ihr Gegenüber bevorzugt und selbst Worte dieser Modalität im Gespräch anzuwenden.

Ich habe damals, als meine eigenen Kinder in diesem Entwicklungsprozess drinnen waren, all diese Erkenntnisse leider nicht gehabt. Kommt manchen von Ihnen, die Kinder zu Hause haben, folgende Szene bekannt vor?

> *Der Schultag ist vorbei und mein kinästhetischer Sohn kommt nach Hause. Die Wohnungstür geht auf und er ruft: „Servus, Mama! Ich bin schon zu Hause!" Mit diesen Worten streckt er die Hände hinter seinem Rücken gerade aus, die Schultasche rutscht gemeinsam mit seiner Jacke auf den Boden, und er geht unbekümmert weiter.*
>
> *Ich, auditiv und frustriert, komme auf ihn (leider) mit keppelnden Worten zu: „Immer wieder sage ich das Gleiche: Die Jacke und die Schultasche gehören in dein Zimmer! Wie oft muss ich dir das sagen? …"*

Er ist kinästhetisch und ich bin auditiv. Mit diesen Worten werde ich ihn nie erreichen.

Nun höre ich die Eltern unter Ihnen fragen – wie es auch immer wieder im Seminar vorkommt – „Aber wie soll ich mich nun tatsächlich verhalten?" (Mir kommt vor, dass ich nicht die einzige Mutter war, die diese Herausforderung hatte!)

Damit er mich „hört", muss ich seine Worte verwenden: „aufheben", „tragen", „Wenn es hier aufgeräumt ist, fühlen wir uns alle besser!", etc. Oder beim Kinästheten ist es noch viel besser, dass wir es TUN statt es zu besprechen. Ich nehme ihn an die Hand (mit Körperkontakt kann ich Kinästheten besonders gut erreichen) und wir gehen gemeinsam zur Schultasche hin. Er hebt selbst die Schultasche und die Jacke auf (Muskelgedächtnis), wir gehen in sein Zimmer und er hängt die Jacke auf und gibt die Schultasche auf den richtigen Platz (Ortsgedächtnis). Mehr darüber im nächsten Kapitel.

Diese Technik, die Wortwahl zu spiegeln, wirkt auch bei einer Gruppe, die hauptsächlich eine Modalität hat, wahre Wunder! Wie schon erwähnt, sind viele Lehrer auditiv. Auch am Anfang eines Seminars, wo die Teilnehmer einander gar nicht kennen bzw. auch ehe sie etwas über das nonverbale Thema wissen, treten sie zum ersten Mal in den Seminarraum ein und suchen sich einen Sitzplatz neben einem anderen Auditiven aus. Ich kann mich mit 100%iger Sicherheit darauf verlassen, dass die Auditiven – unbekannterweise – beisammen sitzen. Die Erklärung dazu: sie erkennen auf der unbewussten Ebene anhand der rhythmischen Körperbewegungen ihresgleichen.

Ich eröffne das Seminar und die ersten fünf bis zehn Minuten sind die Teilnehmer ruhig und hören zu. Wie das Seminar sich aber fortsetzt, werden sie zunehmend lockerer und binnen kürzester Zeit entpuppen sich die Auditiven. Ich erzähle z.B. von irgendeinem Vorfall in der Schule. Ihre Augen leuchten auf! Das kennen sie! Da wenden sie sich schlagartig zum Nachbarn und beginnen voller Begeisterung darüber zu flüstern.

Im Grunde genommen ist das positiv. Sie interessieren sich für das Thema und sie sprechen auch über den Stoff. (Wie oft ermahnen wir tratschende Schüler und müssen hören: „Wir haben ohnehin über den Stoff geredet!") Ich freue mich, dass sie dabei sind. (Wenn ich nicht Seminarleiterin wäre, würde ich sicherlich ein Teil dieser Gruppe sein!) Andererseits kostet es mich viel Energie und Kraft, ihre Aufmerksamkeit wieder zu gewinnen.

Vor einigen Jahren hatte ich in Tirol eine extrem auditive Lehrergruppe. Immer wieder habe ich versucht, ihre Aufmerksamkeit mit den Worten: „Wenn ihr bitte zu mir schaut!" zu gewinnen. Manchmal hat es funktioniert, manchmal nicht sofort. Dann ist mir eingefallen: „Warum praktiziere ich nicht was ich predige? Warum verwende ich ein visuelles Wort bei einer auditiven Gruppe?" Ab diesem Zeitpunkt habe ich stattdessen gesagt: „Wenn ihr alle bitte mir zuhört!" Und es war wie ein Wunder - sie haben sich alle zu mir gedreht und waren sofort ruhig!

Sobald ich wieder in Wien war, habe ich das Gleiche in der Schule gemacht – mit den gleichen erstaunlichen Ergebnissen. So einfach war es. Aber zuerst habe ich einmal darauf kommen müssen!

Körperhaltung & Bewegung

Hält mein Gegenüber den Körper gerade und bewegt er sich wenig? Dann weiß ich, dass er eher visuell ist.

Hat er rhythmische und symmetrische Körperbewegungen? Da ist er eher auditiv.

Sind seine Bewegungen eher grob und assymetrisch? Da kann man auf kinästhetisch tippen.

Augenbewegungen

John Grinder und Richard Bandler, die Gründer von NLP, waren zwar nicht

Lernstile: Wie nehmen wir unsere Welt wahr?

Wo finden Sie die Antwort?
A

- Machen Sie die Übung zuerst alleine. Machen Sie Pfeile als Aufzeichnungen, um zu merken wohin Ihre Augen schauen, damit Sie die Frage beantworten können. Die Richtung, wohin Sie gerade schauen bevor Sie die Antwort wissen, sagt Ihnen, wo die Antwort gespeichert war.
- Nun stellen Sie Ihrem Partner die Fragen.
- Schauen sie genau auf die Augen ihres Partners. Es ist am besten wenn Sie die Augenbewegungen aufzeichnen, damit Sie nachher die Ergebnisse mit Ihrem Partner besprechen können.

1. Welche Farbe hat Ihre Zahnbürste?		
2. Was sehen Sie wenn Sie bei Ihrer Haustür hinausgehen?		
3. Stellen Sie sich vor, eine schwarz-weiße Kuh sitzt in Ihrem Wohnzimmer.		
4. Vor Ihnen liegt verkehrt herum ein Stadtplan. Wo ist Nordosten?		
5. Was sind die letzten Worte, die Sie ausgesprochen haben?		
6. Was werden Sie als Nächstes sagen?		
7. Sagen Sie sich innerlich: „Das hast du gut gemacht!"		
8. Stellen Sie sich vor, Sie haben nasse Socken an. Wie fühlt sich das an?		
9. Sie stehen unter der warmen Dusche. Wie fühlt sich das an?		
10. Denken Sie an etwas, das Sie glücklich macht. Spüren Sie das Glücksgefühl.		

die Ersten, die merkten, dass wir gewisse Augenbewegungen beim Denken und Suchen von Informationen machen. Sie waren aber die Ersten, die eine systematische Verbindung zwischen Augenbewegungen, Denken und Sprache erforschten. Diese Bewegungen heißen Augenzugangshinweise.

Das bedeutet folgendes:
Wenn Sie jemandem eine Frage stellen und die Person bei der Beantwortung dieser Frage nachdenken muss, so können Sie anhand der Augenbewegungen dieser Person feststellen, wo die Antwort zu dieser Frage gespeichert ist.

Wenn die Person die Antwort gleich parat hat, muss die Person nicht nachdenken. Sie sagt einfach die Antwort – und die Augen bewegen sich nicht.

Falls die Person die Antwort durch Nachdenken suchen muss, bewegt sie dabei die Augen und sucht nach der Antwort. Sie können anhand dieser Augenbewegungen dann feststellen, ob diese Information als ein Bild, ein Geräusch oder ein Gefühl gespeichert ist. Das sind für uns Lehrer wichtige Informationen. Wenn ich z.B. einen Schüler prüfen möchte und aufmerksam seine Augenbewegungen beobachte, kann ich genau feststellen, wie ich die Frage stellen soll um zu bestimmen, ob er die Antwort weiß oder nicht.

Andere Anzeichen, die auf die Modalität hindeuten sind z.B. die STIMME, die ATMUNG, die GESTIK und MIMIK u.v.m.

Was bringen mir diese Informationen?

Sie wissen damit mehr über die Denkprozesse Ihres Gegenübers. Wie können Sie ihn besser erreichen? Was können Sie dazu beitragen, dass gute Kommunikation stattfindet? Dass niemand zu kurz kommt und dass Sie Lösungen zu Problemen finden.

Ich werde öfters gefragt, ob ich bewusst bei jedem Gespräch auf diese Signale schaue.

Nein, auf keinem Fall. Ich mache das fast nie.
Oder, besser gesagt, ich habe das mein ganzes Leben lang gemacht – ohne zu wissen, was ich tue! Und in aller Wahrscheinlichkeit machen Sie das auch so. Das war alles intuitiv und auf der unbewussten Ebene. Dadurch ist gute Kommunikation jahrelang zufällig passiert. Dann habe ich diese Sachen gelernt und plötzlich verstanden, was ich ohnehin bis jetzt automatisch ge-

Wo finden Sie die Antwort?
B

- Machen Sie die Übung zuerst alleine. Machen Sie Pfeile als Aufzeichnungen, um zu merken wohin Ihre Augen schauen, damit Sie die Frage beantworten können. Die Richtung, wohin Sie gerade schauen bevor Sie die Antwort wissen, sagt Ihnen, wo die Antwort gespeichert war.
- Nun stellen Sie Ihrem Partner die Fragen.
- Schauen sie genau auf die Augen ihres Partners. Es ist am besten wenn Sie die Augenbewegungen aufzeichnen, damit Sie nachher die Ergebnisse mit Ihrem Partner besprechen können.

1. Wie schaut das Schulgebäude aus, wo Sie in die Volksschule gegangen sind?		
2. Welche Farbe hat die Eingangstür Ihrer Wohnung?		
3. Stellen Sie sich einen schwarzen Papagei mit rosa Punkten vor.		
4. Stellen Sie sich einen brennenden Christbaum vor.		
5. Wie hört sich der Klingelton Ihres Handys an?		
6. Hören Sie das Lied „Happy Birthday" auf der Harfe gespielt.		
7. Wie hört sich Ihre Stimme an, wenn Sie mit sich selbst sprechen?		
8. Wie fühlt sich Seide an?		
9. Sie halten einen Eiswürfel in der rechten Hand. Wie fühlt sich das an?		
10. Wie fühlt sich das an, wenn Sie Angst haben?		

macht habe. Und falls es notwendig ist, kann ich – und nun auch Sie - dieses Wissen bewusst einsetzen.

Bitte dieses Wissen weitergeben!

Ihre Lernenden werden Ihnen dankbar sein, wenn Sie ihnen helfen sich selbst besser zu kennen. Aus diesem Grund schlage ich Ihnen vor, die Informationen, die Sie hier lesen, ihnen unbedingt weiter zu geben.

Um Ihnen einen globalen Überblick über die drei genannten Lerntypen zu geben, möchte ich hier einen suggestopädischen Text, den ich seit vielen Jahren in der Lehrerfortbildung verwende, präsentieren. Diesen Text haben wir auch in der Hauptschule und in der AHS (Gymnasium) eingesetzt, um unseren Schülern ihren Lerntyp nahe zu bringen. Auf meiner Website ist auch ein ähnlicher Text, konzipiert von Renée Thier, den Sie in der Volksschule einsetzen können.

Es ist egal wo Sie diese Informationen in Ihren Unterricht einbauen – im Deutschunterricht, im sozialen Lernen, wenn Sie die Sinneswahrnehmungen im Biologieunterricht durchnehmen oder wann immer es sonst passt. Sie geben Ihren Schülern damit wichtige Werkzeuge, womit sie besser lernen und kommunizieren können.

Was ist ein suggestopädischer Text?

Einer der Grundpfeiler des suggestopädischen Unterrichtes sind Texte in Dialog- oder Theaterform, die den zu vermittelnden Stoff dramatisch und unterhaltsam beinhalten. Der Dialog ist auf der linken Seite des Blatts und auf der rechten Seite werden nochmals die wichtigsten Fakten, Tabellen, Illustrationen und andere wichtige Informationen aufgelistet.

Bei der Präsentation des Textes wird auf diese peripheren Informationen gar nicht hingewiesen. Wir gehen von der Annahme aus, dass diese Informationen dadurch auf der unbewussten Ebene wahrgenommen werden. Dies geschieht nicht nur in suggestopädischen Texten sondern auch im Klassenzimmer selbst.

EINIGE LEHRERKOMMENTARE ÜBER IHRE ARBEIT MIT SUGGESTOPÄDIE: SO MACHT DAS LERNEN SPASS!

Liebe Pearl!

Letzte Woche führte ich den Pythagoräischen Lehrsatz gehirngerecht und suggestopädisch ein. Die Kollegin war begeistert. Die Kinder dieser Klasse freuten sich am Ende der Stunde, und merkten dabei gar nicht, wie viel sie aber arbeiteten. Sie waren von meiner Aktion so überrascht und verfolgten mit weit geöffneten Augen das Vorlesen des Textes zur Musik. Diese Blicke und diese Mitarbeit waren filmreif. Unser Inspektor war auch ziemlich beeindruckt und ebenfalls überrascht, mit wieviel Elan die Kinder bei der Sache sind.

Ich hoffe, es werden viel mehr LehrerInnen sich in der Suggestopädie ausbilden lassen. Die Schüler werden es dir unbekannterweise danken. Diese Ausbildung war in meiner Schullaufzeit das Beste, was mir passieren hat können. Ich wage zu behaupten, dass ich deswegen noch immer täglich gerne unterrichte und den Kindern Spaß beim Lernen vermitteln will."

Burgi S., Hauptschullehrerin, Tirol

Im Physikunterricht zum Beispiel wollten meine Kollegin und ich unsere Schüler auf eine neue Formel, die wir erst im nächsten Kapitel bringen wollten, vorbereiten. Wir haben die Formel aus Karton geschnitten, mit Alufolie verkleidet und als Mobile über den Lehrertisch aufgehängt. Und dann haben wir es ignoriert. Wir haben das Mobile und die Formel überhaupt nicht erwähnt und einfach weiter den Stoff des momentanen Kapitels unterrichtet. Wie wir dann soweit waren, dass wir mit dem neuen Kapitel beginnen wollten, haben wir das Mobile entfernt. Und wie wir die Formel, die zu lernen war, erwähnten, haben alle Schüler sie schon können!

Auf meiner Website (www.pearls-of-learning.com ➧ Materialien ➧ suggestopädische Texte) sind ungefähr 200 solche Texte, gratis zum Downloaden, die von Lehrern aller Schulstufen und aller Fächer in meinen Suggestopädieausbildungslehrgängen geschrieben worden sind. Da die Texte als „Word-Dateien" zum Downloaden sind, können Sie leicht Änderungen machen und, z.B., Texte für eine Schulstufe durch das Hinzufügen von einigen Zeilen an eine höhere Schulstufe anpassen. Natürlich, wenn Sie in Suggestopädie ausgebildet sind, werden Sie viel mehr damit erreichen. Aber auch ohne die Ausbildung sind diese Texte ganz tolle Unterrichtshilfen, die Sie zum Beispiel als Rollenspiele im Unterricht einsetzen können. Und wenn Sie noch mehr erreichen wollen, werden Sie vielleicht später einmal die Suggestopädieausbildung machen.

DIE MALREIHEN MAL ANDERS!

Liebe Pearl!

Ich habe heute Renées suggestopädischen Text mit den Malreihen mit einer sehr schwachen Klasse durchgemacht. Die Stimmung war hitzebedingt (wen wundert's bei diesen Temperaturen!) sehr aufgeladen und unruhig. Auch die Lehrer waren sehr gereizt. Ich mache sonst in dieser Klasse nur Einzelbetreuung, bot aber an, diese Stunde mit der gesamten Klasse zu machen. Die Klassenlehrer waren über eine „Pause" erfreut und ließen mich tun, während sie hinten im Raum zuhörten.

Am Ende der Malreihen Geschichte, die ich zur klassischen Musik vorlas und spielte, waren alle wie ausgewechselt! Die Stimmung war trotz Hitze toll. Selbst die Lehrer waren wieder „ausgeruht" und geduldig. Die Kinder arbeiteten konzentriert an einer Geschichte.

Es war ein tolles Erlebnis und hat meine Überzeugung von gehirngerechten und suggestopädischen Lerntechniken nochmals bestätigt! Danke, dass du mich dazu beflügelt hast!"

Sylvia O., Sonderschullehrerin, Wien

Unser Urlaub

Drei Freunde, Viola Visuell, August Auditiv und Kilian Kinesthetik, kehren von ihrer Urlaubsreise zurück und erzählen ihrer Tante, Maria Multimodal, begeistert ihre Erlebnisse.

VIOLAs Augen leuchten. Sie **sitzt gerade und bewegt sich wenig. Ihr Kinn ist etwas nach unten geneigt.** Manchmal **berührt sie die Schläfen in der Nähe ihrer Augen.** Sie schaut Mary **direkt in die Augen** während sie erzählt, **blickt gelegentlich nach oben** und **spricht relativ schnell mit heller, klarer Stimme:**

Viola:
Schon der Flug war fantastisch -
über uns der blitzblaue Himmel und
unter uns das farbenprächtige Meer,
das von türkis bis dunkelblau schimmerte.

Es hat mich nur gestört,
wie Kilian neben mir
im Flugzeug gesessen ist und
pausenlos mit den Sachen
auf meinem Tisch gespielt hat!
Ich war gerade dabei
die „Notfallshinweise" zu lesen
und habe mich wegen Kilian
nicht sehr gut konzentrieren können.

VISUELL

VISUELLE WORTWAHL:

- Ich sehe was du meinst.
- Da schau her
- Von meiner Perspektive ...
- Farben, etc.

AUGUST bewegt sich rhythmisch beim Sprechen. Er **bewegt den Kopf leicht auf und ab** und tapst einen Rhythmus mit dem Bleistift auf dem Tisch. Manchmal **berührt er die Hautpartie in der Nähe seiner Ohren und Mund** oder nimmt die typische **„Telephonstellung"** ein. **Sein Blick wandert von einem Ohr zum anderen** und er spricht mit einer **rhythmischen Melodie in der Stimme:**

August:
Aber Viola, warum hast du
diese Informationsblätter
überhaupt lesen wollen?
Die Stewardess hat uns

AUDITIV

Lernstile: Wie nehmen wir unsere Welt wahr? 4

ohnehin alles ausführlich
– **Schritt für Schritt** –
erzählt.

(er ahmt sie perfekt mit Tonfall und Tonhöhe nach)

„Meine Damen und Herren ..."

Die Musik mit den Kopfhörern war schön
- aber dieses ohrenbetäubende Dröhnen
der Flugzeugmotoren war ja fast gehörtötend!

AUDITIVE WORTWAHL:

- Das hört sich gut an!
- Das ist Musik in meinen Ohren
- Bei mir klingelt es!

KILIAN zappelt in seinem Sessel. Er **bewegt sich viel**, aber nicht so rhythmisch wie August. Seine Bewegungen sind **nicht symmetrisch,** sondern eher grob. Während er mit **tiefer, langsamer Stimme** spricht, spielt er mit den Sachen, die am Tisch vor ihm liegen, und senkt seinen **Blick nach unten rechts.**

Kilian:
Also, das hat mich nicht
aus der Fassung gebracht.
Ich habe das leichte Vibrieren
des Flugzeuges genossen.

KINESTHETISCH

Es tut mir leid, Viola,
wenn ich dich im Flugzeug gestört habe,
aber der Flug war so lang und
ich habe **nicht** mehr **still sitzen können.**
Habe ich wirklich alles angegriffen?
An das kann ich mich gar nicht erinnern!

Und das mit den Hinweisen für den Notfall –
ich würde es als besser empfinden,
wenn die Stewardess einen **Freiwilligen**
von den Passagieren nehmen würde,
um den Vorgang zu demonstrieren.
Da würde ich mich sofort freiwillig melden!

KINESTHETISCHE WORTWAHL:

- Es ist mein Gefühl, dass ...
- Ich begreife es!
- Verben, die Bewegung darstellen

Gleich nach unserer Ankunft im Hotel,
bin ich durch den feinen, heißen Sand
direkt in das Wasser gelaufen –

und schon die erste heftige Welle
hat mir das salzige Nass
in Mund und Nase getrieben.
Dieses Gefühl werde ich nie vergessen!

AUGENBEWEGUNGEN

Viola:
Und ich sehe noch genau vor mir,
wie du gehüpft bist
und was für ein komisches Gesicht
du dabei gemacht hast!

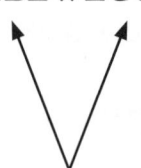

August:
Gekreischt hat Kilian auch,
als die Wellen über ihn zusammenklatschten.
Da habe ich schallend gelacht!

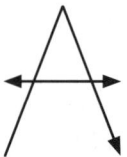

Kilian:
Ja, ihr zwei seid ja wasserscheu –
ihr seid gleich davongelaufen
als ich euch anspritzen wollte!
Du, Viola, hast immer dein Buch gelesen
und manchmal hast du auch August vorgelesen.
Und dann hast du dich so aufgeregt,
wie etwas Sand auf der Decke war.

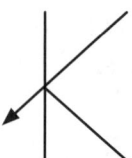

Ihr wäret ja wirklich am liebsten
den ganzen Tag auf der faulen Haut gelegen
und hättet in der Sonne gebrutzelt,
wenn ich nicht ein wenig Schwung
hinein gebracht hätte!

August:
Ein wenig Schwung ist gut!
Durch dein ständiges Geplapper
konnte ich kaum
das Rauschen des Meeres genießen
und diese schöne Musik,
die man von der Strandbar hören konnte,
hast du auch übertönt!

Lernstile: Wie nehmen wir unsere Welt wahr? 4

Kilian:
Hättest eben deine Lauscher
besser aufsperren müssen!
Und wenn wir schon von Geplapper sprechen
– du hast ja den ganzen Tag ohne Pause geredet!
Und wenn ich dich einmal unterbrochen habe,
hast du dann das ganze Gerede
immer wieder von vorne angefangen!
Wie eine kaputte Schallplatte!
Und als du dann endlich
eine Ruhe gegeben hast
und ein Buch gelesen hast,
hast du sogar dann die Lippen dabei bewegt!

Maria:
Das klingt für mich als hättet ihr
einige Verständigungsprobleme und
ich glaube auch den Grund zu kennen:
Ihr habt eure Reise nämlich
unterschiedlich erlebt und wiedergeben.

Viola zum Beispiel erinnert sich an Bilder
– an alles was sie visuell
im Urlaub wahrnehmen konnte.

Während sich August auf
Geräusche, Klänge und Stimmen konzentriert
– er verarbeitetet Informationen
über die Ohren und durch das Sprechen.

Kilian hingegen merkt sich Erlebnisse
über Bewegungen und Empfindungen.

Da Viola zum Lernen sich Bilder macht,
kann Sie neuen Stoff schnell verarbeiten
und dann die Details
in jeder beliebigen Reihenfolge wiedergeben.

Wenn du neue Informationen lernst, August,
merkst du den Stoff am leichtesten,
wenn er in einer Reihenfolge präsentiert wird.
Du hast manchmal Schwierigkeiten

VISUELL

- Lernt indem er „Bilder" macht.
- Nimmt schnell auf.
- Kann in jeder beliebigen Reihenfolge wiedergeben
- Oft nur Kurzzeitgedächtnis

AUDITIV

- Lernt mit den Ohren und durch das Sprechen.
- Lernt sequentiell.
- Kann Informationen nur in der gelernten Reihenfolge wiedergeben.

die Informationen aus der Reihenfolge
zu wiedergeben.

Und du, lieber Kilian,
du bist ein kleiner Wirbelwind!
Du bist pausenlos in Bewegung
und lernst am Besten durch das Tun.
Die Experten nennen das „Muskelgedächtnis".
Die Sachen, die du so lernst,
wirst du nie vergessen –
aber so dauert das Lernen
halt viel länger als wenn
man sich ein Bild machen kann.

Viola:
Wieso weißt du das alles?

Maria:
Ich höre es in den Worten,
die ihr verwendet und
ich sehe eure Augenbewegungen an.
Ich beobachte genau wie du
den Körper hältst und bewegst.
Wenn ihr auch auf diese Anzeichen schaut,
könnt ihr eure Mitmenschen besser verstehen
und mit ihnen leichter auskommen.

August:
Das hört sich gut an!
Und dann werden wir
vielleicht in Zukunft
auch weniger streiten!

© SLL Institut,
pearl.nitsche@chello.at

KINESTHETISCH

- Lernt durch Muskelgedächtnis und Emotionen
- Globales Verständnis
- LANGZEITGEDÄCHTNIS!!!

A. und K. brauchen dringend
VISUALISIERUNGSÜBUNGEN,
um sich das Lernen zu erleichtern.

ERKENNUNGSMERKMALE

1. **Körperhaltung**
2. **Wortwahl**
3. **Stimme**
4. **Augenbewegungen**
5. **Bewegungen**

5

Der kinästhetische Schüler: Du bist ein kleiner Wirbelwind!

Die Symbole für den Kinästheten sind die **Hand** und das **Herz**.

Kinästhetisch

Haben Sie einen Kilian Kinästhetik in Ihrem Klassenzimmer?

KILIAN *zappelt in seinem Sessel. Er bewegt sich viel und manchmal wandert er durch das Klassenzimmer. Er stößt öfters mit anderen Kindern zusammen. Wenn er neben Ihnen sitzt, lehnt er sich an Sie an. Wenn Sie einen Freiwilligen brauchen, ist er der Erste, der sich meldet. Er greift alles an. Er ist gesellig und meist sehr liebenswürdig. Er kommt in die Schule wegen der Beziehungen zu anderen Schülern und – wenn er noch klein ist - zu Ihnen. Er hat gerne Bewegungsspiele, Geschichten, „Hands-On" Aktivitäten und Rollenspiele. Er ist gerne im Mittelpunkt. Wenn Sie ein ernstes Wort mit ihm reden müssen, schaut er Ihnen nicht in die Augen sondern senkt seinen Blick auf den Boden. Am liebsten würden Sie ihm sagen: „Schaue mir bitte in die Augen!" Tun Sie es nicht! Wenn Sie den Augenkontakt erzwingen, wird es ihm so unangenehm sein, dass er Ihnen alles, was Sie hören wollen, erzählt – sei es die Wahrheit oder auch nicht, damit er so schnell wie möglich wieder wegkommt!*

Ich möchte es wagen zu wetten, dass Sie nicht nur einen, sondern gleich mehrere Kilians in Ihrem Klassenzimmer haben. Auch wenn Sie Erwachsene unterrichten, werden ebenfalls mehrere dabei sein, die Kinästhetisch als ihre bevorzugte Modalität haben. Der einzige Unterschied ist, dass der Kinästhet, wenn er erwachsen ist, inzwischen gelernt hat, seine Lebhaftigkeit zum Großteil in solchen Settings zu „verstecken".

Interne und/oder externe Kinästheten

Es gibt „interne" und „externe Kinästheten" – wobei auch eine Mischung von beiden möglich ist.

- Die **INTERNEN KINÄSTHETEN** sind stark gefühlsorientiert. Wenn sie leiden, leiden sie lange und kommen schwer aus Gefühlszuständen heraus.

- **EXTERNE KINÄSTHETEN** bewegen sich gerne.

Kinästheten sind ganz tolle Menschen!
Sie sind die Erfinder unserer Gesellschaft. Sie sind kreativ, „hands on" und oft künstlerische Menschen, die lieber in Aktion treten als philosophieren. Sie sind gefühlsbetont und, da Beziehungen ihnen wichtig sind, sind sie meist einfühlsam und liebenswürdig.

Gleichzeitig sind eben diese die Schüler, die nie etwas mithaben, ständig ermahnt werden müssen, die Hausübung vergessen, den Unterricht oft stören und am zeitintensivsten zu managen sind. Sie sind liebenswürdig, aber anstrengend. Und deswegen ist dieses Kapitel das Längste und Ausführlichste in diesem Buch!

Wie erreiche ich sie?

Wenn der Großteil Ihrer Schüler kinästhetisch ist, werden Sie sich leichter tun als wenn nur ein Teil davon diesen Lerntyp hat. Bei einer homogenen Gruppe können Sie die Klasse leicht abholen, indem Sie ihren Lernstil spiegeln und den Unterricht einfach danach gestalten. Bauen Sie Aktivitäten und Spiele mit Bewegung und Mimik ein. Erzählen Sie viele Geschichten – vor allem mit emotionalem Inhalt - und arbeiten Sie interaktiv mit Diskussionen, Interviews, Gruppenarbeit, Paararbeit und Rollenspielen. Das sind lauter Aktivitäten, die insbesonders kinästhetisch und auditiv Lernende ansprechen. Der Übergang zwischen den zwei Modalitäten überschneidet sich teilweise und aus diesem Grund zieht oft die gleichen Art von Aktivitäten Schüler beider Lernstile an. Sie haben auch die gleiche Hauptmotivation in die Schule zu gehen – Beziehungen und Freundschaften - und so ist es relativ einfach, eine homogene Gruppe von Kinästheten und Auditiven abzuholen. Sobald Sie die Gruppe abgeholt haben, können Sie sie dann auch in andere Modalitäten hineinführen. Alles läuft dann harmonisch und multimodal ab.

Schwieriger wird es, wenn der Großteil der Schüler schon diese Entwicklungsphase abgeschlossen hat. Da sind dann plötzlich die wenigen einzelnen Kinästheten, die in den früheren Schulstufen die Norm waren, ein Störfaktor, mit dem Sie zurecht kommen müssen.

Über den Daumen kann man rechnen: wenn 20% der Schüler in Ihrer Klasse Kinästheten sind, werden Sie ungefähr 80% Ihrer Arbeitszeit diesen Schülern im Klassenzimmer widmen müssen. Die Techniken auf den nächsten Seiten werden es Ihnen ermöglichen, diese Schüler effektiver, müheloser und mit weniger Zeitaufwand zu erreichen. Aber zuerst muss man sie erkennen.

In der Geschichte fragt Viola Visuell: "Wie weißt du das alles?"
Und ihre Tante Maria Multimodal antwortet:

„Ich höre es in den WORTEN, die ihr verwendet und
ich sehe eure AUGENBEWEGUNGEN an.
Ich beobachte genau, wie du den KÖRPER HÄLTST UND BEWEGST.
Wenn ihr auch auf diese Anzeichen schaut, könnt ihr eure Mitmenschen besser verstehen und mit ihnen leichter auskommen."

Diese und einige weitere Kriterien werden wir zunächst anschauen:

Die Wortwahl

Hier sind einige kinästhetische Worte und Ausdrücke.
Wenn Ihr Gesprächspartner viele kinästhetische Ausdrücke anwendet, wissen Sie, dass er entweder die kinästhetische Modalität bevorzugt oder zumindest momentan in der kinästhetischen Modalität ist. Wenn Sie dann selbst solche Worte im Gespräch anwenden, steigert sich das Gefühl von Rapport.

- Ich habe das Gefühl, dass ...
- Das fühlt sich gut an.
- Das begreife ich nicht.
- spüren
- Das geht mir unter die Haut.
- Greif mich nicht an!
- auf Händen tragen
- Zum Greifen nahe
- Eine Laus läuft mir über die Leber.
- Das geht an die Nieren
- Das ist Balsam für meine Seele
- auf den Zahn fühlen
- Es brennt mir unter den Fingernägeln
- Es stellt mir die Haare auf
- Es hat mich sehr bewegt.
- Da tut mir das Herz weh.
- ein gutes Händchen haben
- auf eigenen Füßen stehen
- Er verliert leicht den Kopf

Der kinästhetische Schüler: Du bist ein kleiner Wirbelwind! 5

- Das schlägt sich auf den Magen
- Er kriegte kalte Füsse
- Die Zähne ausbeissen.
- Ich ziehe dir die Ohren lang.
- eine drückende Atmosphäre
- ein Stein auf meiner Brust
- Ich kann Schritt halten
- Es rinnt mir kalt über den Buckel
- Er kommt auf dem Zahnfleisch gekrochen
- sich ein Bein brechen
- Verben, die Bewegung ausdrücken

Damit sie nicht zu kurz kommen!
Hier einige olfaktorische und gustatorische Ausdrücke:

Olfaktorisch

- Ich kann dich nicht riechen
- Das stinkt zum Himmel!
- Die Nase in etwas hinein stecken.
- Da liegt was in der Luft
- die Nase rümpfen
- Eine gute Nase haben

Gustatorisch

- das schmeckt mir nicht
- Da geht mir die Galle über
- Ich speie mich an
- zum Kotzen!
- Es wird nicht so heiß gegessen wie es gekocht wird
- viele Köche verderben den Brei
- Das geht runter wie Butter
- Es liegt mir auf der Zunge
- Das ist nach meinem Geschmack
- Ich bin angefressen
- Ich bin sauer
- du bist ein/e Süße/r
- Sehr g'schmackig
- Es ist eh Wurst
- Da läuft mir das Wasser im Mund zusammen
- Es wird mir schlecht
- Eine bittere Erfahrung machen
- In der Kürze liegt die Würze

Körperhaltung & Bewegung

- **Er ist ständig in Bewegung.**

Seine Bewegungen sind grob, assymetrisch und weg vom Rumpf.
Er ist ständig dabei zu berühren, anzugreifen, zu schmecken und zu gestikulieren.

- **Er kann nicht lange still sitzen.**

Ein kinästhetischer Schüler wandert gerne durch das Klassenzimmer.
Das Kind will sich bewegen. Wir wollen, dass es still sitzt. Es kostet uns viel Kraft, diesen Bewegungsdrang unter Kontrolle zu halten. Jeden Tag das Gleiche wieder. Manchmal gelingt es uns, manchmal nicht. Wenn nicht, werden wir frustriert.

Mein Vorschlag:
Wenn es geht, geben Sie ihm die Möglichkeit sich zu bewegen.

Wann tauchen die Schwierigkeiten im Klassenzimmer auf?
Sie sind da, wenn wir versuchen, die natürlichen Triebe und Dränge unserer Schüler zu unterdrücken.

Im Grunde genommen ist Bewegung positiv. Sie ist ein natürlicher Trieb, den manche Kinder stärker als andere empfinden. Ein erwachsener Kinästhet hat auch einen starken Bewegungsdrang. Ich habe viele Freundinnen und Freunde in meiner eigenen Altersgruppe, die kinästhetisch sind. Wenn sie sitzen, sind sie ständig dabei, eine andere, bequemere Sitzposition zu suchen. Das sind Menschen, die – trotz kaputten Knien und Wirbelsäulen – noch immer gerne Sport betreiben und unglücklich sind, wenn sie keine Bewegung haben! Würden wir einen Erwachsenen kritisieren, weil er nicht stundenlang sitzen kann? Weil er gerne Sport betreibt? Weil er die Bewegung im Freien liebt? Nein. Natürlich nicht.

Der Unterschied ist:
Erwachsene haben gelernt, wann sie sich bewegen können und wann nicht. Es kommt hinzu, dass Erwachsene mehr Freiheit haben. Sie suchen sich die Arbeit selbst aus. Ist das ein Beruf, der Bewegung beinhaltet? Oder ist er hauptsächlich sitzend auszuführen? Erwachsene haben fast immer die Möglichkeit, bei einem längeren Gespräch oder einer Sitzung aufzustehen und sich zu bewegen. Ein Erwachsener braucht niemanden zu fragen, ob er auf die Toilette gehen oder sich ein Glas Wasser holen darf. Er kann auch in Ar-

Der kinästhetische Schüler: Du bist ein kleiner Wirbelwind! 5

> Liebe Pearl!
>
> Einer meiner sehr kinästhetischen Schüler liebt „Zahlen schreiben auf dem Rücken". Wenn er sehr laut oder auffällig ist, stelle ich mich hinter ihn und schreibe eine Zahl oder Buchstaben auf seinen Rücken, ohne den Unterricht zu unterbrechen. Er darf mir am Ende des Unterrichts die Zahl, die er gespürt hat, „nennen". Er hat sich schon bis zu 4 Zahlen pro Stunde „schreiben lassen" und alle Zahlen nennen können.
> Marianne R., Volksschullehrerin, Steiermark

beitssituationen aufstehen, zum Fenster gehen und hinausschauen, etc.

Ein Kind bewegt sich einfach, wenn es ihm danach ist. Und da fangen die Schwierigkeiten an.
Natürlich gibt es Situationen, wo ein Kind einfach still sitzen muss. Da hat es keine andere Wahl. Aber wenn ich merke, dass ein Kind dringend Bewegung braucht, da kann ich mich bemühen, ihm nach der jeweiligen Situation die Möglichkeit zum Bewegen anzubieten.

Wir hatten in der Bilingualen Mittelschule einen Schüler, Thomas, der ein Muster-Kinästhet war. Er hat nie seine Schulsachen mitgehabt. Wenn ich in sein Federpennal geschaut habe, war es leer. Oder vielleicht hat er einen einzigen Bleistiftstummel, irgendwo tief in der Schultasche versteckt. Thomas war auch blitzgescheit. Er und seine Familie wohnten außerhalb von Wien und er hat im Durchschnitt drei Bücher pro Woche im Zug unterwegs zur Schule und wieder am Heimweg gelesen. Ein Buch hat er immer mitgehabt. Die Hausübung selten.

Ich habe ihn „mein Gummikind" genannt, weil er ständig in Bewegung war. Zuerst hat er aufstehen müssen, um etwas zu holen. Dann hat er den Vorhang um sich gewickelt. Als nächstes ist er unter den Tisch geklettert, um etwas aufzuheben. Und so weiter. Und so fort. Alleine ihm zuzuschauen war erschöpfend!

Wann immer es möglich war, haben wir Gelegenheiten gesucht, wo er sich bewegen konnte, um seine überflüssige Energie loszubekommen.

> *Stellen Sie sich vor ... jetzt machen alle die Stillarbeit. Ich stehe bei der Tür und mit einem Finger auf dem Mund, damit er weiß, er soll leise sein, winke ich Thomas mit dem Zeigefinger her. Dann stehen wir vor der Tür am Gang und ich sage: „Nun, Thomas, laufe so schnell du kannst von hier bis am Ende des Ganges." Das macht er und in der Geschwindigkeit rutscht er die letzten Meter am Boden zu mir. Dann sagte ich: „Und nun laufe so schnell du kannst auf das andere Ende des Ganges und zurück!" Das tat er und stand dann außer Atem vor mir. Dann sagte ich: „Nun erzähle mir einen Witz!" Als er fertig erzählt hat und wir kurz gemeinsam gelacht haben, habe ich ihn wieder auf seinen Platz geschickt. Und dann hat er wieder eine Zeit lang still arbeiten können.*

Kollegen sind manchmal in einer Freistunde laufen gegangen und haben Thomas mitgenommen. Dreimal um die Schule gelaufen und er hat sich wieder konzentrieren können.

Mein Rat ist es, die Flexibilität zu bewahren. Hinterfragen Sie manchmal die eigenen Glaubenssätze. Wann müssen Schüler tatsächlich still sitzen und wann ist Bewegung möglich? Warum macht der Schüler was er tut? Welches Bedürfnis steckt hinter seinem Verhalten? Wie kann ich dieses Bedürfnis erfüllen und gleichzeitig Ordnung im Klassenzimmer wahren?

■ Involvieren Sie sie

Es ist wichtig, dass Kinästheten im Klassenzimmer immer etwas Konkretes zu tun haben. In dem Moment wo sie nicht beschäftigt sind, werden sie verhaltenskreativ! Lassen Sie sie Blumen gießen, Hefte einsammeln und verteilen, den Papierkorb ausleeren, die Tafel putzen – vielleicht merken sie sich ein Wort, das sie gerade löschen! Ein Kind, das ständig beschäftigt ist, hat keine Zeit zum Unfug treiben!

Ich hatte einen Schüler in Englisch, Richard, der von allen Lehrern der Schule als Problemschüler bekannt war. Er war auch bei mir kein Engel – bis ich ihn zu meinem „Kassettenfachmann" ernannt habe. Wir hatten CDs als Begleitmaterial im Englischunterricht aber ich habe immer absichtlich die altmodischen Kassetten in die Stunde mitgenommen. Natürlich war es umständlich die richtige Stelle für die momentane Übung auf der Kassette zu finden. Aus diesem Grund habe ich Richard, meinen „Kassettenfachmann", immer am Lehrertisch sitzen lassen und leise die Übungen auf der Kassette suchen lassen. Er war voll beschäftigt – vorwärts, rückwärts, vorwärts - und wir hat-

Der kinästhetische Schüler: Du bist ein kleiner Wirbelwind!

> Liebe Pearl!
>
> Unser 1o-jähriger J. ist ein Kinästhet und braucht auch während des Unterrichts seine Bewegung. Da er sehr schnell arbeitet, geht er, sobald er mit seiner Arbeit fertig ist, zu seinen Mitschülern und hilft ihnen bei der Übung. So kommt er auf seine Bewegung und ist stolz darauf, den anderen helfen zu können. Und ich bin noch entspannter, weil er seine Arbeit wirklich toll macht.
>
> Tanja K., VS Direktorin und Lehrerin, Steiermark

ten in der Klasse Ruhe. Es hat nicht gestört, dass er an meinem Tisch gesessen ist. Ich habe mich ohnehin während der Stunde nicht hingesetzt. Richard hat nebenbei zugehört. Und anschließend habe ich ihn immer gelobt. Es hat Wunder gewirkt. Er war bei mir das bravste Kind.

Einmal ist er in der Pause zu mir gekommen und hat erzählt, dass sein Vater ihn am Wochenende besucht und ihm eine Musikkassette geschenkt hatte. Die hat er mitgebracht, um sie als Hintergrundsmusik in der Englischstunde zu spielen. Ich dachte mir: „Was für eine Musik wird das wohl sein? Und wie sage ich ihm das, wenn sie nicht passt?" Dabei war es Chopin und ich werde nie sein stolzes Gesicht vergessen, als wir seine Kassette für die anderen Schüler in der Klasse gespielt haben.

Es ist unglaublich, wie sehr ein bisschen individuelle Aufmerksamkeit und ein Erfolgsgefühl diese Schüler motivieren können. Ich war vor kurzem in einer Schule in der Steiermark, wo eine Lehrerin von einem Schüler erzählte, der im letzten Jahr sehr wenig in der Schule mitgearbeitet hat. Er hatte Probleme mit der Rechtschreibung und hat selten die Hausübung gemacht. Wenn er sie einmal gebracht hatte, hat die korrigierte Aufgabe so viele Fehler gehabt, dass das Kind immer demotiviert nach Hause gegangen ist – und dadurch immer schwieriger geworden ist.

Dieses Jahr dachte sich die Lehrerin, so geht das nicht weiter und hat sich eine neue Taktik ausgedacht. Statt die vielen Fehler zu korrigieren, sucht sie bei jeder Hausübung einige wenige Schwerpunkte aus. Alle anderen Fehler löscht sie fleißig mit dem Tintenkiller. Sie erzählte mir, dass er durch die retournierte Hausaufgaben, die nicht mehr vor Fehlern strotzen, wie ausgewechselt ist. Er arbeitet fleißig mit und wenn sie einmal keine Hausaufgabe gibt oder vergisst sie einzusammeln, zeigt dieser Schüler, der früher kaum Hausübungen gebracht hatte, auf und erinnert sie daran! Vor kurzem hat er zum ersten Mal – ohne dass Fehler gekillt werden mussten - ein „Gut" auf eine Schularbeit geschrieben. Alle Achtung, Grete – das hast du gut gemacht!

Thomas, mein Muster-Kinästhet aus Gummi, war im Turnen nicht besonders geschickt. Er war zwar ständig in Bewegung, aber seine Bewegungen waren nicht sehr koordiniert. Aus diesem Grund ist er nicht für eine Turnvorführung ausgesucht worden, die bei einem Weihnachtsfest für die gesamte Schule stattfinden sollte. Eines Tages entdeckte mein Kollege Franz, der die Turnvorführung organisiert hatte, Thomas alleine in der Garderobe, weinend. Als er fragte was los war, erzählte ihm Thomas, er würde auch gerne bei dieser Turnvorführung mitmachen. Da hat sich Franz das Ganze noch einmal überlegt. Schließlich hat er einige Änderungen bei der Vorführung, die mit der Musik der „Blues Brothers" präsentiert wurde, vorgenommen: Er hat zwei weitere Schüler, die ursprünglich auch nicht vorgesehen waren, ausgesucht, um die Blues Brothers darzustellen. Sie haben am Beginn der Vorführung eine große Schachtel, in der Thomas versteckt war, auf die Bühne geschoben. Im richtigen Moment ist die Schachtel aufgegangen und Thomas ist mit hochdramatischem Effekt herausgesprungen. Dann ist er auf die Schachtel gesprungen und hat die Turnvorführung eingeleitet. Es war sein großer Moment und er hat brilliert! Thomas war der Hit des Festes – die ganze Schule hat von nichts anderem gesprochen! Er hat wochenlang gestrahlt...

Das Tollste jedoch war, wie Thomas sich um die Vorbereitung bemüht hatte. Als Franz ihm die „Blues Brothers Aufgabe" gegeben hatte, hatte er ihm gesagt, er müsse alle Requisiten dafür selbst organisieren. Dieses Kind, das bis zu diesem Zeitpunkt immer nur mit leerem Federpennal und ohne Hausaufgabe in die Schule gekommen war, ist das Ebenbild von Organisation geworden. Alles hat glatt funktioniert. Thomas hat wieder einen Schritt in Richtung „Verantwortung übernehmen" gemacht und - durch besseres Verständnis unsererseits - haben wir ihn in Zukunft leichter motivieren können.

- **Er verlässt sich auf das Gespür.**

Der Kinästhet greift alles an. Manchmal hat man bei den Kleinen das Gefühl, sie haben so viele Arme wie ein Tintenfisch! Die Größeren (wobei auch Erwachsene mit dieser Hauptmodalität hier gemeint sind!) wollen auch alles angreifen – nur haben sie gelernt, es besser zu verstecken. Wie oft habe ich in meinen suggestopädischen Business-Englischkursen einen Ball oder ein Spiel mit Würfeln aus der Tasche gezogen und zugeschaut, wie die Augen meiner Top Manager und Direktoren geleuchtet haben, während sie hingegriffen haben!

Im Physikunterricht haben unsere (teilweise stark kinästhetischen) Schüler den Übungsteil mit Experimenten geliebt. Was gibt es Schöneres für Kinder als „Küchenphysik", wo sie Experimente mit Feuer, Wasser und sonstigen Zutaten durchführen dürfen? Wenn wir im Physiklabor, wo die Schüler schon bei den Stationen gestanden sind, etwas Wichtiges erklären mussten, waren dabei unsere erste Worte: „Bitte einen Schritt vom Tisch zurücktreten." So war die Versuchung, zum Wasserhahn oder sonstigen Knöpfen hinzugreifen, kurz beseitigt und die Schüler haben besser zuhören können. Oder im Klassenzimmer, in allen Fächern, bei wichtigen Anweisungen, waren immer die ersten Worte: „Nun legen wir alles weg. Wir legen unsere Hände auf den Tisch und machen die Ohren auf."

Eine amerikanische Freundin erzählte mir folgende Geschichte von ihrem kinästhetischen Sohn:

Es war ein schöner Sommertag und die ganze Familie hat sich zum Grillen im Garten getroffen. Das Auto ist in der Garagenausfahrt gestanden. Ihr Mann wollte anschließend wegfahren und hat seinen Sohn gebeten, das Auto, das Richtung Garage stand, zu reversieren, damit er später dann einfach geradeaus wegfahren konnte.

Während die Familie zusah, ist der Sohn zum Auto gegangen und hat es gestartet. Zuerst ist er nach vorne gefahren, dann zurück, dann wieder nach vorne und zurück – leicht in einen Baum hinein – und dann wieder nach vorne, damit das Auto Richtung Straße gestanden ist. Die Familie staunte.

Der Vater fragte ihn dann: „Die Ausfahrt ist so breit. Warum bist du in den Baum hineingefahren?"

Der Sohn antwortete: „Ich musste schauen, wie viel Platz ich noch hatte."

So parkt ein Kinästhet ein. Er muss es spüren.
(Erzählen Sie es nicht weiter, aber eigentlich parke ich auch so ein. Und bis ich angefangen habe, diese Geschichte in meinen Kursen zu erzählen, habe ich gedacht, dass ALLE Menschen so einparken. Ich fahre ein bisschen nach vorne, bis ich ganz leicht anstoße. Und dann fahre ich sehr vorsichtig nach hinten bis ich das Auto hinter mir „spüre". Deswegen gibt es ja Stoßstange am Auto, oder? ☺)

Es wird gesagt, dass ein kinästhetischer Autofahrer viel stärker auf die kleinen Erhebungen auf der Straße, die angeben, ob man in der eigenen Spur ist, reagiert, als auf die weißen Linien, die eher für visuelle Fahrer auf die Straße gemalt sind.

Wenn ein Kinästhet durch ein Geschäft geht, spürt er auch alle Stoffe im Vorbeigehen. Er spielt gerne mit dem weichen Wachs bei der brennenden Kerze. Knöpfe, Hebel und Schalter haben auf ihn eine magische und magnetische Anziehungskraft. Wenn der Kinästhet in ein Restaurant geht und es stehen Blumen auf dem Tisch, greift er sie sofort an. Wenn Sie fragen: „Warum hast du die Blumen angegriffen?" ist seine Antwort: „Ich möchte SEHEN ob sie echt sind." Er „sieht" mit den Fingern.

Wenn Sie Kinästheten in der Klasse haben, machen Sie Ihren Unterricht „hands-on" und interaktiv. Reichen Sie Gegenstände durch die Bankreihen. Machen Sie mit ihnen viele Experimente. Aktivitäten, bei denen alle aufstehen und sich bewegen, kommen gut an. Kartenspiele, Brettspiele mit Figuren zum Angreifen, Legespiele. Die Möglichkeiten sind unbegrenzt!

- **Er hat gerne Nähe**
Wenn sie klein sind:
Das sind die Schüler, die sich wie eine Traube um Sie scharen. Sie zupfen an Ihrem Ärmel und wenn sie neben Ihnen sitzen, lehnen sie sich an Sie an. Wenn Sie neben einem Kinästheten auf der Straße gehen, stößt er öfter unabsichtlich an Sie an. Er hat gerne Körpernähe und wenn er aufgeregt ist, können Sie ihn beruhigen, indem Sie die Hand auf seinen Unterarm legen.

Wenn sie Teenager sind:
Wenn der Kinästhet in die Pubertät kommt, wird es schwieriger mit der Nähe. Das

> Liebe Pearl,
>
> Ein neuer Schüler, der in seiner alten Schule als schwierig bezeichnet wurde, sollte in meine Klasse wechseln (3. Kl). Schon beim 1 Kennenlernen stufte ich ihn als Kinästhet ein und wechselte einige freundliche Worte mit ihm.
>
> Ein halbes Jahr später erzählte mir seine Mutter, wie beeindruckt er von diesem ersten Kontakt war, weil ich ihm über den Kopf gestrichen hatte. Diese scheinbar unbewusste Handbewegung war mir nicht mehr in Erinnerung, ABER David ist ein leicht lenkbares, nettes Kind!!!
>
> Was eine kleine Geste bewirken kann, hat mich sehr beeindruckt.
>
> Herta R., Volksschullehrerin, Wien

kennen Sie sicher – Sie gehen in drei Meter Entfernung an einem kinästhetischen Teenager vorbei. Sie haben nicht einmal die Absicht zu ihm hinzugehen - und er zuckt reflexmäßig zurück als würden Sie ihn attackieren wollen. „Greifen Sie mich nicht an!" ist seine nonverbale und oft auch seine verbale Botschaft. Der Kinästhet in diesem Alter will die Nähe zwar nach wie vor. Aber andererseits will er sie nicht, weil er sich dann schwer durchsetzen kann. Durch die Nähe wird er machtlos. Er will rebellieren – das gehört zum Teenager-Dasein dazu - aber die Nähe hindert ihn daran.

Augenbewegungen

Wenn eine Person im kinästhetischen Gefühlsbereich ist, schauen ihre Augen nach rechts unten:

Das Bild ist so gezeichnet, als wäre das Ihre eigene rechte Seite. Eine Ausnahme bildet ein kleiner Prozentsatz der Bevölkerung: Diese Menschen, worunter ungefähr die Hälfte aller Linkshänder ist, haben spiegelverkehrte Augenbewegungen.

Wenn Sie mit jemandem sprechen und die Person schaut nach rechts unten beim Sprechen, wissen Sie, dass die Person momentan ein Gefühl empfindet. Sie stellen mir z.B. die Frage: „Pearl, hat deine Großmutter eine Brille getragen?" Wenn ich nach rechts unten schaue, kurz bevor ich die Antwort ausspreche, wissen Sie, dass die Antwort auf diese Frage im emotionalen Bereich bei mir gespeichert ist. Vielleicht denke und spüre ich: „Ja, meine Großmutter war so lieb. Jeden Abend hat sie mir eine Geschichte erzählt – aber zuerst hat sie ihre Brille finden müssen."

Auch diese Information ist bei jedem von uns schon unbewusst gespeichert. Was machen wir, wenn ein kleines Kind weint und wir es beruhigen wollen? Sehr oft gehen wir in die Hocke neben dem Kind, zeigen hinauf in die Luft oder auf einen Baum und sagen: „Schau da hinauf. Schau den schönen Vogel an!" Das Kind schaut hinauf. Die Augen gehen aus dem Gefühlsbereich hinaus – und das Weinen ist vorbei.

■ „Schaue mir bitte in die Augen!"

Stellen Sie sich vor ... Franzi hat gerade etwas in der Klasse angestellt, sodass Sie ein ernstes Wort mit ihm reden wollen. Sie gehen kurz mit ihm auf den Gang hinaus, um ein Gespräch über sein Verhalten unter vier Augen zu führen. Während Sie reden, schaut Franzi stumm rechts hinunter auf den Boden. Am liebsten möchten Sie ihn an den Schultern nehmen und sagen: „Schau mir doch in die Augen!" ...

Tun Sie es bitte nicht. Wenn Ihnen jedoch einmal die Worte „Schau mir in die Augen!" herausrutschen, ist es gut zu wissen, dass die Reaktion darauf meist altersabhängig ist. Warum sollen Sie diese Worte nicht aussprechen? Weil das Kind emotional berührt ist. Es hat Angst und schaltet automatisch in den „Flüchten oder Kämpfen" Modus.

Das Resultat:
Jüngere Kinder werden Ihnen einfach alles erzählen was Sie hören wollen – ob es wahr ist oder nicht. Hauptsache ist, dass sie möglichst schnell wegkommen, weil der Augenkontakt für sie so unangenehm ist.

Wenn sie älter sind, wird der Augenkontakt als Konfrontation aufgefasst.

- **Immer von der Seite kommen**

Ich habe Freunde in Amerika, die ähnliche Seminare wie meine abhalten – nur besteht ihre Zielgruppe aus Polizisten statt Lehrern. Bei ihnen geht es um die Vermeidung von Gewalttätigkeiten bei Festnahmen.

Regel Nummer 1 bei ihnen heißt „Immer von der Seite kommen". So meidet man bei der Festnahme aggresives Verhalten. Wie wir in der Einführung dieses Buchs besprochen haben: Konfrontation ist Druck und Druck erzeugt Gegendruck. Oder sogar Angriff. Daher sollte man in Konfrontationen bzw. in emotionalen Situationen den direkten Augenkontakt meiden, indem man sich dem Schüler nach Möglichkeit von der Seite nähert.

Visuelle Schüler mögen Augenkontakt. Wenn Sie von vorne auf einen visuellen Schüler zukommen, freut er sich. Er ist es gewöhnt, gelobt zu werden und daher nimmt er an, dass Sie zu ihm kommen, weil Sie ihm etwas Positives sagen wollen.

Beim kinästhetischen Schüler ist das anders.
Wenn Sie auf ihn zukommen, hat er Schuldgefühle. Er ist es gewöhnt, dass mit ihm viel geschimpft wird und sehr oft weiß er nicht genau was er falsch getan hatte. Außerdem mag er, wie besprochen, keinen Augenkontakt. Aus diesem Grund wird Franzi, wenn Sie von vorne auf ihn zukommen, folgende typische Bewegung machen, die fast alle Lehrer kennen: Oberkörper und Kopf ziehen sich leicht zurück, die Augen werden breiter geöffnet und er atmet seicht oder hält den Atem an.

- **Die Atmung ist der Schlüssel.**

Wenn ein Schüler nicht atmet, hört er Sie nicht. Daher ist es Ihr Ziel, wenn Sie sich einem Kinästheten nähern, dass er weiterhin flüssig atmet. Nur so wird er Ihre Worte wahrnehmen können.

Stellen Sie sich vor ...

Die Klasse schreibt brav einen Aufsatz. Nur Franzi arbeitet nicht. Er stört niemanden. Er sitzt nur da und schaut in die Luft.

- *Ich gehe von der Seite auf ihn zu.*
- *Franzi ist Rechtshänder und deswegen komme ich nach Möglichkeit von der rechten Seite.*
- *Ich kenne Franzi gut und ich weiß, dass ich ihn an der Schulter oder am Oberarm angreifen darf.*
- *Ich schaue ihm NICHT in die Augen, sondern entweder auf sein Heft oder auf einen Punkt vor ihm am Boden*
- *Ich frage: „Wie geht's dir mit der Übung, Franzi?" Franzi sagt: „Gut, Frau Lehrer."*
- *Ich bleibe neben oder hinter Franzi stehen und warte bis er wieder arbeitet und regelmäßig atmet bevor ich mich leise aus dem Bereich hinter ihm entferne.*

Schauen wir diese Szene nun genauer an.

Mein Ziel bei der Intervention war, dass Franzi wieder zu arbeiten beginnt.

Wir glauben immer, dass ein Schüler entweder **„eingeschaltet"** oder **„ausgeschaltet"** ist. Wenn er „eingeschaltet" ist, arbeitet er brav mit. Wenn er „ausgeschaltet" ist, schaut er z.B. in die Luft und arbeitet nicht mit. Es gibt aber zusätzlich zu „eingeschaltet" und „ausgeschaltet" noch einen dritten Zustand, der zwischen diesen beiden liegt. So eine Art **„stand by"**.

Wenn Franzi nicht atmet, ist er auf "stand by". Das heißt, wenn ich zu schnell wieder weggehe bevor er flüssig atmet, wird er gleich wieder „ausgeschaltet" sein. Die Intervention war umsonst. Um sicher zu gehen, dass er wieder „eingeschaltet" ist, muss ich so lange neben ihm stehen bleiben, bis dass er wieder flüssig atmet.

Dieser Fehler, zu schnell wieder den Schüler zu verlassen, kommt sehr oft im Klassenzimmer vor. Wir Lehrer haben es immer so eilig! Es muss alles schnell gehen, damit wir mit dem Stoff weiterkommen. Aber was bringt es, wenn ich zu schnell von Franzi weggehe und in fünf Minuten wieder zu ihm hinlaufen muss?

Wenn Franzi Rechtshänder ist, ist es gut wenn ich von rechts komme. Wenn er Linkshänder ist, komme ich von der linken Seite. Aus diesem Grund ist

> Liebe Pearl!
>
> Das Bewusstwerden der verschiedenen Modalitäten lässt mich heute viel mehr Verständnis für meine Schüler aufbringen und lässt mich viel besser mit meinen Ressourcen umgehen.
>
> Lange Zeit konnte ich nicht verstehen, warum mich ein Schüler nicht ansah, wenn ich mit ihm sprach. Ich empfand sein Verhalten sehr provozierend und zwang ihn zum Augenkontakt. Heute weiß ich, dass der Schüler ein Paradebeispiel für ein kinästhetisches Kind ist. Dieses Wissen hat den Umgang mit ihm sehr erleichtert. Heute spreche ich ihn nur mehr von der Seite an und ich habe gleich das Gefühl ihn zu erreichen.
>
> Rotraud L., Volksschullehrerin, Steiermark

gut, bei der Sitzordnung darauf zu achten, die kinästhetischen Kinder an die Bankenden zu setzen.

Kinästhetische Kinder sind sehr stark in der rechten Gehirnhemisphäre. Dort ist der Sitz der Emotionen. Wenn ein Erwachsener aufgeregt ist, befindet er sich auch im emotionalen, rechtshemisphärischen Bereich und verhält sich einem Kinästheten ähnlich – ob diese seine Hauptmodalität ist oder nicht. Auch hier gilt die Regel: erzwingen Sie keinen Augenkontakt.

Als ich diese Technik einmal im Seminar erklärt habe, sagte eine Lehrerin plötzlich: „Nun verstehe ich, was sich zwischen meinem Mann und mir abspielt! Immer nachdem wir gestritten haben und das Ganze ruhig durchbesprechen wollen, geht das am besten, wenn wir entweder im Auto sitzen oder neben einander spazieren!" Und so ist es.

■ Elterngespräche

Viele Lehrer erzählen mir: „Die Kinder sind eigentlich kein Problem. Es sind die Eltern, die mir Schwierigkeiten bereiten." Im Seminar frage ich öfters: „Wie viele von euch haben eigene Kinder? Und wie ist es für Sie, wenn Sie zum Elternsprechtag gehen? Angenehm?" Viele der anwesenden Eltern lachen und geben zu, dass es manchmal angenehmer ist, in der Lehrerrolle statt als Elternteil beim Elterngespräch zu sein.

Als meine eigenen Kinder in der Schule waren, habe ich Elternsprechtage gehasst. Angefangen hat es immer, indem mir meine Kinder die Listen von Lehrern präsentierten, die ich besuchen sollte. Wenn ich gefragt habe: „Warum will Professor So-und-So mich sehen?", habe ich öfters Antworten bekommen wie: „Ich weiß nicht, Mama. Vielleicht will er mich loben?" Das heißt, ich bin meistens zum Elternsprechtag gegangen, ohne zu wissen was auf mich zukommt.

Sehr oft beklagen wir uns über manche Eltern. Wir meinen, sie überlassen uns die erzieherischen Aufgaben, die sie eigentlich selbst machen sollten. Sie interessieren sich nicht für ihre Kinder, etc. Sehr oft stimmen unsere Klagen. Aber es wäre auch gut, wenn wir uns zum Beispiel kurz in die Realität mancher Eltern am Elternsprechtag hineinlebten. Viele dieser Eltern sind selbst nicht gerne in die Schule gegangen. Wie eine Mutter eines Schülers mir einmal erzählte: „Als ich heute Abend durch die Türen in das Schulgebäude getreten bin, ist ein richtiges Schaudern über mich gekommen. Es war mir erst in diesem Moment bewusst, wie viele unangenehme Gefühle von meiner eigenen Schulzeit in mir sind."

Es kommt hinzu, dass manche Eltern mit ihren Kindern und den damit verbundenen erzieherischen Herausforderungen überfordert sind. Sie hören, was Lehrer und Schule ihnen sagen, wissen aber nicht wie sie das bei ihren Kindern durchsetzen sollen. Wie wir alle wissen, können wir die besten Absichten haben und unser Bestes tun, aber wenn der Schüler nicht mitmacht, stehen wir an.

Den Eltern geht es auch so und es kommt hinzu, dass sie noch emotionaler beteiligt sind, einfach weil das Kind ihr eigenes ist und nicht, wie es für uns der Fall ist, ein Kind unter vielen. Angstzustände rufen diesen „Flucht oder Kämpfen" Mechanismus hervor.

Wenn wir konstruktiv mit den Eltern sprechen und arbeiten wollen, ist es wichtig, nicht auf Konfrontation zu gehen. Daher schlage ich auch hier vor, den Augenkontakt nicht zu forcieren, indem die Eltern Ihnen beim Tisch gegenüber sitzen, sondern geben Sie ihnen die Möglichkeit, beim Tisch entweder gegenüber oder auch über das Eck einen Sitzplatz auszusuchen. Mein Kollege Franz und ich haben damit experimentiert, indem wir beide Sitzmöglichkeiten für die Eltern beim Tisch vorgesehen haben. Fast alle Eltern haben die „Über's Eck Variante" ausgesucht.

Der kinästhetische Schüler: Du bist ein kleiner Wirbelwind!

Wenn wir seitlich auf einen Schüler zugehen und in die Hocke auf die gleiche Höhe gehen, können wir sie leichter erreichen. Hier einige Lehrerkommentare:

> Liebe Pearl!
>
> Ich ließ mich von Dir motivieren „nonverbale Kommunikation" im Klassenzimmer einzusetzen! Das geht gut - und nun hatte ich auch ein außerschulisches Erlebnis mit diesen Techniken in einem Pensionistenheim:
>
> Ich bin einmal seitlich neben einer 93 Jahre alten Frau in die Hocke gegangen, weil sie sehr erregt und aggressiv war; ich habe sie „in Augenhöhe" besänftigen und redebereit machen können! Es hat auch mir die Einsicht gebracht, dass sie aus purer Angst so „außer Rand und Band" geraten ist! Angst vergiftet das Leben!
>
> Elenore F., Polytechnische Lehrerin, Wien

> Liebe Pearl!
>
> ... Meine Wirkung als großer, mächtiger Erwachsener ist mir mehr bewusst als zuvor. Die Kinder sind entspannter, weil ich langsamer auf sie zugehe, auf Kinestheten von der Seite zugehe und öfters auf die Sache/das Buch schaue als in die Augen der Kinder. ..
>
> Freja Z., Volksschullehrerin, Wien

> Liebe Pearl!
>
> P., ein besonders unruhiger, chaotischer und intelligenter Schüler reagiert besonders gut aufs Näherkommen, allerdings nicht direkt: Ich muss von der Seite kommen. Wenn er spürt, dass ich da bin, aber ihn weder anspreche noch angreife, beginnt er zu arbeiten und arbeitet meist auch weiter, wenn ich wieder gehe. Ich darf ihn allerdings nicht laut loben. Anfangs versuchte er immer mit mir zu reden, dann bin ich einfach wieder weg von ihm gegangen; hat er wieder geschrieben, bin ich näher gekommen und habe gelächelt. Zur Beratungslehrerin sagte er „Die Frau H. probiert was Neues. Das gefällt mir besser, als das ständige Schimpfen!"
>
> Ulli H., Hauptschullehrerin, Wien

Atmung

Wenn man im kinästhetischen Bereich ist, beginnt die Atmung tief im Magen. Die Atmung ändert sich mit dem Gefühlszustand. Kinästheten seufzen oft lang und tief!

Wie oben erwähnt, nehmen alle – ob kinästhetisch, auditiv oder visuell - Informationen nur dann wahr, wenn sie flüssig atmen.

Stimme

Der Kinästhet spricht langsam und laut. Er hat eine tiefe und volle Stimme. Wenn er nachdenkt, gibt es manchmal lange Pausen, in denen er tief gespeicherte Informationen wieder hervorholt.

Sie ...... sagen ...... dass ...... Lehrer, ... die ...... eine ...... erste ...... Klasse ...... Volksschule ...... unterrichten, ... G A N Z .... A N D E R S ...... sprechen ...... als ...... die ...... restliche ...... Bevölkerung!!!

Und das stimmt. Am Anfang müssen wir die Schüler spiegeln – und teilweise haben wir das Gefühl, wir reden so langsam, deutlich und übertrieben mit ihnen als würden sie von einem anderen Planeten kommen. Wir spiegeln sie, sei es bewusst oder unbewusst, damit wir sie erreichen können. Das ist notwendig. Und bis sie in der 4. oder 5. Klasse sind, können wir schon ganz normal mit ihnen sprechen.

Wenn wir mit einem Kinästheten sprechen, ist es gut wenn wir mit der Lautstärke, mit dem Tonfall, etc. übertreiben. Spielen Sie mit der Stimme. Mal lauter. Mal leiser. Pausen einlegen. Und achten Sie auf die Wirkung – die Schüler sind fasziniert und voll dabei.

Es war oft schmerzhaft für meine Ohren, meinen Schülern beim Lesen zu zuhören. Sie haben mit einer monotonen Stimme gelesen, viele Pausen an den falschen Stellen eingelegt und sind über Ihre eigenen Worte gestolpert. Da habe ich dramatische Leseübungen eingeführt. Ich erzählte den Schülern, dass Schauspieler auch solche Sprechübungen machen. „Schauspieler" ist ein Zauberwort – da habe ich gleich ihre ungeteilte Aufmerksamkeit gehabt! Ich habe irgendeinen kurzen Satz oder eine Phrase aus unserem Lesetext mit einer auffallenden Stimme gelesen - mal laut, mal leise, quietschend, brüllend, flüsternd, etc. vorgelesen. Sie haben als eine Gruppe meine Stimme genau nachahmen müssen. Die wichtigste Regel: Die Lautstärke muss genauestens stimmen (sonst geraten die Lebhaftesten außer Kontrolle). Sie waren von dieser Übung begeistert!!! Es ist sogar einige Mal passiert, dass wir mit dieser Übung gerade ins Läuten hinein gekommen sind – ihre Reaktion: „Machen wir weiter! Wir brauchen keine Pause!

Rechtshemisphärische Schüler in einer linkshemisphärischen Welt

■ "Wo ist mein ...?

Kinästheten tun sich schwer mit der Ordnung. Es sind die Kinästheten, die nie etwas finden können.

Ich habe unseren Kindern in der Schule immer wieder beim Ordnungmachen zugeschaut. Wenn eine Lehrerin einem Kinästheten den Auftrag gab, die Schultasche neu einzuräumen, hat es öfters so ausgeschaut:

> *Stellen Sie sich vor ...*
> *Franzi hat von der Lehrerin den Auftrag bekommen, seine Schultasche aus- und neu einzuräumen. Er sitzt jetzt am Tisch, mit dem Inhalt seiner Schultasche links neben ihm aufgestapelt. Er nimmt das erste Blatt aus dem Stapel in die Hand, schaut es an und legt es rechts hin. Dann nimmt er das Heft, das oben auf dem linken Stapel liegt, schaut es kurz an und legt es auf den neuen rechten Stapel. Dann nimmt er noch ein Blatt von dem linken Stapel und legt es auf den rechten. Da folgt noch ein Buch ... bis der gesamte linke Stapel, in der umgekehrten Reihenfolge, rechts von ihm liegt. Und dann hebt er den rechten Stapel auf und gibt ihn vorsichtig wieder in die Schultasche hinein.*

Die Franzis in unseren Klassenzimmern sind oft überfordert. Wir sagen ihnen, sie sollen Ordnung machen – und sie wissen nicht, was das heißt oder wie das zu machen ist. Hat er das zu Hause nicht gelernt? Setzen wir zu viel voraus? Der Grund ist egal. Um Erfolg zu erzielen, müssen wir dort beginnen, wo der Schüler momentan ist.

Meiner Erfahrung nach können Schüler einander manchmal viel besser helfen als wenn wir Lehrer einspringen. Das Erlernen solcher Fertigkeiten für die anderen, die tatsächlich Ordnung halten können, liegt nicht so weit in der Vergangenheit zurück wie bei uns. Vielleicht können Sie einen Ihrer ordentlichen (wahrscheinlich visuellen) Schüler bitten, dem Kinästheten Hilfe zu geben. Oder Sie machen „Ordnung halten" zum Sesselkreisthema. „Welche Tipps können wir einander geben, damit die Schulsachen ordentlicher gehalten werden?"

■ **Woher kommt diese Frage?**

Sie kennen das sicher.
Ein Schüler stellt oder beantwortet eine Frage und Sie denken sich: „Huh???? Was hat das jetzt mit dem, was wir gerade besprechen, zu tun??"

Es ist wieder – zumindest oft - eine Frage der unterschiedlichen Realitäten. Kinder, vor allem in diesem kinästhetischen Alter, denken ganz anders als wir. Da wir die Logik dahinter nicht sehen, ignorieren wir das Gesagte oder wir nehmen an, dass das Kind nur stören möchte.

Meiner Erfahrungen nach geben uns jedoch gerade diese Fragen – die, die am absurdesten sind - Einblick in seine Perspektive. Wenn wir wissen, wo der Schüler mit seinen Gedanken ist, können wir ihn dann abholen und in unsere Realität bzw. zum schulischen Erfolg hinführen.

Einige Beispiele:
Eine Mutter erzählte mir, dass sie und ihr Mann mit ihrem Erstklassler nahe an der Verzweiflung waren. Sowohl sie wie auch die Lehrerin haben alles getan, damit das Kind lesen lernt. Alles ohne Erfolg. Dabei hat der Sohn Vorkenntnisse gehabt. Er hat eine ältere Schwester, die ihm sogar vor Schulbeginn fast alle Buchstaben beigebracht hatte. Aber es hat mit dem Lesen einfach nicht geklickt.

Bis der Vater eines Tages darauf gekommen ist, was sein Sohn unter dem Wort „lesen" verstanden hat. Er hatte nämlich geglaubt, dass auf einer Seite voll mit Text bzw. Worten manche dieser „Gruppierungen von Buchstaben"

> Liebe Pearl,
>
> Einmal in der Woche bekommt jedes Kind, das seine Unterrichtssachen am Tisch ordentlich bereit hält, ein Toffee Zuckerl. Sie wissen nie an welchem Tag und wann sie dieses Toffee, worauf sie sehr stehen, bekommen. Deswegen trachten sie sehr, täglich ihre Sachen hergerichtet zu haben.
>
> Grete S., Hauptschullehrerin, Graz

Worte und andere einfach Ansammlungen von Buchstaben waren. Lesen war, seiner Meinung nach, jene Buchstabengruppierungen zu finden, die tatsächlich etwas geheißen haben!

Sobald seine Eltern seine Logik verstanden haben, haben sie es ihm erklären können – und binnen 3 Tagen hat er lesen können!

Ein weiteres Beispiel:

Ein Kind aus der ersten Klasse Volksschule kommt nach Hause mit der schlechtesten Note - bei uns in Österreich ist das eine 5 - auf einen Rechentest, bei dem lauter Minusrechnungen auszuführen gewesen waren. Alle Ergebnisse waren falsch. Als die Mutter den Test näher anschaute, sah sie, dass ihr Sohn jedes Minus mit einem Strich zu einem Plus gemacht hatte. Statt die Rechnungen zu subtrahieren, hat er sie

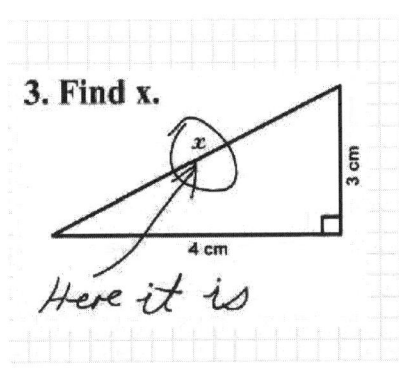

Finde „x"

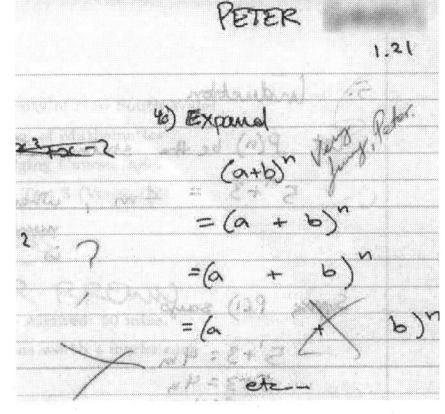

Erweitern

addiert. Da er überall richtig addiert hatte, war es ihm ein Rätsel, warum die Lehrerin seine Antworten als falsch angestrichen hatte!

Die Mutter fragte ihn: „Warum hast du alle Minus zu Plus gemacht?"

Seine Antwort: „Ist ja klar, Mama. Plus-Rechnungen sind leichter als Minus."

Manchmal ist es nicht leicht, die Logik eines Kindes zu verstehen. Aber wenn es uns gelingt, geht es uns allen besser.

■ Sitzordnung

Ich werde sehr oft nach Vorschlägen für die Sitzordnung in einer Klasse gefragt.

Es ist gut wenn Kinästheten am Ende einer Bankreihe sitzen, wie wir schon früher besprochen haben. Ebenso ist bekanntlich immer gut, sich einem Kinästheten von der Seite zu nähern. Da gibt es weniger Widerstand und sie arbeiten dadurch besser mit. Falls Sie genug Platz im Klassenzimmer haben, haben sie meist nichts dagegen, alleine an einem Tisch zu sitzen. Da hat er endlich Platz, um sich ausbreiten zu können. Er stapelt alles auf, versucht eine eigene Ordnung aufzustellen und fühlt sich einfach wohl und ungestört in seinem eigenen Chaos.

Wenn zwei Kinästethen sich vertragen, können sie nebeneinander sitzen. Sie passen auch gut mit Auditiven zusammen. Kinästheten und Auditive sind gesellig und wenn es keine persönlichen Probleme zwischen den beiden Schülern gibt, vertragen sie sich im Allgemeinen.

Diejenigen, die aber zutiefst leiden, wenn sie neben einem Kinästheten sitzen müssen, sind die Visuellen. Sie wollen mehr Abstand halten und der Kinästhet will genau das Gegenteil. Der Visuelle lernt mit den Augen. Seine Augen sind wie ein Photoapparat, der ständig Photos schießt. Das Stossen und die viele Bewegung, die ein Kinästhet verursacht, zerstören die Bilder des Visuellen. Er fühlt sich miserabel, wenn er so sitzen muss.

Ich nehme an, dass Ihre Klassenzimmer so überfüllt sind wie unsere. Manchmal, als ich über Schultaschen und die Ecken von Bänken geklettert bin um durch das Klassenzimmer zu kommen, dachte ich mir: „Ich tue mir leicht, Lehrern zu sagen, sie sollen von der Seite kommen oder einen Sesselkreis bilden, wenn wir alle, Lehrer und Schüler, so wenig Bewegungsraum im Klassenzimmer haben". Trotzdem habe ich mich in der Mittelschule immer nach der Möglichkeit gesehnt, einen Sesselkreis zu bilden. Wir haben letztlich zwei Lösungen zu diesem Problem gefunden.

Die Sitzordnung, die wir vorgezogen haben, war ein Außenkreis von Bänken mit einzelnen Reihen in der Mitte dieser Formation. Das hat ungefähr so ausgeschaut:

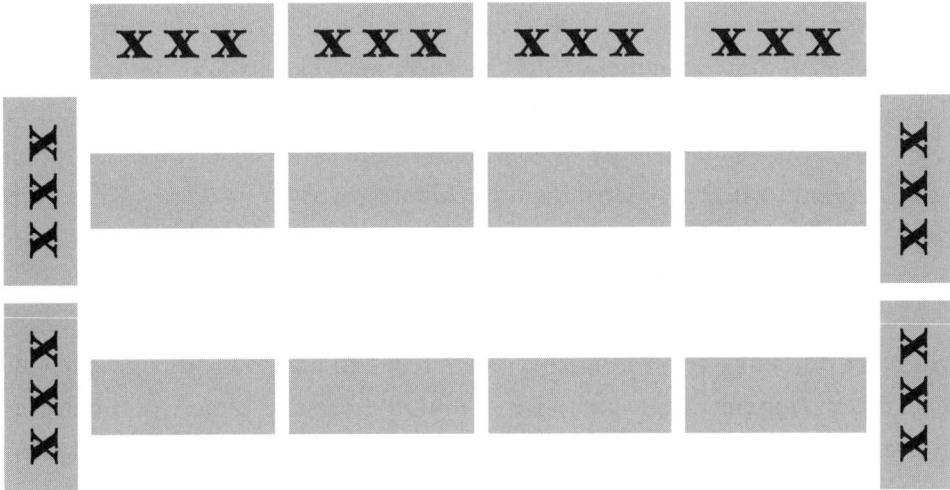

Wenn wir schnell einen Sesselkreis bilden wollten, haben wir die Schüler an den Tischen im Außenkreis niedersetzen lassen. (so wie mit den X oben eingezeichnet.) Es ist unglaublich, wie viel kommunikativer diese Sitzordnung ist. Die Schüler sehen und hören einander viel besser und eine andere Atmosphäre entsteht.

Ich bin überzeugt, dass viele Störungen im Klassenzimmergeschehen von der Tatsache herrühren, dass die Schüler beim Sprechen einander nicht hören. Ist es Ihnen je so passiert, wie es mir öfters ergangen ist? Ich stehe direkt neben einer Schülerin. Sie beantwortet meine Frage und – obwohl ich neben ihr stehe - spricht sie so leise, dass ich nicht höre was sie sagt. Ich bin auch manchmal hinten im Klassenzimmer gesessen während Kollegen unterrichteten. Die Lehrkraft habe ich hören können. Die Schülerin nicht. Es ist egal, wie interaktiv wir unseren Unterricht machen - wenn die Schüler nicht hören und verstehen können, was ihre Mitschüler sagen, wird ihre Aufmerksamkeit abwandern.

Dieses Problem verschwindet sofort, wenn die Schüler in Sesselkreisformation sitzen. Sie sehen ihren Gesprächspartner und richten ihre Stimme zu ihm hin. Ich habe oft mit den Schülern Sprechübungen gemacht. Unsere Stimmen waren wie Pfeile. Wenn ein Schüler mit mir gesprochen hat, habe ich oft mit meinem Zeigefinger hinter mich gezeigt. Das war das Signal: „Schieße deine Stimme wie ein Pfeil auf einen Punkt hinter mir ab."

Die zweite Sitzkreisvariante, die etwas mehr Zeit in Anspruch nimmt, ist, alle Tische zur Seite zu schieben und aufzustapeln. Das haben wir am Anfang des Schuljahres mehrmals in der Klasse geübt. Wo gehören die Tische hin? Die Sessel? Wer schiebt was? Wie schnell können wir das – ohne zu reden - tun? Können wir unsere Geschwindigkeit steigern?

■ Symbole & Farbkodierung

Wenn Sie z.B. ein eigenes kinästhetisches Kind zu Hause haben und Sie wollen, dass in seinem Zimmer endlich Ordnung herrscht, gebe ich Ihnen folgenden Tipp: Fahren Sie zur IKEA, kaufen Sie ein Paket farbiger Ladenknöpfe und montieren Sie sie auf seine Schubladen. In die Lade mit dem blauen Knopf kommt die Unterwäsche, der rote Knopf signalisiert Turnzeug, usw.

Solche Farbkodierungssysteme haben ohnehin viele Volksschullehrer schon im Klassenzimmer - alle Ordner, etc., die mit Mathe zu tun haben sind z.B. blau. Deutsch ist rot. Und Sachunterricht ist gelb.

Eine Kärntner Volksschullehrerin erzählte mir, dass sie eine gute Technik für notorische "Vergesser" entwickelt hat.

> *... Immer am Ende des Schultages stehe ich neben der Tür und verabschiede mich von jedem einzelnen Schüler. Neben mir habe ich verschiedenfarbige Stempelkissen. Jedesmal wenn ich mich von einem Kind, das immer wieder die Hausübung vergißt, verabschiede, drucke ich ihm einen Stempel in der entsprechenden Farbe auf die Hand – wie in der Disco! Im Laufe des Nachmittages bemerkt es garantiert einmal den Stempel – und wird daran erinnert: heute Abend gibt es eine Hausübung zu machen!*

Eine ähnliche Technik verwendet eine meiner Kolleginnen. Ein Schüler in der Klasse hatte schon zum dritten Mal seinen Uhu vergessen.

> *Da fragte sie ihn: "Welchen Arm hast du lieber? Links oder rechts?"*

Er antwortete: "Links".

Worauf sie sagte: "Gut. Dann schreibe bitte auf deinen linken Arm das Wort 'Uhu'".

Da habe ich laut lachen müssen! – und mich dabei an meine eigene Schulzeit erinnert. Ich habe unzählige Male diese Technik selbst verwendet. Und sie hat bei mir und bei ihm geklappt – am nächsten Tag hatte er seinen Uhu mit!

■ Beziehungen sind ihnen wichtig

Sie sind sehr gesellig. Das haben die Kinästheten und die Auditiven gemeinsam. Sie sind offen für neue Freundschaften und Beziehungen. Wie vorher besprochen ist das auch ihre Motivation in die Schule zu kommen. Beziehungen sind alles – der Stoff ist nur nebensächlich. Deswegen haben sie gerne gesellige Aktivitäten und Spiele im Unterricht. Sie sind gerne im Mittelpunkt und machen gerne Rollenspiele. Da sie stark rechtshemisphärisch veranlagt sind, sind sie sehr fantasievoll. Ihre Aufsätze werden zwar manchmal viele Rechtschreibfehler beinhalten, aber dafür werden sie aufregende und fantasievolle Geschichten schreiben.

- **Zuerst global präsentieren**

Rechtshemisphärische und kinästhetische Lernende ziehen eine globale Präsentation des Stoffes vor. Erst nachdem das Projekt überschaubar ist, will der Kinästhet die Details hören. **Mindmaps**, die eine graphische und daher rechtshemisphärische und globale Darbeitung des Stoffes bieten, haben z.B. bei unseren Schülern viel Anklang gefunden. Wie bei so vielen dieser kinästhetischen Lerntechniken, ist diese wieder eine, die für alle Lerntypen auch gut ist – da sie das Langzeitgedächtnis anspricht.

Ein besonderes Element, das bei einer globalen Präsentation beachtet wird, ist die **Zielsetzung im Unterricht.** Ziele sollen vorzugsweise nicht nur für das gesamte Schuljahr und das Halbjahr sondern auch für jede einzelne Unterrichtsstunde festgelegt werden. Schreiben Sie die Ziele der Stunde an die Tafel.

Das ist vorausschauend, motivierend und gibt einen globalen Überblick. Vor allem wenn die Ziele so formuliert sind, dass der Schüler einen Zusammenhang zwischen dem Stoff und seinem Leben erkennen kann. Am Ende der Stunde haken Sie die Ziele ab, die Sie in der Stunde erreicht haben. (Falls Sie – wie ich es so oft tat – die Tendenz haben, am Ende der Stunde darauf zu vergessen, stellen Sie halt den Alarmton auf Ihrem Handy, sodass es einige Minuten vor Ende der Stunde läutet) Sie werden bald merken, dass die Schüler viel fleißiger mitarbeiten, wenn sie Ziele haben. Jeder Mensch tut sich leichter, wenn er weiß, wohin er will.

Der schönste oder der schlimmste Tag des Lebens!

Kinästhetische Reaktionen – egal ob körperlich oder emotional - sind immer groß und übertrieben. Der Kinästhet reagiert auf alles – sowohl verbal wie auch nonverbal. Es ist immer entweder „der schönste Tag meines Lebens!" oder „der Schlimmste!" Und dazwischen gibt es nichts.

- **Das Bizarre. Das Absurde. Das Emotionale.**

In einer Klasse, in der es einige oder mehrere Kinästheten gibt, wird es immer Unterhaltung geben. Die Frage ist immer nur: Wer stellt die Unterhaltung zur Verfügung? Sie oder der Schüler? Am besten ist es, wenn Sie die Unterhaltung zur Verfügung stellen, weil Sie dann die Situation in der Hand

Der kinästhetische Schüler: Du bist ein kleiner Wirbelwind!

ZIELE SETZEN

Wenn Lernende klare Ziele haben, sind sie motivierter!
Hier ist ein Beispiel, das mir von einem Wiener Volksschullehrer geschickt wurde:

> „Jeden Tag schreibe ich auf die Tafel, was ich mit den Kindern machen werde. Es steht schon da, bevor die Kinder in die Klasse kommen
>
> Montag, 12. Februar
>
> 1. Morgenkreis,
>   Wochenenderzählung
> 2. Deutsch: Sprachbuch S. 50/2
> 3. Mathematik: Kopfrechnen,
>   Malreihen
> 4. Zeichnen: Faschingsbild
>
> ---
>
> HÜ: Spb. S. 50/4
> Ma- Arbeitsblatt
> Lesen: Lb.S. 23
>
> Das steht immer auf der rechten Seite der Tafel. Die Kinder wissen dann immer, was wir machen werden.
>
> Christoph P., Volksschullehrer, Wien

haben. Da gibt es einen weiteren Vorteil: Dadurch tragen Sie zum Langzeitgedächtnis bei. Je unterhaltsamer die Stunde, desto länger werden die Schüler den Stoff merken und desto mehr werden sie sich auf die nächsten Stunde freuen!

Mein Kollege Franz, mit dem ich viele Stunden in Teamteaching in der Schule verbracht hatte, war zwar multimodal, aber die rechte, intuitive Gehirnhemisphäre und die kinästhetische Modalität waren bei ihm sehr stark vertreten. Es war das reinste Vergnügen mit ihm zu unterrichten – weil ich und die Schüler nie wussten, was ihm als Nächstes einfallen würde.

Wir haben uns zum Beispiel einmal am Gang vor dem Klassenzimmer getroffen und Franz sagte spontan: „Gehen wir heute verkehrt in die Klasse." Wir sind dann zu zweit verkehrt in die Klasse hineingejoggt - zum Erstaunen der Kinder. Als wir eine Musikstunde über Johann Strauss gemacht haben, haben wir plötzlich – ohne dass wir es vorher abgesprochen haben – vorne begonnen Walzer zu tanzen.

Als die chinesische Unterrichtsministerin in Wien auf Besuch war, hat sie gefragt, ob sie unsere bilinguale Schule besuchen dürfe. Die Kinder haben einen besonderen österreichischen Tanz für sie gelernt und waren sehr aufgeregt vor ihrem Auftritt. Plötzlich, einen Tag vor dem Besuch der Ministerin, haben wir eine Nachricht vom Unterrichtsministerium erhalten, dass es nach chinesischem Protokoll nicht höflich wäre, wenn die Schüler der Ministerin die Hand geben würden. Nun haben wir uns einige Jahre lang bemüht den Kindern beizubringen, dass es bei uns in Österreich höflich ist, die Hand zu geben. Was wäre, wenn sie nun in der Aufregung den Hinweis vergessen würden und irrtümlicherweise ihr die Hand entgegenstrecken sollten?

Da haben wir schnell überlegt und uns entschieden: jedes Kind sollte eine Rose in der rechten Hand haben, die er oder sie der Ministerin übergeben würde. Bei der Übergabe sollten die Burschen eine Verbeugung und die Mädchen einen Knicks machen. Nur – über 70% unserer Hauptschüler bzw. ihre Familien stammen aus dem Ausland. Viele von ihnen wissen überhaupt nicht, was eine Verbeugung oder ein Knicks ist. Aus diesem Grund mussten wir am Tag vor dem Auftritt fleißig üben. Damit die Kinder das gut sehen konnten, haben wir den Lehrertisch in eine Bühne verwandelt. Eine Stunde lang haben wir am Lehrertisch stehend unterrichtet – Knicks, Verbeugung, Rose überreichen, Knicks, Verbeugung, etc. Zuerst Franz und ich und anschließend die Kinder sind oben auf der „Bühne" gestanden. Bis wir fertig waren, konnten sie es perfekt. Und die Unterrichtsministerin war so beeindruckt, das sie jedes einzelne Kind umarmt hat!

Tipps & Techniken für den kinästhetischen Unterricht

■ **Zentrierungsübungen**

Die kinästhetischen Schüler werden ganz leicht abgelenkt. Die kleinste Störung reicht - „Schau! Ein Vogel sitzt draußen im Baum!"- und die Schüler sind ganz wo anders mit ihrer Aufmerksamkeit!

Unsere Aufgabe ist zweifach:
Auf der einen Seite ist es wichtig, dass wir diesen Kindern helfen, sich besser konzentrieren zu können. Und gleichzeitig ist es notwendig, dass wir uns mit dem eigenen Denken umstellen, damit wir unsere Schüler besser verstehen.

Wir Erwachsene sind zum Großteil so, dass wir immer nur eine Sache auf einmal machen. Wenn ich Zeitung lese, lese ich Zeitung. Wenn ich fernsehe, dann schaue ich fern. Und wenn ich einen Vortrag anhöre, dann höre ich zu.

Die kinästhetischen Kinder in unseren Klassen lernen anders als wir. Um sich gut konzentrieren zu können, haben sie das Bedürfnis zwei Sachen gleichzeitig zu machen. Sie können öfters nicht einfach sitzen und zuhören. Sie können sich besser konzentrieren wenn sie nebenbei eine zweite Tätigkeit oder Bewegung ausüben.

Wir können ihnen einen Knutschball in die Hand drücken. Der Ball darf auf keinen Fall auf den Boden fallen oder durch das Zimmer fliegen. Um den Ball zu behalten, muss er bei dem Schüler bleiben – sonst ist er weg. Oder wir geben ihm ein kleines Stück Plastilin. Es ist wichtig, dass es ein kleines und nicht ein großes Stück ist, sonst fängt eine Schlangenproduktion über drei Tische an! Oder wir verteilen Mandalas, die beim Zuhören bemalt werden können.

Ein Wiener Volksschullehrer erzählte mir, dass ein lebhaftes Kind in seiner Klasse immer wieder Schwierigkeiten hatte, im Sesselkreis stillzusitzen. Eines Tages fiel ihm etwas ein ...

Der Lehrer trug mit größter Vorsicht ein Glas, das bis am Rande mit Wasser voll war, zum Sesselkreis. Die Schüler schauten gespannt zu. Er setzte sich hin und reichte vorsichtig dem Kind neben ihm das Glas. Er erzählte den Kindern, das Ziel sei, das Glas um den Sesselkreis zu reichen ohne einen einzigen Tropfen Wasser zu verlieren. Das Glas wurde vorsichtigst von einem Kind zum Nächsten überreicht. Die Aufgabe ist ihnen gelungen! Und zum Schluss durfte das lebhafte Kind die Ehre haben, das Glas bis zum Ende des Sesselkreises zu halten.

Eine Lehrerin in Osttirol erzählt mir über einen Schüler, der immer wieder durch die Klasse wanderte:

... Einige Tage vor den Weihnachtsferien hatte die Lehrerin in der Tasche einige schöne Filzbälle, die Schüler von einer anderen Klasse für den Weihnachtsbazar gebastelt hatten. Kurz nach dem Unterrichtsbeginn merkte sie, dass Herbert wieder einmal sehr unruhig war. Jetzt hatte sie aber etwas vor, wo die Schüler auf ihrem Platz still sitzen mussten. Da kam ihr eine Idee!

Sie nahm die drei schönsten Filzbälle aus der Tasche und legte sie auf den Tisch vor Herbert hin.

Auf seinen fragenden Blick hin erzählte sie ihm: „Das sind meine magischen Zauberbälle. Wenn du möchtest, kann ich sie heute hier vor dir auf dem Tisch liegen lassen. Du darfst sie anschauen aber nicht angreifen. Solange du am Platz bleibst, kannst du alle drei Zauberbälle vor dir haben. In dem Moment wo du aber aufstehst, muss ich leider einen Ball wegnehmen ..."

Herbert ist zum ersten Mal die ganze Stunde am Platz geblieben. Und in der nächsten Stunde hat er danach gefragt, ob er wieder die Bälle am Tisch haben dürfte ...

■ Werden dann nicht alle Schüler das tun wollen?

Manche Lehrer reagieren mit: „Ja aber, wenn ich einem Schüler einen Knautschball in die Hand gebe, werden dann alle so etwas haben wollen?" Das kann stimmen. Und wenn es so ist, gibt es eine ganz leichte Lösung: Da müssen wir halt mehr Bälle zur Verfügung stellen.

Alle nehmen sicherlich nicht einen Ball. In den Lehrerkursen und auch in den Fremdsprachkursen mit Superlearning, die ich jahrelang im Rahmen meines Sprachinstitutes abhalte, verwenden wir öfters Koosh-Bälle, diese bunten, wuscheligen Bälle, für verschiedene Spiele. Manche Erwachsene mögen das Gefühl dieser Bälle nicht – und gleichzeitig haben andere darauf bestanden, während des Unterrichtes so einen Ball in der Hand halten zu dürfen! Wie gesagt: Jeder von uns trägt eine andere Brille und hat eine andere Realität. Bei Schülern ist es auch so.

> Liebe Pearl!
>
> Eine Situation habe ich unbewusst genial gelöst. Ich kam in meine Klasse der 6. Schulstufe und alle 26 Kinder schrieen kreuz und quer durcheinander. Sie sahen mich, grüßten höflich, aber realisierten nicht, dass meine Anwesenheit eigentlich eine Verhaltensänderung verlangen würde.
>
> Ich schrieb ins Klassenbuch und die 26 stritten lauthals weiter.
>
> Als 27. mitschreien wollte ich nicht! Das hätte ohnehin nichts bewirkt.
>
> In meiner Verzweiflung hielt ich mir die „Positiven Punkte" an der Stirn (Brain Gym – Kinesiologie).
>
> Dies bewirkte bei einem Schüler eine Reaktion. Er fragte mich, ob mir schlecht sei. Ich erwiderte, nein und auch er solle die Brain Gym Übung machen. Er fing an und schließlich haben - einer nach dem anderen - alle anderen Schüler mitgemacht.
>
> Innerhalb einer Minute wurde es immer leiser und alle Kinder hielten sich die positiven Punkte. Nach einer weiteren halben Minute sagte ich gut gelaunt: „Guten Morgen! Können wir anfangen?" und wir arbeiteten frisch und fröhlich drauf los.
>
> Ursula S., AHS – Gymnasiallehrerin, Istanbul

Es gibt einige internationale Verbände, die das ganzheitliche und gehirngerechte Lernen und Trainieren fördern. Ich war einige Jahre lang im Vorstand von IAL, International Alliance for Learning, in den USA. IAL hat jedes Jahr eine internationale Konferenz und an den zwei Tagen vor der Konferenz trifft sich der Vorstand.

Einmal bin ich auf Grund meiner Flugzeiten erst zwei Stunden nach Beginn des Vorstandstreffens angekommen. Ich bin ins Konferenzzimmer gekommen, habe alle kurz begrüßt und mich auf meinen Platz hingesetzt. Am Tisch vor mir sind eine kleine Flasche Wasser und ein Wasserglas gestanden sowie Stifte, Papier und eine weiße Kugel gelegen. Als ich die weiße Kugel sah, dachte ich: „Wie nett! Ein Bonbon!" und habe sie in den Mund gesteckt. Ich habe sehr schnell bemerkt, dass die Kugel kein Bonbon sondern ein Stück Plastilin war. Ich habe sie dann so unauffällig wie möglich aus dem Mund genommen und wieder zurück auf den Tisch gelegt.

Die Vorstandssitzung hat zwei Tage gedauert. Zwei Tage lang hat jeder Erwachsene, der dort gesessen ist, intensiv mitgearbeitet und zugehört – und gleichzeitig mit dem Plastilin gespielt. Erst am Ende der Sitzung ist das Plastilin erwähnt worden. Da haben wir verglichen was wir damit gemacht haben. Manche haben Figuren erstellt, andere haben es nur gerollt oder gedrückt. Aber ALLE haben zwei Tage lang damit gespielt.

■ Stören sie die anderen nicht dadurch?

Eine weitere Frage vieler Lehrer ist: „Wenn ich den Schüler während der Stunde mit etwas spielen lasse, werden die anderen nicht dadurch gestört?"

Hier gibt es eine sehr einfache Antwort darauf: Die anderen dürfen auf keinen Fall dadurch gestört werden. Der Gegenstand darf nicht auf den Boden fallen. Er darf nicht geworfen werden. Wenn das der Fall ist, dann nehmen Sie ihn ihm sofort weg.

Aber manchmal glauben wir, dass die anderen Schüler gestört werden, doch in Wirklichkeit sind wir persönlich die Einzigen, denen es überhaupt auffällt. Wir sollten stets nach einer Lösung suchen, die für den Schüler, für die Klasse und auch für uns gut ist.

Es fällt uns deshalb störend auf, weil wir als Erwachsene die Tendenz haben, eher visuell zu sein oder zumindest Lernen als eine visuelle Tätigkeit zu betrachten. Es gibt so viel „Action" in einem Klassenzimmer mit mehreren Kinästheten! Dadurch fühlen wir uns gestört.

Wir hatten z.B. in manchen Klassen einige Sitzbälle. Die, die in der Unterrichtsstunde darauf sitzen wollten, waren ausschließlich Kinästheten und es gab mehr Kinästheten als es Sitzbälle gab. Die Schüler haben friedlich unter sich ausgemacht, wer in welcher Stunde darauf sitzen durfte. Sie haben auch brav in der Stunde mitgemacht - aber mich hat diese ständige

Der kinästhetische Schüler: Du bist ein kleiner Wirbelwind!

	KINESTHETISCHE SCHÜLER „Erfinder der Gesellschaft"	TIPPS ZUR KINÄSTHETISCHEN KOMMUNIKATION
STIMME	spricht langsam & laut kinästhetische Wortwahl	Sprich langsam & übertrieben kinästhetische Wortwahl
FOKUS	Fokus nach außen sehr leicht ablenkbar abhängig vom Lehrer	Sei bestimmt & deutlich; „Verträge" abschließen, Störfaktoren minimieren Visualisierungstechniken beibringen
KÖRPER-HALTUNG / BEWEGUNG	viele Gesten asymmetrische Bewegungen, Hände weg vom Rumpf große körperliche & emotionelle Reaktionen geringer körperlicher Abstand	Wende (übertriebene!) Gesten an Übertreibe körperlicher Kontakt
AUGEN	nach rechts hinunter = Gefühlsbereich	keinen Augenkontakt 180 Grad Winkel zum Kommunikationspartner
VERHALTEN	will Unterhaltung & Aktion! will Menschenkontakt & Freundschaften selbst-selektiv & unabhängig versteht oft nicht, dass er sich falsch verhält	Übertreibe, als Modell Freiwillige heranziehen Rapport herstellen Sie sollen dich aussuchen! Frage nicht „Warum" sondern „Wie wirst du es das nächste Mal machen?"
SPEICHERUNG	Muskelgedächtnis/Lernen durch das Tun rechte Hemisphäre = fantasieorientiert, unrealistisch	Assoziationen, örtliche Assoziationen, Farben, Gegenstände, Rollenspiel, Geschichten, Metaphern, Absurdität = globales Verstehen

auf und ab Bewegung total aus der Fassung gebracht.

Da habe ich einmal in der Pause mit einem Schüler darüber geredet und gefragt, warum er so gerne am Sitzball sitzt. Er sagte, dass er es nicht begründen kann, aber wenn er darauf sitzt, kann er einfach besser aufpassen.

Als ich seine Worte hörte, wusste ich, dass das Problem bei mir lag. Ich musste eine Lösung finden, wie ich dabei ungestört zuschauen könnte. Ab dem nächsten Tag habe ich die Bälle auf die Seite des Raumes stellen lassen. Da waren sie nicht mehr direkt in meinem Blickfeld und ich habe dadurch besser damit umgehen können.

Ein weiteres Beispiel ist ein Schüler namens Markus. Markus war auch ein extrem kinästhetischer Schüler. Jede Woche hat er ein neues „Spielzeug" in die Stunde mitgebracht. Eine Woche hat er zum Beispiel einen kleinen Tischventilator mitgehabt. Er hat ihn auf seinen Tisch befestigt und damit gespielt. Er hat den Finger von vorne in den Ventilator gesteckt ... dann den Finger von hinten ... mit der Nase hinein ... usw.

Am Anfang haben wir das verboten und ihm die Spielzeuge weggenommen. Aber nach einiger Zeit haben wir uns gefragt, wozu das Wegnehmen gut war? Markus war ein guter Schüler. Seine Noten waren immer positiv. Die anderen Schüler haben sich an ihn und seine Spielzeuge gewöhnt. Sie haben gar nicht mehr bemerkt was er macht. Und wenn wir ihm das Spielzeug weggenommen haben, ist er auf andere kreative Ideen gekommen, die den Unterricht und seine Mitschüler tatsächlich gestört haben. Wir haben es ihm gelassen – und alle haben dadurch gewonnen.

■ Zentrierungsübungen fördern die emotionale Intelligenz

Eine Lehrerin in Osttirol erzählte mir, dass sie auf den Boden hinten im Klassenzimmer mit Klebeband einen langen, geraden Streifen geklebt hatte. Wenn ein Kind spürt, dass es nicht zentriert ist, darf es jederzeit aufstehen und auf diesem Streifen so lange auf und ab gehen, bis es wieder zentriert und geerdet ist. Dann setzt es sich wortlos wieder hin. Da dies alles hinter dem Rücken der Klasse geschieht, lenkt es auch niemanden ab.

Dieses Beispiel hat mir besonders gut gefallen, weil es so sehr die Prinzipien von emotionaler Intelligenz illustriert. Daniel Goleman, Psychologe und Professor an Harvard Universität hat die „Theorie der emotionalen

Intelligenz" in seiner Arbeit und auch in seinem gleichnamigen Buch, das jahrelang auf der Bestseller Liste war, propagiert. Goleman sieht die emotionale Intelligenz oder „EQ" als eine übergeordnete Fähigkeit, von der es abhängt, wie gut Menschen ihre sonstigen Fähigkeiten, darunter auch den Verstand oder „IQ", zu nutzen verstehen.

In Wikipedia steht:

„Nach Goleman setzt sich Emotionale Intelligenz aus fünf Teilkonstrukten zusammen:

- **SELBSTBEWUSSTHEIT:**
  Die Fähigkeit eines Menschen, seine Stimmungen, Gefühle und Bedürfnisse zu akzeptieren und zu verstehen, und die Fähigkeit, deren Wirkung auf andere einzuschätzen.
- **SELBSTMOTIVATION:**
  Begeisterungsfähigkeit für die Arbeit, sich selbst unabhängig von finanziellen Anreizen oder Status anfeuern zu können .
- **SELBSTSTEUERUNG**:
  planvolles Handeln in Bezug auf Zeit und Ressourcen.
- **SOZIALE KOMPETENZ:**
  Die Fähigkeit, Kontakte zu knüpfen und tragfähige Beziehungen aufzubauen, gutes Beziehungsmanagement und Netzwerkpflege.
- **EMPATHIE:**
  Die Fähigkeit emotionale Befindlichkeiten anderer Menschen zu verstehen und angemessen darauf zu reagieren.

Nicht das bloße Vorhandensein von Gefühlen, Emotionen, Stimmungen und Affekten, sondern der bewusste Umgang mit ihnen macht eine hohe emotionale Intelligenz aus."

Goleman behauptet, dass es von größter Wichtigkeit ist, unseren Schülern die emotionale Intelligenz, d.h. unter anderem die Kontrolle über die eigenen Emotionen und die Fähigkeit, Reaktionen auf die Emotionen zu verzögern, beizubringen.

Ein Schüler soll erstens erkennen, wenn er nicht geerdet ist bzw. momentan emotional labil ist. Zweitens brauchen Schüler Techniken, um aus diesem negativen emotionalen Zustand herauszusteigen. Unsere Schüler sollen lernen, dass Emotionen in Ordnung sind – aber dass nicht spontan danach gehandelt werden soll. Wenn wir aus den Emotionen handeln, haben wir zwar ein Ventil, damit der Druck der Emotionen nachlässt. Wir lösen aber keine Probleme, wenn wir aus der Hitze der Gefühle reagieren, sondern schaffen damit oft neue Probleme. Es ist wichtig, dass unsere Schüler die Warnsignale kennen lernen und dann Techniken zur Hand haben, um wieder hinunter zu kommen – und dann erst zu handeln.

■ Time-Out Ecke

Eine „Time-Out" Ecke ist auch eine tolle Möglichkeit um zentriert zu werden:

Eine Kärntner Lehrerin erzählte mir, dass sie beim Ausräumen der Garage einen alten Sonnenschirm vom Müll gerettet und in die Schule gebracht hat. Dort hat sie den Schirm in der Kuschelecke ihrer Volksschulklasse aufgestellt. Immer wenn ein Schüler das Gefühl hatte, er müsste aus emotionellen Gründen kurz aussteigen, war da Platz hinter dem Schirm.

Eine Hauptschullehrerin aus der Steiermark berichtete, dass sie ein Himmelbettnetz anschaffte. Sie hing dieses Netz in einer hinteren Ecke im Klassenzimmer auf, um einen bequemen Fauteuil herum. Dann erzählte sie den Schülern, dass dies der Stuhl zum Abkühlen ist. Immer dann, wenn man aufgeregt oder knapp vor dem Explodieren ist, darf man sich darauf setzen, sich mit dem Netz von den anderen abschirmen und warten bis man wieder vernünftig handeln kann. Der Platz funktioniert sehr gut. Besonders beeindruckt hat es die Schüler, als sich die Lehrerin dorthin setzte, weil sie selbst einmal knapp vor dem Explodieren war.

Wenn wir unseren Schülern helfen, ihren eigenen inneren Zustand zu erkennen, wenn wir ihnen diese Möglichkeit zum Hinunterkommen zur freien Wahl stellen, helfen wir ihnen nicht nur beim Lernen, sondern in jedem Bereich ihres Lebens – ihr Leben und auch unseres wird dadurch viel angenehmer! Eine sogenannte „Win-Win" Situation, wo es allen Beteiligten gut geht.

■ Der Ruheraum

Eine Volksschullehrerin, Maria, erzählte mir, dass ihre fortschrittlich denkende Direktorin ihr die Erlaubnis und Unterstützung gegeben hatte, mit den Schülern Entspannungsübungen in der großen Pause zu machen. Die Lehrerin kaufte mit Mitteln vom Elternverein eine Musikanlage und Matten und die Direktorin stellte ihr einen Raum zur Verfügung. Sie gab ihr auch, nachdem der riesige Erfolg der Aktion sich herausstellte, die Erlaubnis, dass die teilnehmenden Schüler die große Pause um einige Minuten verlängern durften, bevor sie wieder in ihre Klassen zurückkehrten.

Am Anfang haben die Lehrerin und die Direktorin sich gedacht, es würden nur ganz wenige Schüler auf ihre Pause und Spielzeit „verzichten" wollen. Da waren sie aber ganz schön überrascht! Der Ruheraum war ständig überfüllt! Sie haben dann einen Plan entworfen, wonach die freiwillige Teilnahme der Schüler jeder Klasse aus Platzgründen leider nur einmal alle zwei Wochen möglich war!

Das habe ich im Kurs erzählt. Eva, Hauptschullehrerin in Villach, hat sich dann entschieden, so etwas Ähnliches in ihrer Schule zu gestalten. Einige Monate später habe ich folgendes Mail von Eva erhalten:

„Liebe Pearl,

… Ich hab wieder was Neues ausprobiert und es funktioniert!

Die Idee, die du uns über den Ruheraum erzählt hast, hat mir gut gefallen. Nachdem bei einer Konferenz wieder einmal über Pausengestaltung gesprochen wurde, hab ich angeboten, es mit „Ruhepausen" zu versuchen. Weil wir aber keinen freien Raum in der Schule haben, musste ich auf die Sportwochen warten. So konnte ich den

Raum eine Woche lang belassen, wie ich es wollte.

Eigentlich sollte jeder Jahrgang einen Tag bekommen, an dem Schüler auf freiwilliger Basis die große Pause - ohne zu sprechen - in diesem Raum verbringen dürfen! Das ist aber gar nicht möglich gewesen, weil sich so viele Kinder der ersten Klassen gemeldet haben, dass ich sie aufteilen musste und zur 2. Klasse gar nicht gekommen bin.

Es war toll - und hat allen unheimlich gut getan! Der Raum war verdunkelt, leise Entspannungsmusik, Duftkerze, und ich hab die Geschichte der kleinen weißen Wolke aus deinem Handout vorgelesen.

In einer Werkstunde durften es die skeptischen Mädchen der 3. Klassen auch probieren. Sie haben es so genossen, dass sie dann gar nicht mehr in den Unterricht zurückgehen wollten!

Die Schüler brauchen das so sehr. Es wäre schön, wenn wir genug Platz hätten und das langfristig verwirklichen könnten. ...

Alles Liebe,

Eva"

Unsere Schüler sehnen sich nach Ruhe.

Ich habe einmal auf dem Supplierplan gelesen, dass ich die letzten zwei Stunden vor den Osterferien in der berüchtigtsten Klasse der Schule, der 3B, die ich gar nicht gekannt habe, supplieren sollte. Meine erste Reaktion, als ich das las, war: „Werde ich das überleben?" Zum Glück hatte ich eine Vorwarnung und da entschied ich mich dafür, eine nonverbale Aktivität, die für das soziale Lernen gut eingesetzt werden kann, mit der Klasse zu machen. Als Vorbereitung dafür kaufte ich einige Puzzles im Spielzeugladen.

Am Tag vor den Osterferien kam ich in die Klasse, gewann ihre Aufmerksamkeit und gab gleich bekannt: „Da ihr in zwei Jahren zu arbeiten beginnen werdet, werden wir heute ein Spiel, das in Firmen bei Management-Trainings gespielt wird, spielen. Es geht um Teamwork."

Dieses Statement – Management-Trainings??? – hat sie total überrascht und ihnen, zumindest kurz, den Wind aus den Segeln genommen.

Ich habe sie dann schnell in vier Teams geteilt und jedes Team jeweils um einen Tisch sitzen lassen. Dann erklärte ich, ich werde jedem Team ein Puzzle – ohne Vorlage - geben. Es sei ihre Aufgabe als ein Team, das Puzzle so schnell wie möglich zusammenzustellen.

Die wichtigste Regel dabei: Sie dürfen nichts reden.

Wenn jemand redet (und es ist zweimal im Laufe der zwei Stunden passiert), werde ich ihm eine Stoppuhr in die Hand drücken und er muss sich 5 Minuten aus der Gruppe hinaussetzen und zuschauen. Diese Person und auch das Team sollen sich dann durch den Kopf gehen lassen, welche Auswirkung sein Fehlen auf die Aufgabe und die Teamarbeit hat.

Wir haben verschiedene Versionen gespielt. Die letzte war, dass die gesamte Klasse versucht hatte, ein größeres Puzzle zusammenzustellen. Zum Schluss habe ich sie fünf Sätze zum Thema „Was habe ich bei diesem Spiel über Teamarbeit gelernt" schreiben lassen. (Einer schrieb: „Ich habe gelernt, dass man sich nicht schlagen soll, wenn man im Team arbeitet." Immerhin eine wertvolle Lektion!) Zum Schluss habe ich mich bei ihnen bedankt und gesagt, wie nett es war bei ihnen zu supplieren.

Meiner Erfahrung nach ist dieses Bedanken ganz wichtig. So gewinnt man die ganze Klasse! Vor allem wenn das eine Klasse ist, mit der sonst viel geschimpft wird. Ich bin zwar auf ihren Vorschlag, dass ich den Herrn Direktor frage, ob ich nicht öfters zu ihnen supplieren kommen darf, nicht eingegangen. Sie waren aber bis am Ende ihrer Schulzeit meine „beste Freunde" und haben mir immer am Gang ein Jahr lang freundlich zugewinkt, bis ich wieder einmal bei ihnen supplierte. Und beim zweiten Mal war es viel leichter als beim ersten Mal, sie zu bändigen.

In dieser Klasse waren die Mädchen eigentlich schwieriger als die Burschen. Nach der Puzzle Stunde ist das Mädchen, das die Rudelführerin dieser Gruppe war, zu mir auf den Gang gekommen und hat sich bedankt für die schöne Stunde. Sie sagte, am allerbesten hätte ihr gefallen, dass die Stunde so ruhig gewesen war.

Die Schüler brauchen Ruhe. Alleine können sie Ruhe in der Schule aber nicht schaffen. Dazu brauchen sie uns.

- **Wann ist es endlich wieder Donnerstag?**

Diese Frage stellen die Kinder der 2. Volksschulklasse einer öffentlichen Schule in Simmering im 11. Bezirk Wiens jede Woche ihren Eltern. Caroline, die Lehrerin dieser Klasse, hat schon während der ersten Klasse mit den Vorbereitungen (siehe ihr email ab Seite 135) für einige Unterrichtseinheiten pro Woche begonnen, die sie und ihre Schüler jeden Donnerstag Vormittag nonverbal miteinander verbringen. An diesem Vormittag wiederholen und vertiefen die Schüler – ohne zu reden – die Arbeit der Woche. Caroline bereitet die Arbeitsblätter und Spiele vor und einige wichtige Erklärungen werden am Anfang besprochen. Es sperren alle mit dem unsichtbaren Schlüssel den Mund zu und werfen die Schlüssel der Caroline zu, die sie in ihre Hosentasche steckt. Dann wird fleißig in Einzel- und auch in Gruppenarbeit nonverbal gearbeitet.

Caroline hat mich zum Filmen eingeladen und ich war von ihr und von ihrer Klasse sehr beeindruckt. Das Ziel vom nonverbalen Klassenzimmermanagement ist es halt, das Klassenzimmer nonverbal zu managen und die Stimme für die Stoffvermittlung anzuwenden. Caroline nimmt das Konzept einen Schritt weiter.

Die Kinder waren begeistert und die Eltern berichteten, dass die Kinder öfters fragen: „Wann ist es endlich wieder Donnerstag?" Caroline berichtete mir, die Person, die am meisten Schwierigkeiten hatte, nicht zu reden, war sie!
Das Wichtigste meiner Meinung nach ist, dass – obwohl viele Lehrer sich vor dem Anschauen des Films das überhaupt nicht vorstellen konnten - es leicht möglich ist. Und das Schönste ist die wunderbare, friedliche und harmonische Atmosphäre, die in so einem Klassenzimmer herrscht.

- **Bringen Sie ihm seinen Lerntyp bei**

Nun wissen Sie viel mehr über den kinästhetischen Schüler. Durch das

Der kinästhetische Schüler: Du bist ein kleiner Wirbelwind!   5

> Liebe Pearl!
>
> An einem Schultag im Herbst bekam ich acht Kinder aus der Parallelklasse für eine Stunde zu mir in meine Klasse. Meine Kinder arbeiteten gerade an einem Tagesplan. Es lief leise, ruhige, meditative Musik im Hintergrund, die Kinder sprachen - wenn überhaupt - leise miteinander. Es herrschte eine Atmosphäre von Ruhe, Frieden und Konzentration.
>
> Meine Gastschüler haben von ihrer Lehrerin auch Arbeitsaufträge bekommen. Ich setzte sie zu einem großen Tisch im hinteren Bereich der Klasse und bat sie, ihre Aufgaben konzentriert und ruhig zu erledigen. Nach kurzer Zeit stieg der Lärmpegel an diesem Tisch. Ich ging zu ihnen und erklärte, dass es in meiner Klasse üblich ist, wenn die Musik läuft, ruhig zu arbeiten, mit den Sitznachbarn nur im Flüsterton zu sprechen und bei Fragen still zu mir zu kommen ohne die anderen zu stören.
>
> Nun klappte es schon viel besser. Nur zweimal musste ich noch kurz einen Blick zu ihnen hinwerfen. Dann hatten sie es heraußen und arbeiteten ruhig und konzentriert. Am Ende der Stunde kamen die Kinder zu mir und ein Mädchen sagte: „Frau Lehrerin, dürfen wir wieder einmal zu Ihnen in die Klasse kommen? Es war so angenehm ruhig. Wenn es ruhig ist, kann man so gut lernen!"
>
> Barbara S., VS, Steiermark

Verständnis wird es für Sie leichter sein, mit diesen Kindern zurecht zu kommen.

Was können Sie tun damit es diesen und auch den anderen Schülern Ihrer Klasse in Zukunft besser geht?

Mein Vorschlag: Bringen Sie ihnen bei, welchen Lerntyp sie haben.

Renée, eine tolle Lehrerin, die manche von Ihnen vom ersten Buch kennen und andere von den Suggestopädie-Vorführungen, die sie in der Übungsvolksschule in der Stiftgasse für die Pädagogische Hochschule Wiens macht, bringt ihren Schülern gleich in der ersten Klasse ihren Lerntyp bei. Sie hat einen suggestopädischen Text dazu geschrieben (siehe meine Website www.pearls-of-learning.com ➧ Materialien ➧ suggestopädische Texte) und macht mit den Schülern vielen Übungen dazu.

Es ist ganz wichtig, dass Sie den Schülern dabei klar machen, dass nichts in Stein gehauen ist. Menschen dürfen nicht „verschubladisiert" werden. Alle Möglichkeiten stehen uns frei. In jedem von uns stecken alle drei Hauptmodalitäten drinnen. Es ist schon toll wenn wir wissen, welche am stärksten ausgeprägt ist. Und es ist auch toll zu wissen, dass wir nicht auf die eine eingeschränkt sind, sondern dass wir gleichzeitig die eine geniessen und die anderen verstärken können!

> Falls Sie in Wien sind und einmal bei so einer Vorführung zuschauen wollen:
> http://www.phwien.ac.at ➧ Fortbildung ➧ Institut Personalentwicklung 1 ➧ Anmeldung ➧ U-Live Kompakt: Suggestopädie (Renée Thier, VS in der Stiftgasse)

> Liebe Pearl!
>
> Um das Herausrufen zu unterbinden, zeigen die SchülerInnen beidhändig auf- ein Arm ist gestreckt, der andere deutet „Pst!". Das klingt zwar unheimlich kindisch. Sie grinsten aber dabei immer so, dass jeglicher eventuell vorhandene Groll oder Ärger sofort einem Lächeln weichte. Doch dann merkten sie, wie viel angenehmer es ist, in Ruhe zu arbeiten und sie verlangten diese Art des Aufzeigens auch bei einigen anderen LehrerInnen.
>
> Christian, Tirol, Hauptschullehrer

Ortsgedächtnis ist auch Langzeitgedächtnis

Die Situation kennen Sie sicher.

Stellen Sie sich vor ...

Sie haben ein Problem. Sie sitzen zu Hause und überlegen sich eine Lösung zu diesem Problem. Nichts fällt Ihnen ein. Sie grübeln und grübeln. Alles umsonst. Da kommt ein Freund von Ihnen vorbei und schlägt vor, Sie könnten gemeinsam ins Kino gehen. Sie stimmen zu und Sie schauen sich gemeinsam einen lustigen Film an.

Als Sie zu Hause wieder ankommen, machen Sie die Tür auf und – BANG!! – die Lösung zum Problem fällt Ihnen ein!

Wieso? Warum erst jetzt?
Die Lösung war doch die ganze Zeit da. Aber wieso haben Sie sie erst jetzt erkannt? Durch die Veränderung des Ortes und die Gewinnung einer neuen Perspektive ist Ihnen die Lösung eingefallen.

Oder eine andere Situation:

Stellen Sie sich vor ....

Ich sitze zu Hause und arbeite am Computer. Ich merke, dass ich durstig bin. Ich stehe auf und gehe in die Küche, um mir ein Glas Wasser zu holen.

Nun stehe ich in der Küche – und ich weiß nicht mehr was ich hier will. Das gibt es doch nicht! Warum bin ich in die Küche gegangen???

Ich gehe zurück zum Computer, setze mich hin und – BINGO! – nun weiß ich was ich wollte!

Ein Glas Wasser!

Warum fällt es mir erst ein, wenn ich wieder am Computer bin?
Das ist ein Anker: ein Stimulus, der immer wieder die gleiche Reaktion hervorruft. Die Information ist an diesem Ort kinästhetisch verankert. Ich setze mich hin (der Stimulus) und mir fällt ein, was ich will (die Reaktion).

Das kennen wir alle. Anker sind ein tolles Werkzeug im Klassenzimmer und diese kinästhetischen Anker sind besonders stark. Daher werden wir gleich darüber reden, wie wir Ortsanker beim Unterrichten gut nützen können. Aber zuerst ein Tipp: Ich kann diese Information – nämlich, dass ich ein Glas Wasser trinken will - auch visuell abholen. Das geht so:

Ich sitze zu Hause und arbeite am Computer. Ich merke, dass ich durstig bin. Ich stehe auf und gehe in die Küche um mir ein Glas Wasser zu holen. Nun stehe ich da – und ich weiß nicht mehr was ich hier will. Das gibt es doch nicht! Warum bin ich in die Küche gegangen???

Und nun – statt zum Computer zurück zu gehen – SCHAUE ich auf meinen Arbeitsplatz hin und frage mich: „Was wollte ich? Aha!!! Ein Glas Wasser!!!"

Meistens wird es mir so einfallen. Ein visueller Anker ist zwar nicht so verlässlich wie der kinästhetischer. Aber die meiste Zeit funktioniert es auch so.

Ortsanker sind mächtig.
Haben Sie je etwas sehr Bewegendes an einem gewissen Ort erlebt? Jahre später kehren Sie zu dem Ort zurück – und plötzlich spüren Sie genau, was Sie damals gespürt haben!

„Am Donnerstag Vormittag reden wir nichts!"

Caroline Luksch hat mich eingeladen, ihre 2. Volksschulklasse in Simmering zu besuchen und zu filmen. Sie und ihre Schüler verwenden einen Vormittag pro Woche, Donnerstag, um den Stoff der letzten Woche zu wiederholen. Diesen Vormittag gestalten sie nonverbal. Er ist einer der schönsten Höhepunkte der Schulwoche.

Hier ist ein Mail, das Caroline mir über die Vorbereitungsarbeiten für dieses tolle Projekt schickte.

Hallo liebe Pearl!

Danke noch einmal für dein Kommen, denn ich und die Kinder haben uns sehr auf dich gefreut.

Hier ist eine kurze Beschreibung der Vorbereitungsarbeiten:

Einführung zur nonverbalen Kommunikation:

1. Klasse:
Alle Buchstaben wurden auch in der Körpersprache gelernt. Die Kinder konnten dann lesen, wenn ich ein Wort oder einen Satz in Körpersprache „geschrieben" habe.

Mitte der 1. Klasse habe ich immer Partnerübungen gemacht, in denen die Kinder nicht miteinander reden durften. (ca.1o Minuten = Memory, Domino, Puzzle,...)

Ich habe sie langsam in die Körpersprache und Anker eingeführt. Wir haben jeweils einen Satz und dazu eine bestimmte Bewegung gemacht:

- Nehmt die Hefte heraus
- Werkkoffer aufstellen
- Buch aufmachen,
- Anstellen,....

Nach einer gewissen Zeit brauchte ich den Satz nicht mehr sagen und die Bewegung / Anker hat gereicht.

Wir können auch im Klassenzimmer **Ortsgedächtnis bzw. Ortsanker** einsetzen, zum Beispiel:

- Wir können Platzanker zum Disziplinieren, Aufmerksamkeit gewinnen, Geschichten erzählen, etc. setzen. (Siehe mein Buch „Nonverbales Klassenzimmer Management" für viele Beispiele und auch ausführliche Informationen über Anker im Klassenzimmer.) Wenn Sie immer am gleichen Ort zum Beispiel eine Geschichte erzählen, brauchen Sie bald nur mehr auf den Platz zu gehen und Ihre Schüler wissen: „Jetzt wird sie eine Geschichte erzählen!"

- Ich unterrichte Deutsch als Fremdsprache. In einer Ecke des Raumes „werfe" ich mit einer Handbewegung alle männlichen Nomina, in eine andere Ecke die weiblichen und in die dritte Ecke die, die neutrum sind. Wenn ein Schüler dann beim Sprechen statt „die Flasche" „der Flasche" sagt, brauche ich nur auf die entsprechende Raumecke zu deuten und er kann ohne Unterbrechung selbst seinen Satz verbessern.

- Ich stehe vorne im Raum mit einem Flipchart links und einem rechts. Wir reden über Laubbäume, die ich links mit einem braunen Stift auflistet, und Nadelbäume, die auf dem rechten Flipchart mit einem grünen Stift aufgelistet werden.

- Es ist kurz vor Weihnachten. Wir lernen gerade die „going to" Form. Ich lasse Sätze über das, was die Schüler zu Weihnachten vorhaben, zum Beispiel „I'm going to buy a Christmas tree", „I'm going to stuff the turkey", etc. mit Fensterfarben an die Fenster malen. Auch wenn die Sätze dann später nicht mehr am Fenster stehen, wissen die Schüler automatisch, dass es um „going to" handelt, wenn ich auf die Fenster zeige.

- Ich erkläre, dass jeder Satz ein Subjekt, ein Prädikat und ein Objekt braucht. Ich benütze meine Hände und ihre Platzierung als Symbole für diese Satzteile. Wenn ein Schüler einen Fehler macht, brauche ich nur meine Hände in die richtige Position zu geben und der Schüler wird sich selbst ausbessern.

- Ich beginne mit einem neuen Thema und statt auf die Tafel zu schreiben, reiße ich ein Stück Flipchart-Papier ab, laufe zum Fenster damit, klatsche das Papier auf das Glas und schreibe die Informationen zum neuen Thema dort auf.

Wir haben jeden Freitag eine Stunde Zeit genommen und Rollenspiele, „Was sagt dir mein Körper" gemacht. Wir haben dabei Gefühle mit dem Körper ausgedrückt, um immer sensibler zu werden und Signale besser deuten zu können. Zum Beispiel:

- Ein Kind hat ein Gefühl gezogen und musste es darstellen (verärgert, fröhlich,...)
- Ein Kind hat einen Satz gezogen und musste ihn darstellen. (Lass mich bitte in Ruhe, Bitte spiele mit mir)
- Eigene Gedanken hören lernen.

Einführung vieler Phantasiereisen mit Stille um seine eigenen Gedanken zu hören.

2. Klasse
Fortsetzung von Rollenspielen. Die Themen werden immer fortgeschrittener. Zum Beispiel Konfliktlösungen werden nonverbal gespielt. Zwei oder mehr Kinder ziehen ein Streitthema und spielen es nonverbal nach. Da haben wir viele Variationen dazu gemacht. Zum Beispiel, wie hätte sich der Streit geändert wenn die Körpersprache des einen sich verändert hätte.

Wir haben gestoppt, wie lange wir brauchen um in den Turnsaal zu gehen, wenn wir sprechen und wie lange wir brauchen, wenn wir nichts sprechen. Nonverbal war schneller und aus dem Grund gehen wir nur mehr ohne Worte in den Turnsaal.

Freiarbeitsplan:
Die ersten paar Male: Bei den Spielen zu zweit haben sie sich mit Körpersprache verständigt. Sonst durften sie sprechen.

Danach haben wir einen neuen Versuch gemacht:

- Wir haben uns aufgeschrieben, wie viele Stationen jedes Kind geschafft hat, wenn sie reden durften.
- Danach haben wir es einmal probiert, dass die Kinder nur körpersprachlich miteinander reden durften.
- Bis auf zwei Kinder waren alle schneller!
- Danach haben wir das gemeinsam analysiert.

Bitte, bitte, bitte, nehmen Sie mich!

Die Herausforderung, die wir als Lehrer mit dem Aufzeigen in der Klasse haben, unterscheidet sich in den verschiedenen Altersgruppen. In der Bilingualen Mittelschule, die der Unterstufe entspricht, haben wir mit unseren 1o- bis 14-jährigen beide Kategorien vertreten.

Wenn die Schüler bei uns anfangen, sind sie noch Kleinkinder. Wenn ich eine Frage stelle – und manchmal auch wenn ich gar keine Frage stelle! – wollen sie unbedingt aufgerufen werden. Alle zeigen wie unbändige kleine Tiger auf und eine der ersten Aufgaben ist, sie davon abzuhalten laut "Ich! Ich! Ich!" zu betteln. Im ersten Schuljahr als English Native Speaker habe ich gesagt: "Schüler, die ‚Ich!' schreien, werden nicht aufgerufen". Worauf sie als Nächstes "I! I! I!" gerufen haben!

Ein kinästhetischer Schüler kann nicht anders. In dem Moment wo ich nach einem Freiwilligen frage, schießt seine Hand in die Höhe. Das ist eine automatische Reaktion!

Wie ich das einmal bei einer Gruppe von Kärntner Lehrern erzählt habe, hat eine Lehrerin gesagt: „Das finde ich total beruhigend. Mein Mann hat schon gesagt, wir werden bei unserer eigenen Tochter die Hand in der Schule niederbinden müssen." Auf meine Frage: "Warum?" antwortete sie: „ Jedesmal, wenn die Lehrerin fragt: ‚Wessen Eltern würden gerne einen Kuchen für das nächste Fest backen?' oder ‚Wessen Eltern möchten auf dem Ausflug mitgehen?' zeigt sie sofort auf – und wir sind wieder einmal daran!"

Sobald Schüler in die Pubertät kommen, ändern sie ihr Verhalten beim "Aufzeigen". Die Schüler, die vor einigen Monaten kaum zu bändigen waren, werden leblose Zombies, die nur mehr im Sessel lümmeln. Es kostet viel zu viel Kraft, die Hand hochzuhalten und man fragt sich manchmal, ob sie noch leben oder ob man sich in einer Leichenhalle für Teenager befindet.

Manchmal mache ich Kurse über nonverbale Führungstechniken für Lektoren auf Universitäten. Da ist immer ein ganz anderer Schwerpunkt als in den Pflichtschulen. Pflichtschullehrer wollen wissen, wie sie die Schüler bändigen können. Universitätslektoren beklagen sich, dass die

Vorne beim Lehrertisch haben wir mit Klebeband einen Sprechkreis am Boden geklebt. Wenn jemand während der Stillzeit unbedingt etwas sagen muss, darf er sich auf den Kreis stellen und reden. Damals, ganz am Anfang, war der Sprechkreis noch oft im Einsatz. Danach mussten sie es vorher probieren es nonverbal auszudrücken und dann erst verbal. Ich habe ihnen dann gezeigt wie ich es nonverbal gemacht hätte.

Nun kommt fast keiner mehr in den Sprechkreis, denn sie können mir fast schon alles nonverbal sagen. Für die Kinder ist es auch kein Sprechverbot, denn wie ein Kind einmal gesagt hat: Ich sage doch ohnehin so viel - nur halt mit meinem Körper und nicht mit dem Mund.

Wichtig war für die Kinder das Ritual, dass sie pantomimisch den Mund zusperren, mir den Schlüssel geben und erst wieder sprechen, wenn ich ihnen den Schlüssel am Ende der Stunde wieder gebe.

Aber ich glaube, das Wichtigste war, dass ich die Körpersprache liebe und sehr stolz auf meine Klasse bin, dass sie so gut geschult sind. Das spüren sie und daher sind sie auch sehr stolz auf sich.

Bis hoffentlich bald
Caroline

Sprechkreis   *Der "Nonverbale Donnerstag"*

Studenten keine Fragen stellen und wollen wissen, wie sie die Studenten zum Reden bringen sollen. Dieses Thema werden wir im Kapitel über den visuellen Lernstil näher behandeln.

Wenn ich nach einem Freiwilligen frage, verhält sich der visuelle Schüler ganz anders als der kinästhetische. Er schaut überall hin – er inspiziert seine Fingernägel, schaut nach Bröseln am Boden. Er schaut nur nicht zu mir hin - weil er vielleicht dann drankommt.

Schüler, Studenten und auch Erwachsene, die in der visuellen Modalität sind, wollen es beim ersten Mal richtig und perfekt machen. Sie wollen sich auf keinem Fall blamieren. Daher, wenn sie nicht 100% sicher sind, dass sie es richtig machen können, werden sie sich nie freiwillig melden. Lieber gar nichts sagen als einen Fehler zu machen. Das ist schade. Da werden ihnen sehr viele Tore geschlossen. Jemand, der nie etwas riskiert, versäumt sehr viel im Leben. Wenn ich nur das mache, was ich 100% richtig machen kann, lerne ich nie etwas Neues.

Kinästheten haben dafür überhaupt keine Angst vor Risken. Wie wir schon besprochen haben, melden sie sich, bevor sie überhaupt wissen, welche Frage gestellt wird! Das ist ihnen vollkommen egal ob es ihnen gelingt oder nicht. Sie probieren es halt. Und wenn es ihnen nicht gelingt, dann probieren sie es nochmals. Und nochmals. Und nochmals. Und wenn sie einen Nachteil haben wenn es ihnen nicht gelingt? Wenn die Antwort zum Beispiel benotet wird? Das ist vollkommen egal. Sie probieren es trotzdem!

Wenn ich Sie, liebe Leser, frage: „Wie wäre es, wenn wir hier beim Fenster aus dem 4. Stock hinausspringen würden?", würden die Visuellen unter Ihnen sich fragen, ob ich noch alle Tassen im Schrank habe. Die Kinästheten würden sagen: „Naja! ... Stapeln wir unten einmal zwölf Matratzen auf und probieren wir das einmal!"

Beide Reaktionen sind zu extrem.
Um ein optimales Leben zu führen, sollte man irgendwo zwischen diesen zwei Extremen sein.

Mein Rat an Sie:
Nehmen Sie soweit wie möglich die Kinästheten daran. Sie lernen durch das Tun und und dadurch, dass sie wenig Angst vor Fehlern haben. Ein Fehler ist nur ein leichter Ausrutscher beim Tanzen, mehr nicht.
Sie sind deswegen bereit, so lange weiter zu probieren, bis es richtig ist.

> Liebe Pearl!
>
> Ich habe den Anker, den du uns gezeigt hast, mit dem Kreppband am Boden gesetzt und erklärte meiner Klasse: „Wenn ich hier stehe, habe ich etwas ganz Wichtiges zu sagen. Ihr sollt alle dann ganz leise sein und gut zuhören."
>
> Kurz darauf steht Max auf dem Anker und erklärt mir sehr ernst, er hat jetzt auch etwas sehr Wichtiges zu verkünden. Dann drehte er sich zur Klasse und sagte: „Mein Vater hat sich das Kreuz verrissen!"
>
> Gaby B., Volksschullehrerin, Steiermark

Dadurch lernen sie selbst UND sie dienen als hervorragendes Modell für die visuellen Lerner. Die Visuellen lernen mit den Augen. Sie schauen gerne zu, bis der Kinästhet es richtig gemacht hat. Sie müssen zuerst ein Bild davon haben, wie das Ganze vor sich geht. Und erst dann trauen Sie sich, sich selbst zu melden.

Wieder eine „win-win Situation".

"Machst du das mit Absicht?"

Jeder von uns hat gelegentlich Schüler in der Klasse, die immer wieder störend auffallen. Schüler, die extrem lebhaft sind, die nicht auf ihrem Platz sitzen bleiben können oder die immer eine Unterhaltung brauchen bzw. beginnen.

Wir sagen diesen Schülern wiederholt, dass sie stören. Aber sie scheinen uns nicht zuzuhören, weil sie immer wieder genau das machen, worüber wir uns beklagten. Das sind unsere Kinästheten! Schauen wir uns folgende Szene genauer an:

Die Klasse ist ganz ruhig und alle schreiben brav an einem Aufsatz. Franzi, unser Kinästhet, sitzt in der letzten Reihe und überlegt sich: "Das ist aber langweilig. Was könnte ich eigentlich jetzt tun? Ich weiß! Ich werde meinen Bleistift spitzen!"

Zuerst muss Franzi seinen Bleistift überhaupt finden. Kinästheten haben die Tendenz unordentlich zu sein. Sie sind ständig dabei, etwas zu suchen. Daher muss Franzi, bevor er seinen Bleistift spitzen kann, ihn zuerst einmal finden! Er leert den Inhalt der Schultasche auf den Boden und wühlt in seinen Heften und Papieren, bis er endlich den Bleistift findet.

Es gibt ein Klassenzimmergesetz – so ähnliche wie Murphys Gesetze – dass ein kinästhetisches Kind immer an dem Platz sitzt, der am weitesten vom Mistkübel entfernt liegt. Dieses "Gesetz" führt zu Störungen im Unterricht! In diesem Fall ist es nicht der Mistkübel, sondern der Bleistiftspitzer, der auf der anderen Seite des Zimmers an der Wand montiert ist.

Franzi steht also auf und – statt den kürzesten Weg zum Bleistiftspitzer zu nehmen – geht er rundherum. Er begrüßt unterwegs jeden Schüler, greift auch jeden an und stolpert über einige Schultaschen. Angekommen beim Bleistiftspitzer beginnt er zu spitzen. Er spitzt und spitzt und spitzt. Bis der Bleistift nur mehr ein Stummel ist. Dann geht er auf der anderen Seite des Zimmers zurück, greift wieder alle an, schaut eine Zeitlang beim Fenster hinaus und setzt sich dann wieder hin.

Sie fragen: "Franzi, warum hast du alle angegriffen?"
Und Franzi antwortet: "Ich habe niemanden angegriffen!"

Es ist offensichtlich – ob Franzi es nun zugibt oder nicht – dass Franzi jedes Kind, dem er auf seiner Prozession durch das Klassenzimmer begegnete, angriff. Daher ist daraus zu schließen, dass Franzi Sie anlügt. Und, falls Sie Franzi schon öfters ermahnt haben, seine Mitschüler nicht anzugreifen, und er, trotz Ihrer Ermahnungen, dieses Verhalten mehrmals wiederholt, werden Sie unter Umständen den Schluss ziehen, dass Franzi dieses Verhalten absichtlich an den Tag legt, um Sie zu reizen.

So logisch die Schlussfolgerung auch sein mag, sie stimmt nicht.
Unter "angreifen" versteht Franzi, der Kinästhet, eine liebevolle und heftige Umarmung oder vielleicht eine "spielerische" Rauferei. Das ist seine Realität, die auch seine Definition von "angreifen" bestimmt. Das, was er vorhin gemacht hatte, war für Franzi nicht angreifen. Er versteht nicht, was Sie meinen und daher auch nicht, was er falsch gemacht hat.

Außerdem ist die sinnloseste Frage, die Sie einem Schüler (oder auch

Hier einige Vorschläge, wie Sie Kinder dieser Altersgruppe beim Aufzeigen "bändigen" können:

- Selber aufzeigen und mit den Fingern schnipsen oder mit der Zunge schnalzen.
- Finger auf den Mund und Arm in die Höhe geben.
- Blickkontakt mit dem Ausrufenden aufnehmen und den Kopf schütteln.
- Das Kind ignorieren, bis die Hand hoch geht!
- Die Schüler, die aufzeigen, loben.
- Jedes Mal, wenn herausgerufen wird, mit der Kellnerglocke läuten.
- Einen Finger hochhalten und sagen: "One at a time!"
- Auf die Gesprächsregeln oder Schilder – "Aufzeigen!", "Zuhören!", "Ausreden lassen!" hinzeigen.
- Bild eines aufzeigenden Kindes hochhalten.
- Glückliche und traurige "Smileys" hochhalten.
- Einen "wackelnden" Handschuh hochhalten.
- Zum Kind hingehen, seine Hand hochheben und lächelnd sagen: "So ist es gut! Möchtest du mir jetzt die Antwort sagen?"
- Die Kinder rufen sich gegenseitig weiter auf.
- Das Kind hat nur dann Sprecherlaubnis, wenn es einen bestimmten Gegenstand in der Hand hält: Redestein, Redekärtchen, Redeball, Regenmacher, etc.
- Bei Diskussionen und Problembereinigungen kann man einen „Redestuhl" vorne hinstellen. Derjenige, der etwas sagen möchte, geht zu diesem Stuhl, setzt sich darauf und darf reden.
- Alle, die aufzeigen, dürfen auf einen Signal hin gemeinsam die Antwort sagen.

sonstigen Menschen, in ihrem Freundes- und Bekanntenkreis!!) stellen können: "Warum hast du das gemacht?"

Erstens, beinhaltet eine "Warum?"-Frage in so einer Situation immer einen versteckten Vorwurf. Wenn ich zu Ihnen sage: "Warum haben Sie grüne Augen?" oder "Warum fahren Sie einen Toyota?" steckt die Botschaft drinnen: "Irgendetwas stimmt nicht mit Ihnen!" Da geht die angesprochene Person gleich in die Defensive.

Zweitens, hat der Schüler KEINE AHNUNG, warum er es getan hat! Es ist einfach so. Statt „Warum" fragen Sie lieber „Wie wirst du es das nächste Mal machen?" Die Frage macht viel mehr Sinn. Weil mit der Antwort auf diese Frage gibt Franzi ein Muster oder einen Vorschlag und damit weiß er, wie er überhaupt in Zukunft in so einer Situation verfahren soll.

Aber Sie haben es ihm doch gesagt!

Es tut mir leid, aber ich muss es Ihnen sagen:
Er ist einfach so. Sie können reden und reden und reden bis Sie blau im Gesicht sind – und er wird es noch immer nicht verstehen. Franzis Realität und Ihre stimmen nicht überein.

Reden bringt nichts.
Und Ihre Annahme, dass Franzis Verhalten beabsichtigt ist, führt dazu, dass er unter Umständen rebellisch wird. Die Annahme wird zu einer sich selbst erfüllenden Prophezeiung. Er wiederholt dann tatsächlich mit Absicht sein Verhalten!

Das heißt nicht, dass Sie Franzis Verhalten dulden müssen. Es gibt Regeln im Klassenzimmer und auch die Franzis dieser Welt müssen nach diesen Regeln leben. Es wird Ihnen aber leichter gelingen, das zu verwirklichen, wenn Sie eine andere Perspektive bezüglich Franzis Verhalten einnehmen. Statt von der Annahme auszugehen, Franzi macht das mit Absicht, nehmen Sie als gegeben hin, dass er einfach so ist. Das ist der Ausgangspunkt und Sie können dadurch einsichtiger und mit mehr Geduld handeln. Die Maßnahmen, die Sie auf dieser Basis ergreifen, werden nun eher gelingen.

Viele Lehrer haben mir bestätigt, dass von allen hilfreichen Techniken, die sie bei mir im Seminar gelernt haben, dieser Tipp der wertvollste ist. Eine schrieb: „Die Geschichte, die meine gesamte Einstellung zum Unterricht veränderte, war die Geschichte mit Franzi und dem Bleistift. Sobald ich verinnerlicht hatte, dass die Franzis in meiner Klasse einfach eine andere Realität wahrnehmen, habe ich mit Ruhe und dadurch wesentlich erfolgreicher mit ihnen umgehen können. Die Veränderung der Perspektive hat meine Nerven extrem geschont!"

Aber was macht man mit Franzi???

Wenn ich einen Euro hätte für jedes Mal, bei dem ich diese Frage gestellt bekommen habe, wäre ich eine reiche Frau!

- **Wie kann ich es bringen, dass er es versteht?**

Wie gesagt: Sie wissen nicht, was sie Falsches tun. Es ist unsere Aufgabe, es so zu bringen, dass sie es verstehen können.

Ein Lehrer, der auch Franz hieß (Sie heißen aus irgendeinem Grund ALLE Franzi! Wobei manche Lehrer mir gesagt haben, dass der modernere Name für den Kinästheten „Kevin" ist), war bei mir im Kurs. Er ist ein reifer Lehrer, der viele erfolgreiche Dienstjahre in der Volksschule verbracht hat. Ein großer Teil seines Erfolges war sicher seinem stark kinästhetischen Lernstil und dadurch seinem Verständnis für seine Schüler zuzuschreiben.

Franz hat uns im Kurs erzählt, dass, als er vor vielen Jahren selbst Schüler war, damals den Lehrern gelegentlich die Hand ausgerutscht ist und sein Lehrer ihm eine Ohrfeige gegeben hat. Er ist sicher, dass der Lehrer ihm bei dieser Gelegenheit gesagt hatte, warum er diese Ohrfeige bekam. Der kleine Franz hat das aber damals nicht registriert.

Der Grund für die Ohrfeige ist an ihm vorbei gegangen und, wie er uns erzählte, wird er es leider auch nie mehr erfahren, weil der Lehrer inzwischen schon gestorben ist.

Und daher die Frage: Wie kann ich es bringen, dass er es versteht?

Reden ist nicht der Weg. Aber wie kommt man sonst an ihn heran? Entweder indem man seine Modalität, kinästhetisch, einsetzt, oder manchmal funktioniert es auch, wenn Sie das Visuelle ansprechen. Die Modalität, mit der Sie ihn am schwierigsten erreichen können, ist auditiv. Wichtig bei diesem Klarmachen ist, dass es nicht belehrend sondern auf der Rapportebene und immer mit Freundlichkeit durchgeführt wird.

> *Stellen Sie sich vor .... Alle arbeiten still und fleißig auf ihrem Platz. Franzi steht auf und beginnt durch das Klassenzimmer zu wandern. Im ersten Moment wollen Sie ihn ermahnen: „Franzi, gehst du jetzt auf deinen Platz? Usw."*
>
> *Stattdessen halten Sie sich zurück und Sie sagen nichts. Sie stehen auf, gehen zu Franzi hin, nehmen ihn freundlich an der Schulter und führen ihn, wortlos, auf seinen Platz zurück.*
>
> *Oder Sie setzen sich selbst auf seinen Platz. Wenn er wieder hinkommt und sich hinsetzen will, lächeln sie ihn freundlich und stumm einige Sekunden an bevor Sie dann wortlos aufstehen und ihm seinen Platz überlassen.*

Am besten ist es, kinästhetisches Verhalten mit kinästhetischen Impulsen zu spiegeln. So erreicht man ihn am besten.

Die zweite Modalität, die zur Wahl steht, ist das Visuelle.

Haben Sie je Videoaufnahmen von sich selbst gesehen?

Bei den Auslandsseminarreisen fährt öfters mein Sohn als Co-Trainer mit. Als wir das letzte Mal in Moskau waren, habe ich einen Vortrag an einer russischen Universität gehalten. Während ich geredet habe, war es mir nicht bewusst, dass mein Sohn mich gefilmt hatte. Nachher zeigte er mir die Aufnahme und ich war sprachlos! Da habe ich zum ersten Mal meine starken, rhythmischen auditiven Bewegungen beim Vortragen bemerkt. Ein Bild ist mehr als tausend Worte wert und in diesem Fall, glaube ich, hätte man es mir, zweitausendmal erzählen können und ich hätte es nicht wahrgenommen. Ein Kurzfilm von zwei Minuten hat aber gereicht.
In der Schule geht das auch gut. Wir haben öfters einfach die Video-

kamera auf ein Stativ gestellt und laufen lassen. Nach einer Zeit haben die Schüler vergessen, dass die Kamera in Betrieb war. Gelegentlich haben wir einige Szenen der Klasse dann vorgeführt. „Zufälligerweise" war auch eine Szene wo Franzi vorbeiwanderte, in ein anderes Kind hineinlief oder auf sonst einer Art und Weise „störte". Es genügte meist, einfach mit einem freundlichen Lächeln nebenbei zu bemerken: „Schau Franzi, da machst du wieder eine Exkursion!" Da geht ihm wieder einmal ein Licht auf und Sie sind mit ihm ein Schritt weitergekommen.

- **Bringen Sie ihm „versteckte" Bewegungen bei**

Die meisten kinästhetischen Erwachsenen wissen es schon und die Jüngeren sind dabei es zu lernen – man kann die Bewegung auch zumindest teilweise tarnen.

Bringen Sie Ihnen bei, wie sie sich bewegen können, ohne dass es anderen – vor allem weniger verständnisvollen - Lehrern auffällt. Sie können lernen, ihre Bewegungen zu verstecken. Sie können mit den Füßen wackeln oder auf ihre Knien klopfen. Sie können die Bewegungen unter dem Tisch machen, damit der Lehrer es nicht merkt. Sie können die Zunge auf den Gaumen legen und fest darauf drücken. Oder die Zehen in den Schuhen drinnen bewegen. Oder sie können mit den Haaren spielen. Hauptsache ist, man hört und merkt es nicht. Bringen Sie es ihnen bei, wie sie akzeptable Bewegungen machen können. Sie sind so. Und sie werden sich bewegen. Daher ist es gut wenn sie wissen, wie sie sich bewegen können, damit es andere nicht stört.

Verstärkung des positiven Verhaltens

Und wieder einmal eine schöne Geschichte:

DER WIND UND DIE SONNE

Der Wind und die Sonne haben gestritten. Wer von ihnen war wohl der Stärkere?

Sie blickten hinunter auf die Erde und sahen einen einsamen Wanderer des Weges gehen. Nun würden sie bei dem Wanderer ihre Kräfte ins Spiel bringen und schauen, wer gewinnen würde.

Die Aufgabe: Wer würde es wohl schaffen, den Wanderer dazu zu bringen, seinen Mantel auszuziehen?

Zuerst war der Wind daran. Er blies und blies. Er atmetete ganz tief ein und beim Ausblasen stürmte es dann auf der Erde und rund um den Wanderer herum. Aber je stärker der Wind blies, desto fester zog der Mann seinen Mantel um seinen Leib. Ganz erschöpft gab der Wind es auf.

Und nun war die Sonne daran. Sie lächelte sanft und sandte ihre warmen Strahlen auf die Erde. Ihre Strahlen umarmten den einsamen Wanderer. Bald öffnete er zuerst den obersten Mantelknopf und kurz darauf hat diese wohlige Wärme sich so in ihm ausgebreitet, dass er den Mantel einfach auszog.

Jeder von uns weiß es, aber manchmal vergessen wir. Und dabei ist dieser Grundsatz der Schlüssel:

> **Jeder Mensch auf dieser Erde sehnt sich danach,
> dass die anderen ihn, so wie er ist,
> akzeptieren und gerne haben.**

Das ist der Schlüssel zum Erfolg bei den jüngeren Schülern und auch das Schlupfloch zu den Älteren. (Und bei uns Erwachsenen ist es genau so!) Wir müssen es nur zeigen. Und unser Verhalten muss authentisch sein.

Gut gemacht!
98 Arten "Gut!" zu sagen

1) Super
2) Traumhaft
3) Bussi
4) Wow!
5) Aaah!
6) Ausgezeichnet
7) Fleißig
8) Spitze
9) Einzigartig
10) Toll
11) Wahnsinn
12) Wunderschön
13) Bravo
14) Cool
15) Fantastisch
16) Exzellent
17) Bestform
18) Sensationell
19) Perfekt
20) Tüchtig
21) Prima
22) Großartig
23) Fabelhaft
24) Hervorragend
25) Grandios
26) Vorbildlich
27) Unglaublich
28) Erstaunlich
29) Fein
30) Einmalig
31) Weiter so
32) Gute Idee
33) Sehr gut!
34) Ja, genau
35) Du hast es!
36) Erstklassig
37) Wie schön
38) Nett
39) Gratuliere
40) Exorbitant
41) Schön
42) Genial
43) Das ist schön anzuschauen.
44) Tolle Arbeit!
45) Schön, dass du da bist.
46) So eine Freude!
47) Das ist sehr kreativ.
48) Sehr gut überlegt.
49) Wie du dich bemühst!
50) Ich freue mich!
51) Du lernst schnell!
52) Gut mitgedacht!
53) Du hast brav gearbeitet.
54) Schön wie immer!
55) Das klappt super!
56) Du singst so kräftig mit.
57) Das war schnell.
58) Gut gemerkt!
59) Klug überlegt.
60) Sehr phantasievoll.
61) Du bist sehr ehrgeizig!
62) Bravourös! Bravissimo!
63) Das ist der richtige Weg!
64) Kannst stolz auf dich sein!
65) Wie selbständig du bist!
66) Du stellst gute Fragen!
67) Du bist sehr hilfsbereit.
68) Das ist hübsch geworden.
69) Exakt richtig!
70) Das ist erstklassige Arbeit.
71) Wie gut du das kannst!
72) Du hast schon viel gelernt!
73) Das ist dir gut gelungen!
74) Ich habe gewusst, du kannst das!
75) Du bist zur Höchstleistung aufgelaufen
76) Dein Fleiß hat sich ausgezahlt!
77) Ich sehe, dass das Lernen dir Spaß macht.
78) Das hätte ich nicht besser machen können!
79) Eine Freude, deine Hefte anzuschauen!

Das ist der Grund, warum wir mit authentischem Lob viel weiter kommen als mit negativer Kritik. Gerade die Schüler, die uns am meisten Schwierigkeiten machen, suchen Anerkennung und Aufmerksamkeit.

Natürlich wäre es ihnen am liebsten, wenn sie positive Aufmerksamkeit bekämen. Wenn das aber nicht geht, geben sie sich mit negativer Aufmerksamkeit zufrieden. Sie verhalten sich nach dem Motto:

"Besser irgendeine Aufmerksamkeit als gar keine!"

Ein weiterer Grundsatz von NLP ist:

> **HINTER JEDEM VERHALTEN STEHT EINE POSITIVE ABSICHT**

Leider stimmt dieser Grundsatz sowohl bei positivem wie auch bei negativem bzw. nicht produktivem Verhalten. Es gibt immer einen Grund warum der Schüler sich so verhält. Das ist die positive Absicht – auch wenn die positive Absicht sich in unseren Augen negativ auswirkt. In diesem Fall zielt die positive Absicht auf den Wunsch nach Aufmerksamkeit. Wenn wir den Grund für dieses Verhalten verstehen, können wir dann unsere eigene Verhaltensflexibilität steigern, um kreativer an die Probleme heranzugehen.

Während ich diese Zeilen schreibe, sitze ich im Wohnzimmer von sehr guten Freunden von mir in Florida. Sie haben mir die Möglichkeit gegeben, über die Weihnachtszeit „Schreibferien" bei ihnen in dieser wunderschönen Umgebung zu verbringen.

Vor einigen Monaten haben sie einen jungen English Setter, Scout, bekommen und sind dabei ihn zu erziehen. In meinen Schreibpausen schaue ich sehr gerne bei dieser Erziehungsarbeit zu. Tiere, vor allem Hunde und Pferde, reagieren stark auf diese nonverbalen Techniken. Es kommt hinzu, dass Scout schon der dritte English Setter von meinen Freunden Boyd und Tom ist. Die ersten zwei dieser Hundeart, die sie erzogen haben, Iris und Lily, waren taub. Da sind die nonverbalen Techniken, die auch sonst bei der Hundeabrichtung eingesetzt werden, besonders stark zum Tragen gekommen und sie fließen nun bei Scouts Erziehung stark ein. Scout ist ein sehr braver Hund aber er ist jung und lebhaft. Manchmal will er, wie es bei unseren Schülern oft der Fall ist, Auf-

80) Schön, dass du das wissen willst.
81) Heute hast du viel geschafft!
82) Nett, wie du den anderen hilfst!
83) Es ist ein Vergnügen mit dir zu arbeiten
84) Nichts kann dich jetzt aufhalten.
85) Mit dir macht das Arbeiten Spaß!

UND NONVERBAL ...

86) Auf die Schulter klopfen
87) Der Schüler soll sich selbst auf die Schulter klopfen
88) Hände klatschen.
89) Daumen hoch
90) Mit dem Kopf nicken.
91) Lächeln
92) High five!
93) Zwinkern
94) Sterne oder Pickerl vergeben
95) Smiley auf den Tisch legen
96) Stempel
97) die Hand geben
98) Schreiben Sie eine Mitteilung an die Eltern, in der Sie das Kind loben

---

BETONE DAS POSITIVE
ELTERNABEND: MEINE ELTERN SCHÄTZEN MICH!

Der Klassenvorstand erstellt vor dem Elternabend ein DIN A4 Vorlageblatt. Die Eltern haben 1 Woche Zeit um das Blatt auszufüllen und zu verschönern. Es wird dann foliert und hängt das ganze Schuljahr in der Klasse.

Foto vom Kind

Lieber ... ! (Name des Kindes)

Du bist für mich einzigartig, weil ...

Ich wünsche dir für das Schuljahr ...

Mein Spruch für dich:

Unterschrift:

Susanne R., Hauptschule, Steiermark

merksamkeit zu einem Zeitpunkt, zu dem es einfach nicht möglich ist.

Die letzten drei Tage war es hier kälter als es sonst im Winter in Florida üblich ist. Aus diesem Grund hat gestern Scouts Herrl, Tom, ein Feuer im Kamin gemacht. Das war ein recht zeitintensives Unternehmen. Scout schaute zu aber er wollte viel lieber mit Tom spielen. Als Tom nicht auf das Spielen eingestiegen ist, hat Scout angefangen eine Reihe von „schlimmen" Aktionen durchzuführen. Und wie er dann schließlich mit einer Tonfigur im Maul, die er vom Couchtisch aufgeschnappt hatte, durch den Raum tanzte, stellte Tom die Frage, die wir als Lehrer öfter auch stellen, in den Raum: „Warum tust du das?"

Wenn Scout sprechen könnte, würde er sagen: „Ich möchte deine Aufmerksamkeit haben!" Genau so wie unsere Schüler.

Und wie macht man das bei der Erziehung von Tieren?
Wie bringen z.B. die Walfisch- und Delfin-Trainer in Sea World den 7.500 Kilo schweren Walfisch Shamu dazu, dass er aus dem Wasser und über ein 7 Meter hohes Seil springt? Die erste Priorität der Trainer ist es, das Verhalten, das sie erzielen wollen – in diesem Fall das Springen über das Seil - positiv zu verstärken. Sie tun alles, was ihnen möglich ist, damit der Walfisch NUR Erfolg erleben kann. Sie beginnen, indem sie das Seil unter dem Wasserspiegel halten. Der Walfisch schwimmt automatisch über das Seil – und wird für seine positive Leistung gelobt. Es wird gefeiert! Er bekommt Fische gefüttert, sie streicheln ihn, sie spielen mit ihm.

Aber was passiert, wenn der Walfisch statt über das Seil zu springen, unter das Seil springt oder schwimmt? Nichts. Es wird ignoriert. Er bekommt keine elektrischen Impulse, keine negative und auch keine konstruktive Kritik, keine Vorwarnungen und keine Strafen. Positive Verstärkung bildet das Fundament dieser spektakulären Leistungen. Und wenn der Walfisch öfter über das Seil zu springen beginnt, heben die Trainer das Seil immer höher und höher. Langsam steigert sich die Leistung.

Wie bei diesen Delfintrainern ist es auch unsere Aufgabe, die Erfolge von Lernenden zu feiern. Die wahre Kunst dabei ist es, den richtigen Moment abschätzen zu können, wann das Seil wieder angehoben werden muss.

Wenn wir stattdessen mit Keppeln und negativer Kritik auf negatives Verhalten reagieren, verstärken wir dies. Natürlich müssen wir sie zurechtweisen, wenn sie sich nicht ordentlich verhalten. Gleichzeitig hat

Vorschlag für den Elternabend:

Liebe Pearl!

Alle sitzen im Sitzkreis. In der Mitte steht eine Vase mit vielen verschiedenen Blumen. Jeder Elternteil darf sich eine Blume aussuchen, die ihn an sein Kind erinnert und soll dann einen positiven Satz über sein Kind formulieren.

Gaby B., Hauptschule, Steiermark

Liebe Pearl!

Ich habe vor 4 Jahren in der 1. Klasse begonnen meine Sprache zu verändern.

Ich verwende kein „NICHT", sondern sage stattdessen den Kindern immer, was ich von ihnen erwarte, z.B. „Lauf nicht!" ersetzte ich durch „Geh' langsam" oder zur Verstärkung „Laufen ist verboten", „Bleib stehen" usw.

Diese Formulierungen sind mir inzwischen in Fleisch und Blut übergegangen und kommen ganz automatisch.

Ergebnis in der Klasse :
Die Kinder wissen die Regeln viel besser und halten sie auch viel genauer ein. Auch sie übernehmen die Sprechweise und sagen was sie wollen, z.B. „ Hör auf ,..........mich zu ärgern, mich zu stoßen,...... etc."

Diese genauen Verhaltenshinweisen tragen viel zur guten Klassenklima bei.

Herta R., Volksschullehrerin, Wien

jedes Kind auch IRGENDETWAS Positives an sich. Wir müssen es nur suchen. Lauern Sie darauf, etwas Positives beim Schüler zu entdecken. Suchen Sie etwas, das Sie loben können. Es muss nicht etwas Großartiges sein. Beginnen Sie vorerst mit Kleinigkeiten - und dann verstärken sie es. Positive Verstärkung kann wahre Wunder wirken! Mit einzelnen Schülern und auch, wie wir später besprechen werden, mit der gesamten Klasse. Man sieht förmlich, wie die Schüler sich aufrichten und "wachsen". Wachstum ist Veränderung. Und Veränderung und Wachstum sind Lernen. Das ist das Ziel, nicht wahr?

Selbsterfüllende Prophezeiungen

Und wieder einmal eine Geschichte:

DER TEMPEL DER TAUSEND SPIEGEL
oder
"WHAT YOU THINK IS WHAT YOU GET!"

In einem fernen Land gab es vor langer, langer Zeit einen Tempel mit tausend Spiegeln. Er lag hoch oben auf dem Gipfel eines Berges und sein Anblick war gewaltig. Eines Tages kam, wie es der Zufall so will, ein Hund dieses Weges. Er stieg die Stufen des Tempels hinauf und sah, dass das Tor zum Tempel der tausend Spiegel geöffnet war. Vorsichtig und ängstlich ging er in den Tempel hinein.

Nun, Hunde wissen natürlich nicht, was Spiegel sind und auch nicht, dass man die eigene Reflektion drinnen wahrnehmen kann. Daher glaubte dieser Hund, er sei von tausend Hunden umgeben.

Der Hund begann zu knurren. Er sah auf die vielen Spiegel und sah tausend Hunde, die ebenfalls knurrten. Er begann die Zähne zu fletschen und im selben Augenblick begannen die tausend Hunde auch die Zähne zu fletschen. Er bekam Angst, sträubte das Nackenfell und mit dem Schwanz zwischen den Beinen lief er, voller Panik, aus dem Tempel hinaus.

Ab diesem Zeitpunkt glaubte der Hund, dass außer ihm die ganze Welt aus knurrenden, feindseligen Hunden bestehe. Die Welt war für ihn ein bedrohlicher Ort. Das spürten natürlich alle anderen Hunde und sie haben ihn fortan gemieden. Bis am Ende seiner Tage lebte er verbittert und alleine.

Liebe Pearl!

In der KMS (Kooperative Mittelschule – so heißt in Wien die Hauptschule) müssen wir zusätzlich zum Zeugnis eine „alternative Leistungsbeurteilung" anbieten. Unsere Schule hat sich für das KDL (Kommentierte dokumentierte Leistungsvorlage) entschieden. Das bedeutet, dass 1x im Schuljahr die Kinder einzeln mit ihren Eltern in die Schule kommen. Die Schüler erzählen ihnen dort, was sie in diesem Jahr geleistet haben. Falls die Eltern nicht kommen können, können Großeltern, Verwandte, Nachbarn... sie vertreten. Falls bei einem Kind wirklich niemand kommt, bitten wir eine Lehrerin aus einem anderen Team oder den Direktor sich die Präsentation dieses Kindes anzuhören.

Wir haben uns für die Präsentation auf 4 Punkte festgelegt, die berücksichtigt werden müssen:
- etwas, worauf du stolz bist (Das können Schularbeiten und Tests sein, aber auch besonders gut gelungene Hausübungen oder Schulübungen, Plakate, Zeichnungen,...)
- etwas aus dem kreativ-musisch-sportlichen Bereich.
- ein Projekt, das wir in diesem Jahr gemacht haben
- etwas Soziales (z.B. Freunde in der Schule, Berichte über Gruppenarbeit, Peer-Mediation, Klassendienste,...)

Beiträge, Ideen etc. werden von Beginn des Schuljahres an in einem persönlichen Ordner gesammelt und 2 bis 3 Wochen vor dem Gespräch gesichtet und geordnet. 2-3 Wochen vor dem Gespräch beginnen wir es auch mit den Schülern zu üben, wobei eine Lehrkraft je 1o-12 Schüler betreut. Da wir den Schwerpunkt „Informatik" haben, unterstützen wir das Gespräch mit einer selbst gemachten PowerPoint-Präsentation.

Im ersten Jahr hatten die Schüler noch große Schwierigkeiten zu erkennen, dass und was sie geleistet haben, z.B. musste ich einen Schüler erst daran erinnern, dass er beim Tischtennis-Turnier den 1. Platz gemacht hat und das schon etwas ganz Tolles ist. Mittlerweile kommen die Schüler schon von selbst, wenn etwas gut gelungen ist, und fragen, ob sie das in ihren KDL-Ordner geben können. Manche Ordner quellen richtiggehend über vor gesammeltem Material.

Die Tage vergingen, und wie es der Zufall so will, kam einige Zeit später ein anderer Hund dieses Weges. Er stieg die Stufen des Tempels hinauf und sah, dass das Tor zum Tempel der tausend Spiegel geöffnet war. Neugierig und erwartungsvoll ging er in den Tempel hinein.

Auch er hatte keine Ahnung, was ein Spiegel ist und er wusste nicht, dass er seine eigene Reflektion sehen wird, wenn er in einen Spiegel hineinschaut. Daher glaubte auch dieser Hund, er sei von tausend Hunden umgeben.

Der Hund freute sich und begann zu lächeln. Er sah auf die vielen Spiegel und überall sah er einen Hund der ebenfalls zurück lächelte – so gut Hunde eben lächeln können. Der Hund begann dann vor Freude mit dem Schwanz zu wedeln und im selben Augenblick begannen die tausend Hunde auch mit ihrem Schwanz zu wedeln. Nun wurde der Hund noch fröhlicher und forderte die Hunde zum Spielen auf.

So etwas hatte er noch nie erlebt. Voller Freude blieb er, so lang er konnte, im Tempel und spielte mit den tausend Hunden.

Dieses schöne Erlebnis hatte sich der Hund gut gemerkt. Die Welt bestand ab diesen Zeitpunkt für ihn aus liebenswürdigen und geselligen Hunden, die ihm wohlgesonnen sind. Die Welt war für ihn ein freundlicher Ort. Andere Hunde verbrachten gerne ihre Zeit mit ihm und er lebte glücklich bis am Ende seiner Tage.

Unsere Einstellung hat einen ungeheuren Einfluss auf das Verhalten unserer Schüler. Sie ist eine sich selbst erfüllende Prophezeiung!

Die Rosenthal Experimente

Mitte der 60er Jahren begann ein amerikanischer Psychologieprofessor, Dr. Robert Rosenthal, seine berühmten Experimente über die Auswirkung unserer Erwartungen auf den Erfolg unserer Schüler. Vorerst begann er das Experiment mit Albinoratten. Sie sollten lernen, in einem einfachen Labyrinth den richtigen Weg zur Futterstelle auszusuchen. Zwölf Psychologiestudenten wurden erzählt, dass die Hälfte der Ratten aufgrund von Zuchtwahl besonders lernfähig, die andere Hälfte halt nur „Straßenratten" seien.
Die Ratten wurden dann nach dem Zufall zugeteilt. Sechs Versuchsleitern wurde jedoch erzählt, dass ihre Tiere zum Stamm der „gescheiten" Ratten gehörten. Die anderen sechs waren im Glauben, dass sie die

Beim Üben achten wir sehr darauf, dass die Schüler wirklich nur Positives über sich selbst erzählen, z.B. nicht „Ich bin stolz auf die Mathe-Schularbeit, weil ich sonst immer nur Fünfer hab'. Mathe begreif' ich nämlich gar nicht." sondern „Ich bin stolz auf die Mathe-Schularbeit, weil das das 1.Mal war, dass ich einen Dreier darauf bekommen hab' und ich mich urgefreut hab' darüber, weil ich diesmal wirklich viel geübt hab'."

In der letzten Stunde vor dem Gespräch räumen wir gemeinsam die Klasse auf und richten sie so her, dass sie einladend und gemütlich wirkt. Heuer (wir machen es jetzt zum 3. Mal) haben die Schüler von sich aus schon Tischdecken, Blumen, Deko-Steine und Naps mitgebracht.

Es ist wirklich rührend zu sehen, wie aufgeregt und nervös die Kinder bei der Präsentation dann sind (obwohl es doch „nur" die eigenen Eltern sind, vor denen sie sprechen müssen und nichts davon benotet wird) und wie sehr sie sich bemühen, Tipps, die wir ihnen gegeben haben (z.B. Begrüßungs- und Abschlussfloskeln) tatsächlich zu berücksichtigen. Auch die Eltern sind immer sichtlich bewegt und stolz. Oft kommen Aussagen wie: „Ach, das hab ich gar nicht gewusst, dass ihr das gemacht habt. Toll, dass ich das erfahren durfte," oder ähnliches.

Gerda W., HS, Integrationslehrerin

Liebe Pearl!

Letzten Mittwoch waren meine Schüler sehr brav. Sie hatten zwei Stunden Freiarbeit und jeder von ihnen war mit seinem Thema beschäftigt. Sie waren leise aber sie flüsterten die ganze Zeit. Da schrieb ich auf die Tafel: „Danke, dass ihr so leise seid und so brav arbeitet." Auf einmal wurde es noch leiser. Pearl, du hättest wirklich eine Stecknadel fallen hören können. Als meine Kollegin zur dritten Stunde kam, dachte sie, es ist heute schulfrei oder irgendwas passiert, weil es sooo leise war.

Tanja K., Schuldirektorin und VS Lehrerin, Steiermark

„dummen" Ratten erhielten. Die Aufgabe für jeden Versuchsleiter war es, mit seiner Gruppe von fünf Ratten an fünf Tagen je zehn „Trainingsläufe" im Labyrinth durchzuführen und zu notieren, ob die Tiere den richtigen Ausgang wählten.

Bis am Ende des Experiments waren die vermeintlich "klugen" Ratten drei bis viermal schneller als die „dummen" Ratten.

Nach Abschluss des Experiments haben die Studenten eine Befragung ausgefüllt und Rosenthal stellte fest, dass die Versuchsleiter die „klugen" Ratten dementsprechend liebevoller und positiver behandelt hatten, als die anderen „dummen" Ratten behandelt worden sind.

Das Experiment wurde dann in Zusammenarbeit mit einer zweiten Psychologin, Lenore Jacobson, in zwei kalifornischen Schulen fortgesetzt. Schüler wurden auch nach dem Zufall in verschiedene Klassen eingeteilt. Manchen Lehrern wurde erzählt, ihre Klasse sei hochbegabt und den anderen wurde gar nichts erzählt. Der „Rosenthal-Effekt", auch „Pygmalion-Effekt" genannt, d.h. die Beeinflussung eines Ergebnisses durch die Erwartungen der Lehrerin, war in der Schule, vor allem in den unteren Schulklassen, noch wesentlich wirksamer als im Tierexperiment.

Rosenthal und Jacobson meinen, dass die Lehrkräfte ihre Erwartungen in subtiler Weise den Schülern übermitteln können, z.B. wie lange ist die Lehrerin bereit auf eine Antwort des Schülers zu warten, wie häufig und wie stark wird der Schüler gelobt oder getadelt, wie viel Beachtung wird dem Schüler geschenkt und wie hoch sind die Leistungserwartungen, die an den Schüler gestellt werden.

Stellen Sie hohe Erwartungen an Ihre Lernenden. Sowohl leistungsmäßig wie auch im Verhalten. Und lassen Sie die Lernenden wissen, dass Sie an sie glauben und überzeugt sind, dass Ihre Erwartungen erfüllt werden.

Wenn Sie die positiven Ereignisse in der Klasse betonen und Ihrer Klasse erzählen, wie toll sie alle sind, werden sie es auch sein. Und wenn Sie einer Klasse erzählen, dass sie die schlimmste Klasse ist, die Sie je hatten – werden die Schüler es zu 100% werden! Betonen Sie das Positive. Es zahlt sich aus.

6

Spiele & Aktivitäten für Bewegungshungrige

KONZENTRATIONS- UND ENERGIESPENDENDE AKTIVITÄTEN

Wir kennen das alle.
Es war in der letzten Stunde Schularbeit.
Oder es ist schon die 8. Stunde und die Schüler können sich nicht mehr konzentrieren.
Oder es hat 35 Grad draußen und die heiße Luft steht im Klassenzimmer.

Hier sind einige Ideen – sie stammen hauptsächlich von LehrerInnen meiner Kurse - wie wir zur Konzentration der Klasse beitragen können.

Im Turnunterricht können Sie **GEISTERVÖLKERBALL** spielen. Die Schüler spielen Völkerball. Es darf jedoch weder gesprochen noch gelacht werden. Wenn jemand vergisst und spricht, drücken Sie ihm eine Stoppuhr in die Hand und er stoppt eine Minute Zeit, in der er nicht mitspielen darf.

DIE FINGERSPITZEN DER RECHTEN HAND BERÜHREN DIE DER LINKEN HAND.

Auf die Finger schauen. Tief ein- und ausatmen. Beim Einatmen ist die Zunge oben am Gaumen, beim Ausatmen liegt die Zunge locker im Mund.

KLATSCHEN SIE EINE RHYTHMISCHE FOLGE.

Wenn alle im gemeinsamen Rhythmus sind, kann z.B. auch eine Information rhythmisch eingebaut oder weitergegeben werden.

SEITEN ZÄHLEN

Die Schüler sitzen mit geschlossenen Augen. Ich blättere hörbar ca. 30 Seiten eines Buches durch. Die Schüler zählen, wie viele Seiten geblättert worden sind. Sie schreiben es auf einen Zettel und dann sage ich, wie viele Seiten es waren.

SANDUHR

Wenn es zu laut ist, stelle ich eine Sanduhr auf. Bis der Sand durchgelaufen ist, müssen alle ruhig sein. Wenn sie es nach einem Durchlauf noch nicht sind, wird die Sanduhr noch einmal umgedreht. So lange, bis alle ruhig sind.

WAS HÖRE ICH?

Schüler setzen sich bequem hin und schließen eventuell die Augen. Schüler hören 1 Minute auf Geräusche in der Umgebung. Oder spielen Sie 1o Geräusche von einer GERÄUSCHE-CD vor. Die Schüler schreiben auf, was sie erkannt haben.

RUHEÜBUNG: GEMEINSAM SIND WIR LEISE

Die Kinder sitzen am Platz und sind ganz ruhig. Ein Kind steht leise auf, geht zu einem anderen Kind, gibt diesem die Hand und geht zurück auf seinen Platz. Die Lehrerin stoppt die Zeit mit einer Stoppuhr. Wie lange schaffen wir das heute?

TISCH KLOPFEN

Alle Kinder machen die Augen zu. Lehrer klopft auf den Tisch. Wie oft wurde geklopft?

BEWEGUNG ZUR MUSIK

Alle Schüler bewegen sich zur Musik im Raum. Bei Musik-Stopp setzen sie sich auf den eigenen Sessel und sind ganz leise.

Spiele & Aktivitäten für Bewegungshungrige

WASSERSCHÜSSEL
Eine Wasserschüssel, gefüllt mit Wasser und einigen Schwimmkerzen, wird im Kreis herumgegeben.

KLANGSCHALE oder TRIANGEL ANSCHLAGEN.
Ausklingen lassen. Wenn man nichts mehr hört, öffnet man die Augen und setzt sich hin.

IN SICH KEHREN.
Vor dem Nachhause-Gehen. Schüler stehen schon in Zweierreihe. Die Augen zumachen und noch ein paar Sekunden gemeinsam ruhig werden.

WIE LANGE IST EINE MINUTE?
Schüler sind völlig ruhig und machen die Augen zu. Lehrer gibt ein Signal. Wenn die Schüler glauben, dass eine Minute vorbei ist, heben sie die Hand oder stehen auf ...

DIE MINUTE DER BESINNUNG
Mit Grundschulkindern eine Schweigeminute einzulegen ist gar nicht so einfach. „Ich weiß nämlich nie, woran ich denken soll", erklärte ein Schüler, der sich nicht ruhig halten konnte. Darum ist es gut, den jüngsten Schülern einen Auftrag zu geben, z.B.: „Lege in Gedanken noch einmal deinen Schulweg zurück – von der Wohnungstür bis ins Klassenzimmer."

LEHRERS LIEBLINGSSPIEL
Alle Schüler bis auf einen legen ihren Kopf auf die verschränkten Arme und schließen die Augen. Der verbliebene Spieler schleicht jetzt so leise wie möglich durch das Klassenzimmer. Die anderen Schüler verhalten sich mucksmäuschenstill. Sobald der Schleicher ein Geräusch macht, ist seine Spielzeit vorüber. Die Schleichzeit wird mit einer Stoppuhr gemessen und notiert.

Beim nächsten Mal darf ein anderer Schüler herumschleichen. Waren alle Schüler einmal an der Reihe, werden die Schleichzeiten verglichen und der Schüler prämiert, der den Schleichrekord aufgestellt hat.

RUHE HERBEIKLATSCHEN
Wollen Sie, dass die Schüler z.B. nach der Pause zur Ruhe kommen, hilft dieses Spiel. Die Lehrerin klatscht einen einfachen Rhythmus vor und fordert die Schüler nonverbal auf mitzuklatschen. Ein Schüler nach dem anderen klatscht der Lehrerin nach und schließlich klatscht die ganze Klasse.

Erst klatscht man ganz laut, dann immer leiser und schließlich verstummt das Klatschen. Am Ende ist es ganz still geworden und der Unterricht kann beginnen.

DAS ZEITLUPEN-SPIEL
Wie bringt man eine ausgelassene Schülerschar nach einem wilden Spiel wieder zur Ruhe? Mit dem Zeitlupenspiel – und das geht so:

Die Lehrerin macht verschiedene Bewegungen vor. Die Schüler machen alles genauso nach. Die Bewegungen der Lehrerin werden immer langsamer und dadurch auch die Bewegungen der Schüler. Schließlich geht die Lehrerin im Schneckentempo zu ihrem Stuhl und setzt sich. Jetzt sollten alle Kinder etwa eine halbe Minute lang die Augen zumachen und in sich gehen. Dann beginnt die Lehrerin mit dem normalen Unterricht.

ICH HABE WAS FÜR DICH!
Alle Schüler stehen im Kreis und zwicken ihre Augen fest zu. Die Lehrerin gibt nun einem Schüler eine Tasche (Blumentopf, Feder, etc.) in die Hand. Dieser Schüler summt leise, solange er die Tasche in Händen hält und gibt sie dann – immer noch mit geschlossenen Augen – an seinen linken Nachbarn weiter. Nun summt der Nachbar, der den Gegenstand in der Hand hält und der erste Schüler schweigt. Auf dieser Weise wird es ganz ruhig und jeder versucht, den Standort der Tasche zu orten, indem er auf den Summton achtet. Hat der erste Spieler die Tasche wieder, ist das Spiel zu Ende und alle schleichen ganz leise zurück zu ihren Plätzchen.

BALLAST ABWERFEN
Gemeinsames rhythmisches Klopfen – Hände – Oberschenkel – leicht (!) auf die Tischfläche. Wenn das gemeinsam synchrone Klatschen und Klopfen gelingt, sagen Sie: „Und jetzt klatsch 1o-mal in die Hände, sofort 1o-mal auf die Oberschenkel und zum Schluss 1o-mal auf den Tisch. Ich zähl nicht mit, jeder muss selbst mitzählen und wissen, wann er wechseln muss. Wir sitzen nach dem Klatschen ganz entspannt und horchen in uns hinein." Es ist ganz still.

EINFACH ZWISCHENDURCH ZUM BEWEGEN

PIZZA MASSAGE

Lernende stehen im Kreis. Jeder massiert den Rücken des Vordermanns.

- Der Teig wird geknetet
- Der Teig wird ausgewalkt
- Die Sauce wird drauf verteilt
- Der Schinken wird geschnitten
- und auf der Pizza verteilt
- und weitere Zutaten ...
- Jetzt wird die Pizza in den Ofen geschoben und die Pizza gebacken
- Hmmmmm!

(Variationen: Baguette Massage, Wetter Massage)

KURZTURNEN ZWISCHENDURCH

- Hände ausschütteln, Finger ausschütteln, Schulter ausschütteln, Kopf ausschütteln, Beine ausschütteln, Füße ausschütteln, Ohren ausschütteln, etc. Am Platz hüpfen.

- Kreise mit den Armen machen, vorwärts und dann rückwärts. Dann ein Arm vorwärts und ein Arm rückwärts. Arme und Richtung wechseln. Nun Kreise mit den Schultern machen. Vorwärts. Rückwärts.

- Stehen Sie auf. Strecken Sie sich, tief ein- und ausatmen, gähnen. Nochmals strecken.

- Lassen Sie den Kopf langsam nach vorne fallen. Schauen Sie auf den Boden und nun drehen Sie langsam den Kopf und schauen Sie mit den Augen nach rechts. Weiter. Weiter. Soweit es geht nach rechts. Während Sie das tun, atmen Sie ein. Und nun atmen Sie aus, während Sie langsam die Augen wieder auf den Boden richten. Einatmen und das Ganze noch einmal

nach links machen. Einige Mal wiederholen.
- Tief ein- und ausatmen. Zählen dabei. Beim Einatmen z.B. bis 8 zählen und beim Ausatmen bis 1o. (Ausatmen soll immer länger als einatmen sein). Bis tief in den Bauch wieder einatmen, etc.
- Brain Gym (siehe unten) mit vielen Überkreuzbewegungen. Mit oder ohne Musik. Aber mit Musik ist es lustiger!

HILFREICHE AUFGABEN AUSFÜHREN

(so bringen Sie auch eine stark visuelle Gruppen zu den ersten Bewegungsaktivitäten!) Wenn Sie merken, dass einzelne Personen Bewegung brauchen, bitten Sie sie um ihre Hilfe:
- Schreibe etwas auf der Tafel
- Plakate aufhängen
- Fenster auf- oder zumachen
- Tische umstellen
- Partner wechseln

DIE GOLDENEN ZEHN

Langsam von 1 bis 1o zählen.
- 1 und 2 Arme gestreckt nach oben zurück – 2x
- 3 und 4 Arme gestreckt nach unten und hinten zurück – 2x
- 5 und 6 gegengleich rechte Hand gestreckt nach oben, linke Hand nach unten, gegengleich nach hinten wippen - 2x
- 7 und 8 Arme wechseln – 2x
- 9 und 1o Arme abwinkeln, Hände vor der Brust, Ellbogen ziehen nach hinten – 2x – Lockerung der Brustmuskulatur

EINFACHE YOGAÜBUNGEN

- Kirschen vom Baum holen: Rücken und Arme durchstrecken
- Frosch: langsam in Froschposition
- Twister: Arme schnell vor dem Körper drehen
- Propeller: Arme seitlich ausstrecken und schnell kreisen

Caroline M., Volksschullehrerin, Wien

ATEMANKER

Sollte es in der Stunde sehr laut / stressig / aufregend werden, atme ich als Lehrer demonstrativ ganz tief durch die Nase ein und auch hörbar durch den Mund aus. Die Schüler ahmen das sofort nach. (Die ersten paar Mal müssen Sie es der Klasse erzählen. Dann machen sie von selbst mit.) Einige Mal machen und dann normal weiter unterrichten.

Karin E., Hauptschullehrerin, Steiermark

TANZSCHRITTE

Bringen Sie der Klasse Tanzschritte bei – Samba, etc. Musik spielen und Sie bewegen sich am Platz oder im Raum dazu. Die Musik langsam ausklingen lassen. Sie tanzen bis zu ihrem Platz hin und beim Ausklingen der Musik, setzen sie sich ruhig hin

GORILLA IM DSCHUNGEL

Erfinden Sie eine Geschichte. Ein Gorilla ist zu Hause im Dschungel. Es beginnt zu regnen. Die Hände klopfen den Körper dort ab, wo der Regen den Körper berührt. Beginnen Sie beim Kopf, dann die Arme, etc. Oder nach einem Winterspaziergang klopfen alle den Schnee ab.

INDIANISCHER ENERGIEKREIS

- Die Schüler stehen im Kreis. Es ist jeweils das linke Bein mit dem rechten Bein des Nachbars überkreuzt. Die Arme sind auf den Rücken des Nachbars gelegt.
- Der Kreis beginnt langsam in eine Richtung zu wogen. „Tschi-ei-ei, tschi-ei-ei".
- Der Kreis wogt nach hinten „a-a", der Kreis wogt in die Kreismitte „o-o".
- Die Bewegung wird beim 2. Mal intensiver, „Tschi-ei ... " wird lauter.
- Beim 3. Mal noch intensiver und lauter.
- Nun gibt es einen langsamen Übergang bis zum Flüsterton. Die Bewegungen werden sanft und langsam.

Wir setzen diesen Energiekreis vor besonders schwierigen Grammatikkapiteln und vor Schularbeiten ein. Erstaunlicherweise gehen Aufgaben, die vorher unlösbar erschienen, nach dieser Übung ganz leicht von der Hand. Nun ist es soweit, dass die Schüler um einen Energiekreis bitten!

Edith S., Hauptschule, Steiermark

DIE RÄUMLICHE WAHRNEHMUNG FÖRDERN

Das kennen Sie sicher:
Es ist Pause und Franzi läuft kreuz und quer durch den Raum oder auf dem Gang. Da stößt er in ein anderes Kind hinein. Boom!!! Das andere Kind schreit auf – und es geht los: „Er hat mich gestossen!", „Ich habe nichts gemacht!" Der Streit ist vorprogrammiert.

Stößt Franzi absichtlich andere?
Sehr oft passiert das nicht mit Absicht. Sondern Franzi ist einfach tollpatschig. Seine räumliche Wahrnehmung ist noch nicht so weit entwickelt. Er kann Entfernungen nicht abschätzen. Seine Sachen fallen ständig auf den Boden und er läuft pausenlos in andere hinein.

Da kann ich Ihnen eine Übung von der Dramapädagogik anbieten, die den Franzis dieser Welt helfen und die auch den anderen Schülern viel Spaß machen.

„Schauspielübungen" kommen immer bei den Schülern an.
Ich erkläre den Schülern, dass es im Theater wichtig ist, die gesamte Bühne gut und richtig auszunützen. Wenn ein Ensemble z.B. „Macbeth" spielt, sterben in der letzten Szene fast alle Charaktere. Damit zum Schluß nicht alle Leichen auf einem großen Haufen liegen, bekommt jeder Schauspieler ein X auf der Bühne aufgeklebt, damit weiß er genau, wo er sterben soll.

Nun werden wir eine Übung machen, die auch Schauspieler machen. Stellen wir uns vor, dieser Raum ist unsere Bühne ...

- Die Lernenden verteilen sich im Raum. Jeder steht so, dass es vor und hinter und rechts und links von ihm gleich viel Abstand zu den Nachbarn gibt.
- Nun beginnen alle kreuz und quer (nicht im Kreis gehen – das ist viel zu einfach!!) durch den Raum zu gehen. Sie sollen immer darauf achten, dass der Abstand rund um sie herum gleich groß ist und dass der gesamte Raum ausgenutzt wird.
- Einige mal „Stopp!" sagen, damit sie die Abstände wieder überprüfen.
- Schalten Sie Musik dazu ein. Die Schüler setzen die Übung im Rhythmus zur Musik fort.
- Wenn Sie die Musik stoppen, sollen die Schüler auch stehen bleiben und ihre Position wie auch die Abstände zu den anderen überprüfen.

Die Schüler lieben diese Aktivität. Sie werden auch merken, dass es, wenn Sie regelmäßig mit der Klasse üben, binnen kürzester Zeit nicht mehr so viele „Kollisionen" im Klassenzimmer gibt – und dadurch auch weniger Konflikte.

Variationen:
Sie können Stoff in diese Übung einbauen, z.B. beim Stehenbleiben („Stopp!") sollen die Schüler:

- Emotionen – traurig, glücklich, überrascht, etc . - pantomimisch ausdrücken.
- Einen Charakter in einer Geschichte – eine Prinzessin, einen Frosch, der mit der Zunge Fliegen fängt - pantomimisch darstellen
- Dreiergruppen bilden (die Endpunkte – A, B und C - eines Dreiecks). Alle Dreiecke bewegen sich überlappend kreuz und quer durch den Raum. Sie rufen dann aus, welche Art Dreiecke die Schülergruppen darstellen sollen, z.B. gleichschenkelige Dreiecke, etc. und sie machen das.

Tanzende Dreiecke

BRAIN GYM®, auch **EDU-KINÄSTHETIK** genannt, ist Gymnastik für das Gehirn. Sie ist eine ganzheitliche Methode, um unsere Lernfähigkeit durch den Abbau von Energieblockaden zu erweitern und wurde von Dr. Paul Dennison und seiner Frau, Gail Dennison, in den USA entwickelt. Sie baut auf der Kinesiologie oder „Touch for Health"-Ansätzen und auf Erkenntnissen aus der Gehirnforschung, der Lernpsychologie und der chinesischen Meridianlehre auf. Der Leitsatz von Brain Gym ist „Bewegung ist das Tor zum Lernen". Durch eine Reihe einfacher körperlicher Übungen, die zum Großteil auf Überkreuzbewegungen basieren, werden die Lern-, Konzentrations- und Gehirnleistungen sowohl bei Kindern wie auch bei Erwachsenen aktiviert, unterstützt und verbessert. Stressbedingte Blockaden im Gehirn werden abgebaut. Die Lernfähigkeit und damit die Lebensfähigkeit werden dadurch verbessert. Die spielerischen Gehirngymnastikübungen helfen Kindern in Anwendungsgebieten wie: Rechnen, Schreiben, Lesen, kreatives Denken, selbständiges Lernen und Selbsbewusstsein.

Dennison, Paul; Dennison, Gail: *"Brain-Gym. Lehrerhandbuch"* - ISBN: 978-3924077709

BRAIN GYM & SYLVIAS X-GESCHICHTE

Liebe Pearl!

Wie versprochen, schicke ich dir meine X-Geschichte!
Die Kinder von zwei 4. und einer 3. Klasse, die ich betreue, lieben diese „Geschichte" und wollen sie jedesmal, wenn sie mich sehen, hören! Laut „braingym" von Dennison, verschränkt das Denken an ein X beide Gehirnhälften. Was mich fasziniert hat, ist, dass die Kinder, die besonders unter Konzentationsschwierigkeiten leiden und sehr kinästhetisch sind, diese Geschichte besonders lieben und danach ausgeglichener, ruhiger und zufriedener sind, was mir auch die Klassenlehrerin bestätigt hat. Wie auch immer - es wirkt!

Gestern habe ich von einer Kindergärtnerinnenschülerin erfahren, dass ihr

Klassenvorstand immer ein großes X auf die Tafel schreibt, damit sich die Schüler besser konzentrieren können, wenn eine Schularbeit ist.

Bei der letzten Schularbeit habe ich die Kinder kurz an die X-Geschichte erinnert und alle in der Luft ein großes X schreiben lassen. Nach der Schularbeit habe ich die Kinder gefragt, wie es ihnen gegangen ist und der lebhafteste Kinästhet, den ich bis jetzt in meiner Lehrertätigkeit erlebt habe, hat gesagt: „Ich hab heute gespürt, dass ich gut geschrieben habe! Bitte machen wir das jetzt immer!"...

Mit freundlichen Grüßen
Sylvia O., Wien

X-GESCHICHTE
Eine Fantasiereise von Sylvia Ochmann

Du machst es dir auf deinem Sessel oder auf dem Boden bequem.
Wenn du möchtest, kannst du die Augen schließen.
Deine Arme und Beine lässt du ganz locker.
Deine Atmung wird ruhig und gleichmäßig.
Während du so dasitzt oder liegst, überprüf noch einmal, ob du es wirklich bequem hast.
Du spürst den Untergrund unter dir und dein Atem strömt durch deinen Körper.
Du hörst auf meine Stimme, die Musik, und nimmst alle Geräusche rundherum wahr.
In dir breitet sich eine angenehme Ruhe aus.
Du sinkst schwer in deinen Sessel oder den Boden und lässt alle Muskeln los.
Lass dein Ein- und Ausatmen langsamer und tiefer werden.
Und während du meine Stimme hörst, wirst du immer ruhiger.
Beim Ausatmen stellst du dir vor, du wirst immer leichter, so leicht wie eine Wolke über dem Meer.

Ich werde nun langsam von 1 bis 5 zählen und mit jeder Zahl wird sich dein Körper noch tiefer entspannen.

Gleichzeitig wirst du bereit sein, all das aufzunehmen, was wichtig ist. Und falls deine Aufmerksamkeit weggeht, kommst du immer wieder zurück ... zurück zu meiner Stimme.

Ich beginne nun zu zählen ... 1 ... 2 ... du lässt einfach los... 3 ... du sinkst tiefer und tiefer ... 4 ... 5 ... dein ganzer Körper ist jetzt tief entspannt und es geht dir gut.

Ich möchte jetzt mit dir einen Spaziergang ins X-Land machen! Im X-Land haben alle Bäume die Form eines Xes. Stelle dir jetzt die Bäume vor. Suche dir einen Baum aus, gehe zu ihm hin und greife seine Rinde an. Wie spürt sich das an? Ist die Rinde schrubbelig oder glatt, ist sie voll Moos, feucht oder trocken? Gehe nun zu einem ganz kleinen X-Baum. Fühlt er sich gleich an? Was ist anders? Gehe um ihn herum und greife ihn überall an. Jetzt verabschieden wir uns von den Bäumen und gehen weiter.

Wir legen uns auf einer wunderschönen saftig grünen Blumenwiese auf den Rücken. Die Sonne scheint dir warm ins Gesicht, du bist zufrieden und fühlst dich wohl. Du beobachtest die Wolken, die am Himmel vorbeiziehen. Es sind große und kleine X, breite und schmale X, dünne und dicke X, sie tanzen um einander herum und ziehen wieder weiter.

Du stehst auf und gehst zu einem nahen Strand. Kinder haben Sandburgen gebaut, alle in der Form eines Xes. Setz dich in den Sand, lass ihn durch deine Finger rieseln und baue nun auch eine Sandburg. Jetzt kommen große Wellen und spülen alle Sandburgen ins Meer. Du hörst die Wellen rauschen, sie flüstern dir zu:" X-X-X- ab jetzt vergisst du nix!" Die Wellen haben Treibholz angespült, du suchst dir einen Stock aus und schreibst ein großes X in den Sand. Du spazierst den Strand entlang und spürst auf deinen Lippen den salzigen Wind. Er wispert dir zu:"Merke dir gut, mit X zu neuem Mut!"

Du gehst weiter und kommst zu einem Grillplatz. Es riecht nach Würstchen, du merkst, dass du hungrig bist. Am liebsten würdest du 1o Würstchen essen, 1o hieß bei den Römern X!

Nun kommst du in die X-Stadt. Alle Häuser sind in X-Form. Manche aus Holz, viele aus Glas, einige aus Stahl, andere aus Beton - suche dir eines aus und greife es an. Spür mit deinen Fingern die Struktur, gehe rundherum, schau es dir von allen Seiten an und geh wieder weiter.

Auf einem Platz siehst du viele Leute - sie bilden ein großes X und singen tanzend:
" Fällt dir manches auch schwer,
vergiss ab jetzt nie mehr.

*Denke an ein X
und alles klappt ganz fix"
Tanze eine Runde mit und gehe dann weiter.*

Du kommst zum X-Wald zurück.

Verabschiede dich jetzt von diesem Land.

Ich zähle nun von 5 rückwärts und dann kommst du wieder zurück in das Hier und Jetzt ... zurück in diesen Raum. Lass dir Zeit dabei ... lass die Augen noch geschlossen ...

*5 ... du hörst ganz auf meine Stimme ... 4 ... und die Geräusche um dich herum ... 3 ... du wirst immer wacher ...
2 ... und wacher ... 1.*

Du machst die Augen auf. Bewege deine Finger, die Zehen, schüttle deine Arme, jetzt die Beine. Dann strecke und recke deinen ganzen Körper. Atme tief ein und aus. Nun fühlst du dich munter und erholt.

BRAIN GYM ALPHABET

Die Lernenden können diese Übung entweder paarweise machen oder wenn Sie das Alphabet auf einem Plakat haben, kann die ganze Gruppe die Übung gemeinsam machen. Alle stehen auf. Sie lesen die Buchstaben laut und machen gleichzeitig die entsprechende Bewegung:

Wenn ein "L" unter dem Buchstaben steht: Berühren Sie das rechte Knie mit der linken Hand

Wenn ein „R" unter dem Buchstaben steht: Berühren Sie das linke Knie mit der rechten Hand.

Wenn ein „B" unter dem Buchstaben steht: Hüpfen Sie in die Luft!

Die Übung fördert die Konzentration und innere

Ruhe. Sie können auch Lernwörter, neue Vokabeln, das Erlernen des Alphabets, etc. damit üben. (Falls die Schüler sich nicht merken können, welche die rechte und welche die linke Hand ist, geben Sie einen Klebepunkt auf die rechte Hand)

	A L	B R	C L	D B	E R	F R	G B	
H B	I R	J B	K L	L R	M B	N R	O L	P L
	Q R	R B	S B	T R	U L	V R	W R	
			X B	Y L	Z R			

„KEEP´EM MOVING!"
KINÄSTHETISCHEN AKTIVITÄTEN

Für Schüler – und, zum Großteil, auch für Erwachsenen!

Ein Kind hat eine Konzentrationsspanne, die gleich viele Minuten dauert, wie das Alter ist. Das heißt, ein Schüler mit 15 kann 15 Minuten konzentriert zuhören. Und dann muss er sich bewegen bzw. soll der Unterricht interaktiv werden!

Bei Erwachsenen ist das anders. (Wenn Sie 80 sind, können Sie leider nicht 80 Minuten konzentriert zuhören!) Erwachsene brauchen auch Bewegung. Sie können ca. 20 Minuten zuhören und dann brauchen sie eine lernerzentrierte und aktive Tätigkeit.

Die folgenden Ideen sind nur einige wenige von hunderten Möglichkeiten. Sie sind Denkanstöße und sehr oft sind sie nicht nur kinästhetische Spiele sondern sie beinhalten auch auditive und visuelle Elemente. Und so soll es auch sein! Je multimodaler desto besser.

- **Drama & Dramatechniken**
    - Rollenspiele & Simulationen
    - Erweiterung der Handlung einer Geschichte.
    - Zuerst konzipieren und schreiben, dann spielen.
    - Ein Dialog oder Hörspiel aufnehmen.
    - Pantomime des Aufgenommenen.
    - Verschiedene Szenen einer Geschichte in Gruppen als Skulpturen oder Bilder darstellen
    - Dramen schreiben und vorführen

- **Körpersprache & Mimik**
  - Ausdrucksvoll & gestenreich Agieren
  - Fachworte, Phrasen, neue Vokabeln, Verben, Konzepte, Schritte in einem Prozess, etc. pantomimisch darstellen und erraten lassen

Eine Räuberleiter wird zum elektrischen Leiter

Die Serienschaltung

Nonverbale Intelligenz im Klassenzimmer

Die Serienschaltung: Ein Lämpchen ist kaputt

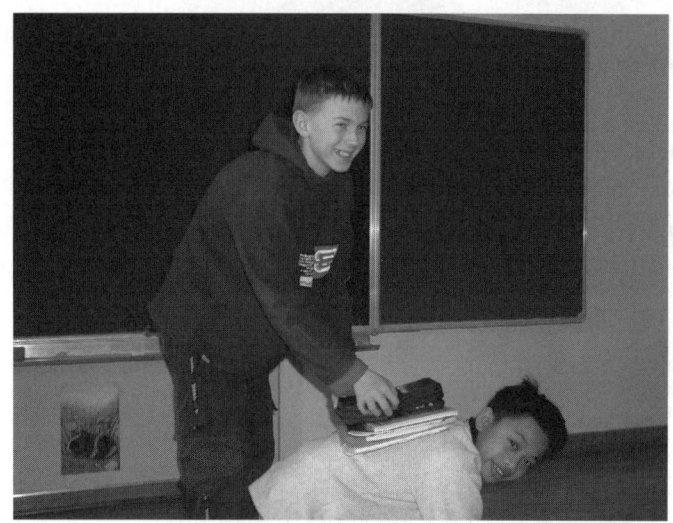

Ich bin ein Kamel!

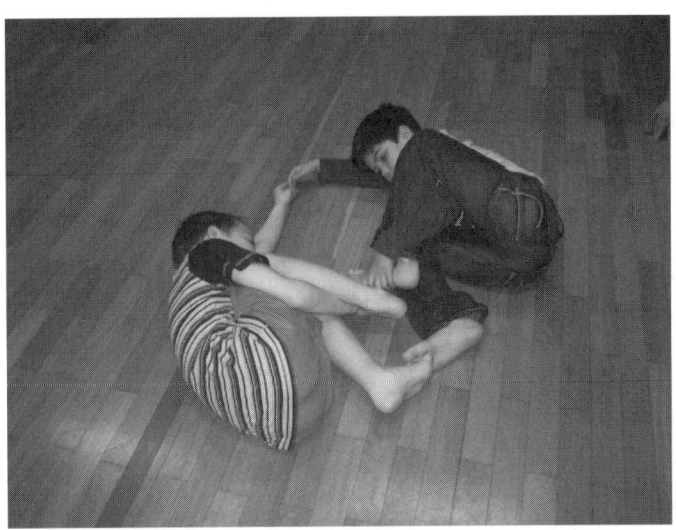

Körpersymmetrie

Lernwörter im Raum suchen

- **Paar- & Gruppenarbeit**

- **Klassenzeitung, Projekte, Exkursionen, Betriebsbesichtigungen, etc.**

- **Hands on & Learning by doing**
  Labor, Experimente, Werken, etc.

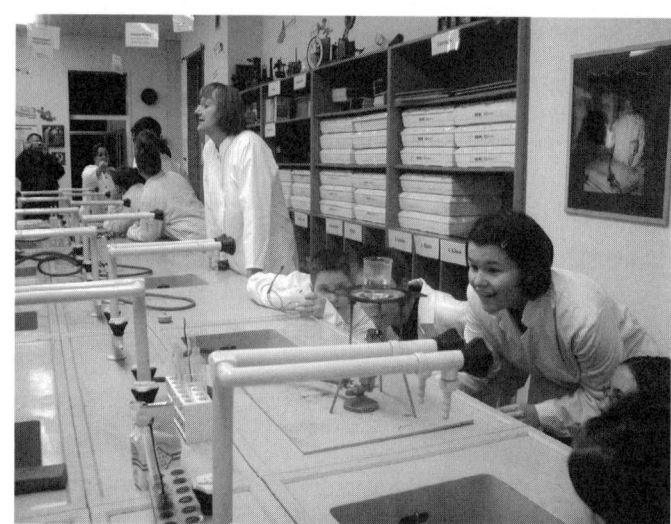

- **Gegenstände** (z.B. Knöpfe) **legen**
  um Strukturen, Geschichten, etc darzustellen

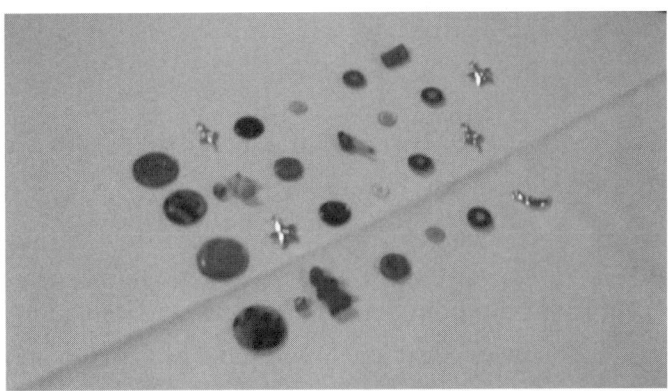

Satzstruktur mit Knöpfen

Die richtigen Knöpfe aussuchen:
„Ich stelle mich anhand von Knöpfen vor."

- **Diktate / Lernwörter mit Bewegung**

  - **Lauf-, Pedalo- oder Rolldiktat:**

  Schüler läuft oder rollt auf Rollbrett oder Pedalo zum Lernwort, prägt es sich ein, läuft zum Heft und schreibt das Wort auf

Pedalo

  - **Wäscheleinediktat:**

  Schüler läuft zur Wäscheleine, dreht Wortkarte um, prägt sich das Wort ein, läuft zum Heft und schreibt es auf

  - **Lernwörter-Kino:**

  In den Deckel einer Schuhschachtel ein Fenster schneiden, damit Licht in die Schachtel kommt. Schüler schaut in die Schuhschachtel, prägt sich das Wort ein und schreibt es dann ins Heft

  - **Dosenwörter:**

  Lernwörter liegen in einer Dose. Eines ziehen, einprägen, auswendig schreiben, mit Kärtchen selbst kontrollieren

  - **Schreibmaschine:**

  Jeder Lernende bekommt einen oder zwei Buchstaben.
  Fachworte, Phrasen, neue Vokabeln werden buchstabiert. Wenn der Buchstabe daran kommt, steht der entsprechende Schüler auf und sagt den Buchstaben laut.

  Man kann es auch mit Buchstaben-Tafeln machen. Da sagt und zeigt der Lernende den Buchstaben laut

  - **Rücken schreiben:**

  Lernworte, Vokabeln auf den Rücken des Partners schreiben. Der Part-

ner muss das Wort erraten

- **In die Luft schreiben**

Den Namen, Lernwörter, Fachbegriffe, positive Affirmationen, etc. in die Luft schreiben – mit der rechten Hand, mit beiden Händen, mit dem linken Fuß, mit anderen Körperteilen, so groß wie möglich, so klein wie möglich.

- **Mit dem Körper buchstabieren:**

Worte zum Buchstabieren geben. Jeder Buchstabe wird von einem anderen Lernenden mit dem Körper dargestellt. Das kann auch in Teams gespielt werden. Ein Team bildet das Wort. Das andere Team errät das Wort

- **Treppe erklimmen**

Diese Aktivität geht gut in der Kleingruppe.

Die Schüler stellen sich am unteren Ende der Treppe auf. Ich stelle Fragen oder wir machen Vokabelwiederholung. Jeder, der eine richtige Antwort gibt, darf eine Stufe „erklimmen" Wer erreicht als Erste das obere Ende der Treppe?

- **Gesellschafts-, Quiz- & Fernsehspiele adaptieren**

    - **Kartenspiele**

    z.B. UNO, Quartet, Schwarzen Peter, Memory, etc. Adaptieren oder selbst entwerfen / herstellen lassen

    - **Brettspiele**

    z.B. Mensch Ärgere Dich Nicht, Bingo, Schlangen und Leiter, Monopoly, Spiele adaptieren oder selbst entwerfen / herstellen lassen

- **Quiz & Fernsehspiele**

Millionenshow, 1 - 2 oder 3! Mannschaften schreiben Quizfragen, Hier ist die Antwort – Schreibe bitte die Frage

7

Der auditive Schüler: Du bist eine Plaudertasche!

Die Symbole für die Auditive sind das **Ohr** und der **Mund**.
Sie lernen und kommunizieren am liebsten durch das Hören und das Sprechen.

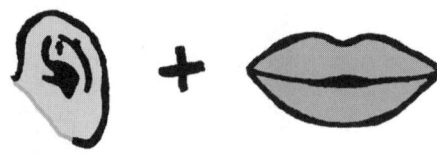

AUDITIV

Haben Sie einen August Auditiv in Ihrem Klassenzimmer?

AUGUST *ist gesellig. Er redet mit den Schülern, die in seiner Nähe sitzen und er redet auch mit denen, die auf der anderen Seite des Raums sitzen. Meist sitzt er verkehrt im Sessel – damit er mit den Leuten hinter ihm auch gut reden kann. Wenn er nicht redet, summt er öfters vor sich hin, spricht mit sich selbst oder bewegt die Lippen beim Lesen. Er liest gerne laut, spricht öfters beim Schreiben und hört auch gerne Geschichten zu. Seine Bewegungen wie auch seine Stimme sind rhythmisch. Er kommt in die Schule wegen der Beziehungen zu den anderen Schülern und zu Ihnen. Er hat gerne Geschichten, Sprüche, Gedichte, Diskussionen und Rollenspiele. Es ist relativ leicht mit ihm Rapport aufzunehmen – oder besser gesagt – da er so freundlich ist, ist er auch bemüht, mit Ihnen Rapport aufzunehmen. Die Herausforderungen im Unterricht sind, dass Sie ihn öfters wegen Tratschen ermahnen müssen und dass er in seiner Begeisterung manchmal vergisst aufzuzeigen und die Antworten auf Ihre Fragen ausruft. Er hat gerne bei Diskussionen das letzte Wort.*

Es gibt meist mehrere August Auditives in einem typischen Klassenzimmer. Auch wenn Sie Erwachsene unterrichten, werden auch einige bzw. mehrere dabei sein. Nicht alle, aber viele Lehrer haben auditiv als ihre Hauptmodalität. Ist es, weil wir beim Unterrichten manchmal viel reden müssen? Oder haben wir gerade deswegen diesen Beruf uns ausgesucht? Wie die uralte Frage: Was war zuerst? Das Huhn oder das Ei?

Auditive sind freundliche Menschen, die meist eine positive Ausstrahlung haben. Sie sind die Verkaufskräfte unserer Gesellschaft. Sie finden überall Kontakt und können mit jedem über alles sprechen. Sie finden sehr leicht Rapport zu anderen und sind dann mit ihnen sofort auf der gleichen Wellenlänge. Meine Hauptmodalität ist auditiv. Einmal in einem Seminar hat

Michael Grinder darauf hingewiesen und gesagt: „Pearl ist die typische Auditive. Sie hat noch nie einen Fremden kennengelernt!" Auditive lernen durch das Sprechen und (meistens) durch das Hören. Beziehungen sind ihnen wichtig und sie sind dadurch meist einfühlsam und strahlen Wärme aus.

Gleichzeitig sind es genau diese Schüler, die den Unterricht durch ihr ständiges Reden stören. Sie stellen viele Fragen. Und - wenn sie sehr stark auditiv sind, beantworten sie die Fragen selbst, bevor die Befragte die Chance hat darauf zu antworten. Wie beim Kinästheten gibt es „interne" und „externe Auditive" – wobei auch eine Mischung von beiden möglich ist.

Externe Auditiven reden und reden und reden ...

Das sind die Menschen, die wie ein Wasserfall reden. Manchmal hat man das Gefühl, das sie beim Sprechen nicht atmen. Sie erzählen Erlebnisse meist in Detail, Schritt für Schritt, immer chronologisch, vom Anfang bis zum Ende. Sie unterbrechen einander und reden alle gleichzeitig. Sie laufen mit ihren Erzählungen und Fragen hinter einem durch den Raum her. Und sie hören nicht, was Sie als Antwort auf ihre Fragen sagen.

Ich habe einen Bekannten, der in Kanada lebt und gelegentlich auf Besuch nach Wien kommt. Er ist extern-auditiv und wenn ich ihn zum Beispiel frage, ob er eine Buttersemmel will, beginnt seine Antwort meist bei der Geburt. Wenn ich ihm dann sage: „Du brauchst mir nur ‚ja' oder ‚nein' sagen." erwidert er mit: „Ja, aber wenn ich nicht vom Anfang an beginne, dann verstehst du das alles nicht!"

Menschen, die stark extern auditiv sind, tun sich gelegentlich schwer im Leben. Weil sie anderen manchmal mit dem Gespräch richtig „fesseln", meidet man sie. Ich habe einige Freundinnen, die externe Auditive sind. Sie sind sehr liebe Menschen. Aber ich rufe sie nur dann an, wenn es unbedingt notwendig ist. Sonst rufe ich nicht an, weil ich schon von vornherein weiß, dass ich einige Stunden am Telefon werde verbringen müssen.

Ich höre sehr oft die Frage: „Wie stoppe ich einen externen Auditiven?"

Die Antworten, die zwar nicht alle Probleme lösen, aber meist hilfreich sind: Brechen Sie den Rapport. Wenn Sie merken, dass die Person im extern-auditiven Modus ist, spiegeln Sie sie nicht. Stellen Sie keine Fragen und sagen Sie nicht: „Aha. Mmmm. Ja. " usw. Wenn Sie genug gehört haben und gehen müssen, dann sagen Sie das höflich und bestimmt – und dann gehen Sie tatsächlich! Ganz konsequent.

Vor allem in einer Unterrichtssituation ist es schwierig, einen langatmigen Auditiven auf höfliche Art und Weise zu stoppen. Im Laufe der Jahre habe ich öfters folgende Technik mit relativ gutem Erfolg verwendet. Dazu braucht man gutes Timing!

Achten Sie auf die Atmung des Redners. Jeder Mensch muss irgendwann einmal atmen! In diesem Moment wird er eine kurze Pause einlegen. Das ist der Punkt wo Sie intervenieren und irgendeinen möglichst zustimmenden Satz (der Inhalt ist nicht wesentlich!) sagen. Wenden Sie sich dann sofort einem anderen Teilnehmer auf der anderen Seite des Raums zu und stellen Sie ihm eine Frage. Der langatmige Redner wird mit offenem Mund da sitzen und sich fragen, was jetzt eigentlich passiert ist!

Die nächste Frage, die ich gestellt bekomme, ist: „Aber wie teile ich dieses Problem einem externen Auditiven mit?" Meine Antwort: Auf keinen Fall auditiv! Externe Auditive sprechen viel – sie hören aber nicht zu.

Eine Trainerin, Katherina, die ich seit vielen Jahren kenne, wollte bei mir einen 12-tägigen Suggestopädie-Ausbildungslehrgang mitmachen. Katherina ist eine sehr, sehr liebe Person – und gleichzeitig die extremste externe Auditive, die ich je kennengelernt habe. Sie redet und redet und redet – und dabei scheint sie überhaupt nichts wahrzunehmen, was man ihr sagt. Vermutlich, weil sie selbst schon dabei ist zu überlegen, was sie als Nächstes sagen wird.

Katharina hat mich einige Mal vor Beginn ihres Kurses angerufen. Kennen Sie Leute, die so viel am Telefon reden, dass Sie eigentlich den Telefonhörer auf den Schreibtisch niederlegen könnten während Sie weiterarbeiten? Ich müsste nur alle 5 Minuten den Hörer vom Tisch aufheben um „Uh huh. Ja. Das stimmt" zu sagen und dann könnte ich den Hörer gleich wieder hinlegen und weiterarbeiten. So ist ein Telefongespräch mit Katharina. (Wobei ich in der Tat den Hörer nirgendwo hingelegt habe, sondern ihr zugehört habe)

Bei einem dieser Gespräche hat sie mir erzählt, dass einer der Hauptgründe warum sie gerade bei mir dieses Training machen wollte, war weil ich auf Lernstile spezialisiert bin. Dieses Thema hätte sie besonders interessiert – vor allem weil sie ein extrem visueller Typ sei.

Ich habe meinen Ohren nicht getraut. Was???? Visuell?!?!

Es hat ungefähr fünf Minuten gedauert, bis ich selbst etwas sagen konnte, aber dann habe ich sie gefragt: „Wie kommst du auf die Idee, dass du visuell bist?"

Sie antwortete: „Weil es für mich unmöglich ist auditiv zu lernen."

Da ist mir ein Licht aufgegangen.
Katharina und ihr auditiver Kanal waren so voll beschäftigt mit dem Reden und der Vermittlung von Informationen, dass sie gar nicht die Möglichkeit hatte, über die Ohren Informationen aufzunehmen. Aus diesem Grund blieb ihr nichts anderes übrig als den visuellen Kanal zu benützen.

Öfters beschränkt sich die bevorzugte Modalität nicht auf eine oder zwei Kanäle. Eigentlich können wir bis zu drei verschiedenen Modalitäten haben: eine für **INPUT**, eine für die **SPEICHERUNG** der Information und eine für den **OUTPUT**. Bei externen Auditiven ist der Output eindeutig auditiv. Diese Modalität ist dann voll ausgelastet und eine andere wird für die Aufnahme von Informationen eingesetzt. Aus diesem Grund ist es zu empfehlen einem externen Auditiven Mitteilungen über den visuellen oder kinästhetischen Kanal zu machen. So kann man sie besser erreichen.

Das Training mit Katherina ist gut verlaufen. Sie hat sich sehr bemüht und ich habe auch mein Bestes getan, sie über ihre eigene Modalitäten visuell und kinästhetisch aufzuklären. Ich habe ihr Informationen zum Lesen gegeben und sie hat mir berichtet, welche Schlüsse sie daraus gezogen hatte.

Sie hat die Tendenz gehabt, mit dem Mund zu denken. Wenn sie z.B. beim Tisch gesessen ist, sagte sie: „Ich werde jetzt aufstehen und mein Buch aus dem nächsten Zimmer holen. Unterwegs werde ich mir ein Glas Wasser holen und es dann hier beim Tisch und beim Lesen trinken. ..." Im Gegensatz zu vielen externen Auditiven war es Katharina bewusst, dass ihr ihr Kommunikationsstil manchmal Schwierigkeiten bereitete. Deswegen war sie für Vorschläge offen. Wir haben ein Signal vereinbart. Jedesmal, wenn sie anfing mit dem Mund zu denken, habe ich ihr dieses Signal gegeben und nach zwölf Tagen gab es eine deutliche Besserung.

Schritt Nummer eins ist immer, die Person auf die bevorzugte Modalität aufmerksam zu machen. Dann darf er oder sie sich auf die Schulter klopfen und sagen: „Super, dass ich so bin wie ich bin." Die nächste Aufgabe ist es dann, sich und die Wahrnehmung auf alle drei Hauptmodalitäten zu erweitern.

Interne Auditiven führen Selbstgespräche

Interne Auditiven können gut reden, und Sie können auch gut zuhören. Ein interner Auditiver führt oft Selbstgespräche. Sie redet mit sich selbst – meist ohne die Worte laut auszusprechen.

Ich bin eine interne Auditive und ich führe viele Selbstgespräche – nicht nur mit mir selbst sondern auch mit anderen! Wenn ich zum Beispiel eine Diskussion mit jemandem habe und dieses Gespräch beendet ist, geht die andere Person weg. Oft führe ich innerlich das Gespräch weiter. Falls ich die Person dann einige Wochen später wieder treffe und wir setzen das Gespräch fort, ist sie meist sehr überrascht, weil ich an einem ganz anderen Punkt in der Diskussion bin als dort, wo wir aufhörten!

Als ich erfahren habe, dass die Gewohnheit, innere Gespräche mit sich selbst zu führen, ungefähr mit vierzehn für den Großteil der Bevölkerung aufhört, nämlich wenn ein Schüler ins visuelle Alter übergeht, war ich extrem überrascht. Ich dachte, ALLE Menschen reden mit sich selbst – wie ich es tue! Das ist aber nicht der Fall. Wieder ein Beispiel für die unterschiedlichen Brillen, die jeder von uns trägt.

Wie erreiche ich sie?

Wenn der Großteil Ihrer Schüler auditiv ist, werden Sie sich leichter tun als wenn nur ein Teil davon diesen Lerntyp hat. Bei einer homogenen Gruppe können Sie die Klasse leicht abholen indem Sie ihren Lernstil spiegeln und den Unterricht einfach danach gestalten. Sie erzählen viele Geschichten, arbeiten mit Sprüchen, Diskussionen, Interviews, Gruppenarbeit, Paararbeit, Rollenspielen, Reimen, Vorlesen, im Chor sprechen, Tonfallübungen, etc. – lauter Aktivitäten, die die Auditiven ansprechen.

Zu Beginn der Hauptschule bzw. Unterstufe sind die meisten Schüler entweder Kinästhetisch oder Auditiv. Der Übergang zwischen diesen zwei Modalitäten ist fließend und in vielen Hinsichten überlappen sie einander. Es kommt hinzu, dass die Motivation, in die Schule zu gehen, für Kinästheten und Auditive die gleiche ist: Sie gehen in die Schule wegen der Beziehungen zu einander und zu Ihnen. Daher ist es relativ einfach eine homogene Gruppe von Kinästheten und Auditiven abzuholen, zu pacen und dann multimodal zu führen.

Schwieriger wird es, wenn der Großteil der Schüler visuell ist und nur einige Kinästheten oder Auditive in der Klasse sitzen.

Wie erkenne ich die auditive Modalität? Wie Tante Maria Multimodal in der Geschichte sagte:

„Ich höre es in den WORTEN, die ihr verwendet und
ich sehe eure AUGENBEWEGUNGEN an.
Ich beobachte genau, wie du den KÖRPER HÄLTST UND BEWEGST.
Wenn ihr auch auf diese Anzeichen schaut, könnt ihr eure Mitmenschen besser verstehen und mit ihnen leichter auskommen.

Diese und einige weitere Kriterien werden wir uns zunächst anschauen:

Wortwahl

Wenn Ihr Gesprächspartner viele auditive Ausdrücke anwendet, wissen Sie, dass er entweder die auditive Modalität bevorzugt oder zumindest momentan in dieser Modalität ist. Wenn Sie dann selbst auditive Worte im Gespräch anwenden, steigert sich das Gefühl von Rapport.

Hier sind einige auditive Worte und Ausdrücke.

- Das hört sich gut an.
- Das schreit zum Himmel.
- Hör mir zu.
- Das ist Musik für meine Ohren.
- Der Ton macht die Musik.
- Das hängt mir schon bei den Ohren raus.
- Ich glaube, ich höre schlecht.
- Spitze die Ohren.

Der auditive Schüler: Du bist eine Plaudertasche!

- Sei still.
- Der Ton geht mir durch Mark und Bein
- Bei einem Ohr rein und beim anderen raus.
- Große Töne spucken.
- Einen Ohrwurm singen
- Da klingelt's.
- Betone das Richtige.
- Ich höre immer die gleiche Leier.
- In die Klasse hineindonnern.
- Sperre die Ohren auf!
- Stille Wasser sind tief.
- Das überhöre ich lieber.
- Das ist Musik für meine Seele.

Körperhaltung und Bewegung

Die Auditive neigt den Kopf oft zur Seite – als würde sie telefonieren. Manchmal berührt sie das Gesicht oder gestikuliert mit den Händen in der Nähe von den Ohren und dem Mund. Manche Auditive bewegt die Lippen beim Lesen oder beim Denken. Sie hat meist eine lockere Körperhaltung und zeigt oft die Handflächen beim Reden. Die offenen Handflächen sind für ihre Zuhörer eine Einladung zum Sprechen. Aus diesem Grund ist der Unterricht einer auditiven Lehrerin meist interaktiv.

Manche Lehrer, vor allem Visuelle, fragen mich: „Was soll ich mit den Händen tun, wenn ich vortrage?"
Wenn Sie unterrichten und wollen, dass die Lernenden mitreden, zeigen Sie offene Handflächen.

Eine weitere Möglichkeit ist, mit einem Stift oder mit einem Stück Kreide in der Hand zu reden. So beginnen Sie ganz automatisch mit leicht „dirigierenden", auditiven Bewegungen zu unterrichten. Es kommt hinzu, wenn Sie etwas Wichtiges sagen, haben Sie die Kreide in der Hand und Sie können es gleich für die Visuellen an die Tafel schreiben.

Einladend oder bestimmend?

Der Auditive bewegt den Körper leicht auf und ab. Seine Bewegungen sind rhythmisch und symmetrisch. Die Arme und Hände bewegen sich auch leicht rhythmisch mit und werden nahe am Rumpf gehalten. Beim Reden sieht man manchmal die offenen Handflächen. Der Kopf und dadurch auch die Stimme gehen im Rhythmus mit dem Körper leicht auf und ab. Öfters geht die Stimme am Ende einer Aussage hinauf – wie bei einer Frage. Und dann antworten die Leute – ob eine Frage gestellt wurde oder nicht! Diese ist die sogenannte **„EINLADENDE STIMME"**.

Das Gegenteil ist die **„BESTIMMENDE STIMME"**, die aufgrund einer visuellen Körperhaltung entsteht und im nächsten Kapitel näher besprochen wird. Es gibt sowohl Männer wie auch Frauen, die eine visuelle Körperhaltung und eine daraus resultierende „bestimmende Stimme " haben. Und es sind auch Vertreter beider Geschlechter, die eher auditiv in der Körperhaltung und Bewegung sind. Sie besitzen eine „einladende Stimme". Im Allgemeinen tendieren jedoch Frauen eher dazu auditiv und Männer eher visuell (mit vielen teilweise „versteckten" kinästhetischen Eigenschaften!) zu sein. Aus diesem Grund kommen den meisten Frauen diese rhythmischen, symmetrischen Bewegungen und die daraus resultierende Stimme intuitiv bekannt vor. Und manche Männer fühlen sich „unnatürlich", wenn sie sich so bewegen.

Ich habe einmal in Vorarlberg eine Übung gemacht, bei der die Teilnehmer durch den Raum gegangen sind und sich abwechselnd mit dieser einladenden auditiven Körperhaltung und mit einer eher geraden, stillen visuellen Körperhaltung begrüßt haben. Nachdem wir ca. eine Minute lang die auditive Körperhaltung mit offenen Händen geübt haben, ist einer der Männer zu mir gekommen und fragte: „Pearl, die Übung gefällt mir sehr gut aber ich wollte dich fragen - machen wir das noch lange?" Ich sagte: „Nein. Wir sind gleich damit fertig." Worauf er mit einem schelmischen Lächeln antwortete: „Gut! Weil mir schon die Ellbogen wehtun!"

Ein gutes Beispiel für die geschlechtsspezifischen Unterschiede ist die typisch auditive „Auf und ab" oder nickende Kopfbewegung, die viel häufiger bei Frauen als bei Männern vorkommt. Diese Bewegung hat auch unterschiedliche geschlechtsspezifische Bedeutungen: Eine Frau nickt meistens beim Zuhören und meint damit: „Ja, ich höre dir zu." Ein Mann hingegen nickt, wenn er einer geäußerten Meinung zustimmt. Das ist ein riesiger Unterschied in der Bedeutung! Nur anhand dieses einen Beispiels wird es verständlicher, warum oft Missverständnisse zwischen Männern und Frauen aufkommen!

Beide Körperhaltungen und beide Stimmen – sowohl die auditive „einladende Stimme" und die visuelle „bestimmende Stimme" - sind gut, jeweils in der richtigen Situation. Entscheidend ist immer, die richtige Stimme zur passenden Gelegenheit anzuwenden.

Bestimmend   *Einladend*

REDE MIT MIR!

Liebe Pearl!

Vor ca. 3 Jahren lernte ich dich zum ersten Mal im Seminar kennen. Schon bei deinem allerersten Auftritt vor der Seminargruppe ging mir ein großes Licht auf! Ich erkannte mich sofort in deiner Spiegelung! Die Handflächen nach oben gerichtet, der Kopf leicht nach vorne geneigt und rhythmisch im Wortschwall mitschwingend! Ja, wer fühlte sich da nicht zum Mitreden aufgefordert! Ich wusste zwar einiges aus den NLP Seminaren über Körpersprache, aber so elementare Dinge erkannte ich nicht!

Pia S., Musiklehrerin, Wien

Stimme

Leute, die eine einladende Stimme haben, sind gesellige Meister der Kommunikation. Sie lehnen sich in ein Gespräch hinein. Interne Geräusche führen aber dazu, dass sie sich zurücklehnen. Sie locken ihre Gesprächspartner aus sich heraus und, egal welches Thema angeschnitten wird, es kommt ein gutes Gespräch fast immer zustande. Das ist die Stimme, die Sie anwenden sollen, wenn Sie mit Ihren Schülern etwas besprechen möchten oder wenn eine Diskussion, wenn Anregungen und Vorschläge willkommen sind. Diese Stimme fördert die Konversation und den Austausch.

Der Nachteil dieser Stimme ist jedoch, dass Menschen, die sie häufig anwenden, sich manchmal schwer durchsetzen können. Feststellungen, die mit einer einladenden Stimme gemacht werden, regen Diskussion an. Es wird diskutiert und die Feststellungen werden in Frage gestellt. Einwände kommen auf. Und vor lauter Diskussionen passiert dann im Endeffekt nichts.

Die Auditive hat eine melodische und rhythmische Stimme. Sie kann mit der Stimme spielen – lauter, leiser, voll, samtig oder rauh. Daher, um die Auditiven in der Klasse zu erreichen, spielen Sie auch mit der Stimme – legen Sie Sprechpausen ein, spielen Sie mit der Tonhöhe und Geschwindigkeit der Sprache, ahmen Sie Geräusche nach, usw.

Die Auditive liebt Geräusche. Gleichzeitig wird sie leicht durch Geräusche abgelenkt und laute, unangenehme Geräusche oder Lärm sind für sie eine Qual. Das bedeutet: Wenn wir Auditive im Unterricht haben, ist es wichtig, dass wir lieb zu ihren Ohren sind! Bauen Sie angenehme Geräusche – Musik, Tonaufnahmen, Sprechübungen - ein und meiden Sie unangenehme Geräusche.

Manchmal braucht der Auditive Hintergrundgeräusche beim Lernen, damit er sich gut konzentrieren kann. Eine Frage, die immer wieder gestellt wird, ist: „Wenn ein Teenager behauptet, er kann mit Musik besser lernen, soll man ihm das erlauben?" Die Antwort, die ich darauf gebe, ist, dass man es zumindest probieren soll. Wir dürfen nicht von unserer eigenen Realität ausgehen. Nur weil ich persönlich bei vollkommener Stille besser lernen kann, heißt es nicht, dass andere auch so besser lernen.

Jeder Mensch – egal welche Hauptmodalität er besitzt - reagiert anders. Mich stören z.B. Hintergrundgeräusche wenn ich mich konzentrieren muss. Eine andere Person schaltet sie aus. Dafür gibt es andere Situationen, in denen

> Liebe Pearl!
>
> ... Heute musste ich zum ersten Mal meinen Aufmerksamkeitsanker einsetzen. Es klappte perfekt. Fast wäre ich versucht gewesen „wow" zu sagen. Die Kinder waren still und schauten mich mit großen Augen an. So etwas habe ich vorher noch nie erlebt.
>
> Besonders nett war auch die Aussage von einem sehr speziellen Schüler. Thomas meinte zu mir: „Sonja, heute hast du gar nicht mit uns geschimpft und wir waren trotzdem ruhig. Bleibt das jetzt so?"
>
> Diese Aussage hat mich besonders darin bestärkt, dass das der richtige Weg ist. Danke!
>
> Sonja L., Volksschullehrerin, Wien

mich Lärm (z.B. Schnarchen) absolut nicht stört. Wenn mir daher jemand sagt, er könne besser mit Musik lernen, nehme ich an, dass das stimmt. Lassen Sie es den Teenager beweisen. So lange seine Noten in Ordnung bleiben, kann man annehmen, dass er tatsächlich mit Musik besser lernen kann.

Augenbewegungen

Es gibt drei verschiedene Augenbewegungen, die typisch auditiv sind und Ihnen zeigen, dass Ihr Gegenüber momentan innerlich Geräusche wahrnimmt.

Hier sehen Sie die auditiven Augenbewegungen. Das Bild ist so gezeichnet, als wäre das Ihr eigenes Gesicht

Inner Dialog

Wenn Sie eine Information auditiv gespeichert haben, bleiben die Augen in der gleichen Höhe und bewegen sich entweder nach rechts oder nach links.

Normalerweise, wenn die Augen sich nach links bewegen, erinnert sich die Person an Worte oder Geräusche, die sie schon gehört hatte. Wenn die Augen sich nach rechts bewegen, stellt sich die Person neue Geräusche, Sätze, etc. vor. Das stimmt für die meisten Menschen. Eine Ausnahme bildet ein kleiner Prozentsatz der Bevölkerung, worunter ungefähr die Hälfte aller Linkshänder ist. Die Augenbewegungen dieser Menschen sind spiegelverkehrt.

Es gibt eine dritte auditive Art der Augenbewegungen. Wenn die Augen nach unten links schauen, ist das ein Zeichen, dass ein **INNERER DIALOG** stattfindet. Die Person führt ein Gespräch mit sich selbst.

Wenn Sie mir zum Beispiel die Frage stellen: „Pearl, hat deine Großmutter eine Brille getragen?" und ich schaue nach links wobei meine Augen in der gleichen Höhe bleiben, wissen Sie, dass ich etwas, z.B. die Stimme meiner Großmutter höre, wie sie sagt: „Wo habe ich denn meine Brille hingelegt?"

Wenn ich die Antwort nicht weiß, schaue ich vielleicht nach links hinunter. Dann wissen Sie, ich führe ein Gespräch mit mir selbst: „Hat sie eine Brille getragen? Das weiß ich nicht. Aber es könnte natürlich schon sein, etc."

Atmung

Wenn man im auditiven Bereich ist, atmet man im mittleren Bereich des Brustkorbs. Die Atmung ändert sich je nachdem, welche Geräusche sie im Innersten hören. Manchmal seufzt der Auditive oder gibt Geräusche von sich.

Weitere Merkmale

- **Verlieren Sie leicht den Faden?**

Kommen Ihnen die folgenden Szenen bekannt vor?

Stellen Sie sich vor ...

Sie erzählen den Schülern gerade eine Geschichte. Eine Kollegin kommt ins Zimmer, geht durch den Raum, holt sich etwas aus einem Schrank und redet dann leise mit einem Kind. Sie verlieren den Faden bei der Geschichte. Nun haben Sie ihn wieder und Sie erzählen weiter. Einige Sekunden später zeigt ein Schüler auf und stellt eine Frage, die überhaupt nichts mit der Geschichte zu tun hat. Sie verlieren wieder den Faden ...

oder

Stellen Sie sich vor ...

Sie sitzen im Café und plaudern mit einer Freundin. Sie besprechen irgendein Problem und Ihnen fällt eine dazu passende Geschichte ein. Sie erzählen die Geschichte in vielen Details. Beide Personen, Sie und Ihre Freundin, sind sehr daran interessiert. Sie sind schließlich mit der Geschichte fertig ... aber nun fällt Ihnen und Ihrer Freundin nicht mehr ein, warum Sie diese Geschichte überhaupt erzählt haben. Was war eigentlich die Pointe ...?

Wenn Sie leicht den Faden verlieren oder sich so sehr in Erzählungen vertiefen, dass Sie nicht mehr die Pointe wissen, haben Sie aller Wahrscheinlichkeit nach „auditiv" als Ihre Hauptmodalität.

Haben Sie die Tendenz, beim Vortragen oder auch im Gespräch vom Thema abzukommen? Hier muss auch ich als Auditive im Seminar sehr aufpassen.

Ich baue viele Geschichten im Unterricht ein. Wie wir schon besprochen haben, bringt das Erzählen von Geschichten enorme Vorteile für Ihren Unterricht mit sich. Aber es gibt auch, vor allem für Auditive, Gefahren – zumindest ist das bei mir so. Eine Geschichte erinnert mich immer an die nächste Geschichte – und sie wiederum an die nächste, etc. Die Geschichten sind unterhaltsam. Jede hat auch eine Pointe, die den Unterrichtsstoff illustriert. Geschichten ineinander zu verweben ist sogar ein riesiges Talent, das von Milton Erikson in seinen Therapiestunden praktiziert worden ist: Er verpackte Geschichten innerhalb anderer Geschichten. Die Wirkung ist gewaltig. Das kann ich gut. NUR, ich persönlich als Auditive muss dabei sehr aufpassen – sonst nimmt das überhand und am Ende der Stunde habe ich einen ganz anderen Stoff gemacht als ich vorhatte!

Das ist für mich eine Herausforderung. Deswegen habe ich meine Tochter gebeten, die wunderschönen Stoffplakate, die ich teilweise als Illustrationen für dieses Buch herangezogen habe, zu malen. Sie bieten informative periphere Informationen für die Teilnehmer und wenn ich über die Eigenschaften des Visuellen, des Auditiven und des Kinästheten vortrage, sind sie wie ein Fahrplan, der mich von einem Thema zum nächsten führt. Der größte Vorteil: Ich schweife nicht ab und am Ende des Vortrages weiß ich, dass ich wirklich ALLE wesentlichen Themen erledigt habe.

- **Probleme zu besprechen ist erleichternd**

Kommen Ihnen folgende Szenen bekannt vor?

Stellen Sie sich vor ...

Sie haben ein Problem, das Sie sehr beschäftigt. Sie treffen sich einige Stunden lang mit einer Freundin und reden darüber. Sie finden zwar keine Lösung für das Problem, führen aber ein animiertes Gespräch darüber. Sie verabschieden sich von einander und gehen nach Hause. Unterwegs merken Sie, wie erleichtert Sie sich fühlen. Nicht nur seelisch sondern auch physisch! Sie haben das Gefühl, dass eine große Last von Ihren Schultern weggefallen ist – obwohl das Problem nach wie vor vorhanden ist.

Oder:

Eine auditive Tochter kommt von der Uni nach Hause und erzählt ihrer visuellen Mutter alle Details über ihren furchtbaren Tag: sie hat verschlafen und ist verspätet in die Vorlesung gekommen, bei der Prüfung hat der Professor ihr eine schlechtere Note als sie tatsächlich verdient hätte gegeben, das Essen in der Mensa war unter jeder Kritik, usw.

Am Ende des Gesprächs geht die Tochter erlöst und heiter weg. Die Mutter ist aber nun mies aufgelegt und braucht einige Stunden, bis sie sich wieder wohlfühlt!

Auditive leiden selten unter Magengeschwüren. Sie reden ihre Probleme von der Seele weg und werden dadurch sowohl seelisch wie auch körperlich erleichtert. Visuelle hingegen behalten ihre Probleme für sich. Sie gehen in sich hinein und suchen alleine, ohne Hilfe von außen, die Lösungen dafür. Der Vorgang ist so ähnlich wie vom Autor John Grey in seinem Buch „Männer sind vom Mars. Frauen sind von der Venus" beschrieben. Er behauptet, dass Frauen gerne Probleme lösen, indem sie sie durchbesprechen. Männer hingegen verschwinden in ihre „Grotten", bis sie eine Lösung gefunden haben und tauchen erst dann wieder auf. Auch hier ist das Ziel, meiner Meinung nach, den gesunden Mittelweg zu finden.

■ Vom Anfang bis zum Schluss

Machen wir ein kleines Experiment. Beantworten Sie im Kopf folgende Fragen:

- Welcher Buchstabe im Alphabet kommt nach dem Buchstaben „S"?
- Welcher Buchstabe im Alphabet kommt nach dem Buchstaben „D"?
- Welcher Buchstabe kommt nach „O"?
- Welcher Buchstabe kommt VOR „X"?
- Vor „Q"?
- Vor „H"?

Was ist Ihnen leichter gefallen? Die Buchstaben davor oder danach? In aller Wahrscheinlichkeit haben Sie mit „danach" geantwortet.

Und nun noch eine kleine Aufgabe:
Sagen oder singen Sie – OHNE vom Anfang zu beginnen - die dritte Zeile Ihrer Nationalhymne.

Haben Sie es können? OHNE vom Anfang zu beginnen?
Ganz schön schwer, nicht wahr? Der Grund dafür ist:

> **Ein auditiv erlernter Stoff wird immer in der gleichen Reihenfolge wie er gelernt worden ist wiedergeben.**

Nun stelle ich Ihnen noch eine Frage:
Stellen Sie sich vor, wir machen jetzt eine Prüfung. Ich werde jeden Einzelnen vor der Klasse jetzt prüfen. Jeder von Ihnen, liebe Leser, darf einmal nach vorne kommen und, so schnell wie möglich, das Alphabet verkehrt aufsagen.

Wie viele von uns würden die Prüfung bestehen?
Ich sicher nicht! Und ich nehme an, Sie auch nicht.

Heißt das, dass wir Analphabeten sind?
Nein, selbstverständlich nicht! Es heißt nur, dass wir das Alphabet in dieser Reihenfolge lernten und wenn wir es schnell wiedergeben wollen, müssen wir es auch in dieser Reihenfolge wiedergeben.

Es hätte wenig Sinn 26 Buchstaben wahllos und in irgendeiner beliebigen Reihenfolge zu lernen. Wenn ich das Alphabet von vorne nach hinten, in kleinen Segmenten (ABCDEFG   HIJKLMNOP   QRSTUVW   XYZ) auswendig und mit Rhythmus lerne, kann ich leicht Worte nachschlagen.

Und nun noch eine Frage: Was können Sie als Lehrerin mit dieser Information anfangen? Was bringt das Wissen, dass auditiv Erlerntes nur in der Reihenfolge, in der es gelernt worden ist, wiedergeben werden kann?

Sie können damit feststellen, ob ein Schüler tatsächlich den Stoff, den Sie prüfen, beherrscht oder nicht. Sie können zum Beispiel anhand der Augenbewegungen oder anderer Merkmale feststellen, wie der Schüler den Stoff gespeichert hat. Wenn ich sehe, dass der Schüler den Stoff auditiv statt visuell gespeichert hat, ist es sinnvoll und nur fair die Prüfungsfragen auditiv zu stellen, d.h. der Reihenfolge nach, damit der Schüler sie leichter beantworten kann.

Ich habe einmal in einer Klasse suppliert und mit den Schülern ein Gedicht geübt, das sie für den Deutschunterricht auswendig lernen mussten. Jeder Schüler ist abwechselnd drangekommen, einige auswendig gelernte Zeilen vorzusagen. Es war höchst interessant die Augenbewegungen der Schüler zu beobachten. Der Großteil der Schüler hat das Gedicht auditiv, d. h. rhythmisch gelernt. Ihre Augen schauten beim Vorsagen der Zeilen seitlich nach links. Zwei oder drei Schüler haben die Zeilen „gesehen" – ihre Augen haben sich nach links oben bewegt.

Wie besprochen kommen die meisten Schüler mit ca. 14 in die visuelle Entwicklungsphase, in der ein Stoff in jeder beliebigen Reihenfolge wiedergegeben werden kann. Auch wenn es auf der unbewussten Ebene ist, richtet sich unser Schulsystem nach diesen Entwicklungsstadien. Wenn Sie z.B. Schulbücher für diese Altersgruppe anschauen, sind sie immer nach diesen Prinzipien erstellt.

Ihre Tochter, Ursula, 1o Jahre alt sitzt beim Schreibtisch in ihrem Zimmer zu Hause und macht eine Hausübung.

Ursula: *Ich kann die 3. Frage nicht beantworten.*

Sie: *Wie viele Seiten Lesetext gibt es?*

Ursula: *4 Seiten.*

Sie: *Wie viele Verständnisfragen?*

Ursula: *8 Fragen.*

Sie: *Gut. Dann ist die Antwort zu Frage 3 in der oberen Hälfte der Seite 2.*

Woher wissen Sie das?
Für diese Altersgruppe werden die Verständnisfragen am Ende des Kapitels immer in der gleichen Reihenfolge gestellt wie der Stoff im Text präsentiert worden ist. Genau wie ein Kind in dieser Altersgruppe am leichtesten lernt und wiedergibt.

Der Auditive lernt schrittweise. Er lernt gerne Prozeduren, Schritte und Sequenzen. Er liebt zum Beispiel die Aussage: „Heute werden wir drei Sachen lernen. Erstens ..." und die dazupassenden Bewegungen, d.h. einen Finger nach dem anderen - den Daumen, den Zeigefinger und den Mittelfinger - hochstrecken.

■ Aber was soll ich schreiben?

Manchmal hat man als Lehrkraft das Gefühl, dass manche Schüler eine Kassette im Gehirn haben, die nur in einer Richtung gespielt werden kann. Wenn sie eine Geschichte oder ein Erlebnis erzählen, beginnen sie von vorne und erzählen chronologisch – und oft sehr detailreich - das Geschehen.

Kommt Ihnen das Folgende bekannt vor:

Stellen Sie sich vor ...

Sie möchten, dass die Schüler einen Aufsatz mit dem Titel „Mein Urlaub" schreiben. Sie haben alle Einzelheiten über den Aufsatz mit der Klasse besprochen und die Schüler schreiben bereits alle brav den Aufsatz. Susi zeigt auf und Sie gehen zu ihr hin.

Susi: Ich muss Ihnen über unseren Urlaub erzählen, Frau Lehrer. Er war so toll!! Wir waren in der Türkei. Das Hotel war direkt am Strand und von unserem Zimmer aus haben wir einen wunderschönen Meeresblick gehabt. Wir hatten eigentlich zwei Zimmer. Meine Mama und mein Papa haben eins gehabt und mein Bruder und ich waren im Zimmer neben ihnen. Es gab jeden Tag drei Mahlzeiten. Zum Frühstück gab es Buffet und am Abend auch. Jeden Mittwoch hat es Grill am Strand gegeben. Zum Nachtisch haben sie serviert ...
Und so weiter und so fort. Und wie geht das weiter?

Variante 1: Sie wissen, wenn Sie Susi weiter erzählen lassen, wird das mindestens zehn Minuten so weiter gehen. Aus diesem Grund versuchen Sie Susis Geschichte mit irgendeinem Kommentar zu unterbrechen.

Das Resultat: Susi hört kurz auf – und beginnt wieder mit der Geschichte von vorne. Die Geschichte wird nochmals – chronologisch von Anfang bis zum Schluß - erzählt.

Variante 2: Sie lassen Susi die Geschichte fertig erzählen.
Dann sagen Sie: „Gut, Susi. Und jetzt schreibe bitte die Geschichte."

Susi antwortet: „... Aber was soll ich schreiben? ..."

Der auditive Schüler: Du bist eine Plaudertasche! 7

Kennen Sie die Fernsehserie „Mission Impossible"? Da bekommen Agenten einen Auftrag, der auf Kassette aufgenommen worden ist. Nachdem sie die Kassette angehört haben, zerstört sie sich selbst. So ist es auch beim Auditiven. Wenn Susi die Geschichte fertig erzählt hat, ist sie zumindest momentan aus ihrem Gedächtnis gelöscht und sie weiß daher nicht, was sie schreiben soll.

Und wie macht man das, dass Susi endlich zu schreiben beginnt? Die einzige Lösung, die ich bis jetzt entdeckt habe, ist, eine Art „Vertrag" mit dem Schüler zu vereinbaren. Ich lasse die Szene so abspielen:

Die Szene beginnt gleich wie vorher beschrieben. Ich erkläre den Aufsatz, alle beginnen zu schreiben und Susi zeigt auf. Ich gehe zur Susi hin und sie beginnt zu erzählen.

Susi: Ich muss Ihnen über unseren Urlaub erzählen, Frau Lehrer. Er war so toll!! Wir waren in der Türkei. Das Hotel war direkt am Strand und von unserem Zimmer aus haben wir einen wunderschönen Meeresblick gehabt. Wir hatten eigentlich zwei Zimmer. Meine Mama und mein Papa haben eins gehabt und mein Bruder und ich waren im Zimmer neben ihnen. Es gab jeden Tag drei Mahlzeiten. Zum Frühstück gab es Buffet und am Abend auch. Jeden Mittwoch hat es Grill am Strand gegeben. Zum Nachtisch haben sie serviert ...

Ich: Das hört sich ganz toll an, Susi. Schreibe das, was du mir gerade erzählt hast, als die ersten zwei Absätze. Wenn du damit fertig bist, zeige auf und ich werde wieder zu dir kommen ...

Wenn ich es so präsentiere, wird Susi schreiben. Susi schreibt, weil sie will, dass ich wieder komme. Das muss ich auch tun. Wenn ich nicht wieder zu ihr hingehe, nachdem sie die zwei Absätze geschrieben hat, wird es das nächste Mal nicht mehr funktionieren.

Auditive Lernende brauchen zwar weniger Aufmerksamkeit von uns als kinästhetische, ihre Bedürfnisse sind jedoch manchmal zeitaufwendiger. Wenn wir aber verstehen, was sie motiviert und wie sie denken, können wir respektvoller mit ihnen umgehen und gleichzeitig uns allen viel Zeit ersparen!

■ Beziehungen sind ihre Motivation

Wie schon besprochen, sind auditiv Veranlagte sehr gesellig. Ihr Beweggrund in die Schule (und auch in die Arbeit, etc.) zu gehen ist nicht das Lernen. Sie lieben das Gesellige. Sie suchen und geniessen Freundschaften und Beziehungen – sowohl zu einander wie auch zu Ihnen. Sie sind Meister in der Herstellung von Rapport. Deswegen sind sie gute Teammitglieder und machen gerne Gruppen- oder Partnerarbeit.

Wie gesagt, Sie denken chronologisch und daher ist es für sie vom Interesse am Laufenden zu bleiben. Halten Sie sie up-to-date. Erzählen Sie immer, was inzwischen passiert ist. Wie schreitet unser Projekt voran, etc....

■ Sie wollen immer das letzte Wort haben.

Bei einer Diskussion will die auditive Schülerin immer das letzte Wort haben. Das ist eine Verhaltensweise, die manchmal sowohl für die Schülerin als auch für die Lehrerin – vor allem wenn die Lehrerin AUCH auditiv ist! – Schwierigkeiten mit sich bringt.

Stellen Sie sich vor ...

Die Klasse schreibt einen Aufsatz. Die Schüler sind ruhig und fleißig beim Schreiben. Nur Susi und Magdalena flüstern leise miteinander statt zu arbeiten.

Lehrerin: Susi und Magdalena!
*   Hört ihr bitte zum Reden auf!*

Susi: Wir haben ja gar nichts gesagt!

Lehrerin: Was heißt ihr habt nichts gesagt?!
*   Ich sehe und höre, dass ihr redet!*

Magdalena: Sie hat angefangen!

Lehrerin: Das ist egal wer angefangen hat.

Und nun mischt sich Martin auch noch dazu.

Martin: Ja, das stimmt!
Magdalena hat Recht!
Sie hat wirklich nichts gesagt!

Und so weiter und so fort...

Auditive Schüler und auditive Lehrer. Das kann nur zu einer Eskalation führen. Und bald redet die ganze Klasse mit! Oder Susi und Magdalena steigern sich und sagen etwas Freches. Dann bleibt Ihnen nichts anderes übrig – Sie müssen disziplinieren.

Es ist besser, wenn Sie Schüler in solchen Fällen nicht direkt ansprechen. Schüler haben in diesem Alter sehr oft starke auditive Tendenzen. Sie reden gerne und wenn es um eine Diskussion geht, wollen Auditive IMMER das letzte Wort haben. Wenn nun der Lehrer auch auditiv ist, wie es in der oben angeführten Szene der Fall ist, kann das zu Problemen führen!

Die Lösung?
Statt so eine Szene sich abspielen zu lassen, ist es besser, Sie lassen ganz am Anfang der Interaktion dem auditiven Schüler das letzte Wort. Das hört sich so an:

Lehrerin: Susi und Magdalena!
Hört ihr bitte zum Reden auf!

Susi: Wir haben ja gar nichts gesagt!

Die Lehrerin schweigt. Sie streckt eine Hand – mit der Handfläche nach unten - Richtung Magdalena und Susi und schaut gleichzeitig weg, während sie die Stunde fortsetzt. (siehe Bild)

Als ich noch ein Kind war, sind mein Bruder und ich oft mitten in einem Streit miteinander zu meiner Mutter gegangen und haben uns beschwert: "Er hat das gesagt!", "Sie hat das gemacht!", etc. Meine Mutter antwortete immer darauf: "Es gehören immer zwei zum Streiten". Das Gleiche gilt bei einer Diskussion. Wenn Sie aus dem Gespräch aussteigen, kann es keine Diskussion geben. Und Ruhe kehrt ein.

Das ist eine „Win-Win" Situation:
Susi ist zufrieden – sie hat das letzte Wort gehabt.
Die Lehrerin kann ungestört mit der Stunde fortsetzen.
Alle sind glücklich.

Es ist mir bewusst, dass manche von Ihnen diese Lösung – dem Schüler das letzte Wort zu lassen - als sehr ungewöhnlich empfinden werden. Vor einigen Jahren habe ich einen Kurs in einem Dorf in einem Bergtal abgehalten. Der Schuldirektor und ein Religionslehrer haben für alle Lehrer der Schule suppliert, damit der sonstige Lehrkörper die Möglichkeit hatte, dieses Seminar abzulegen. Die Lehrer haben das Seminar sehr genossen und waren voll dabei. Am letzten Tag sind einige Teilnehmer ganz verschlafen und müde in den Kurs gekommen. Die Augen haben sie kaum offen halten können. Als ich gefragt habe, was los war, antwortete ein Lehrer: „Eigentlich bist du schuld daran! Gestern Abend sind wir bis zwei in der Früh im Gasthaus beim Stammtisch gesessen und haben darüber diskutiert, ob man tatsächlich dem Schüler das letzte Wort lassen soll!" (siehe Bild auf Seite 204)

Ich fragte dann, wie sie sich entschieden haben. Er hat geschmunzelt und gesagt: „Nach langer Diskussion haben wir beschlossen, dass du eigentlich Recht hast!"

Lassen Sie dem Schüler das letzte Wort!

Der auditive Schüler: Du bist eine Plaudertasche!

	AUDITIVE SCHÜLER „Erfinder der Gesellschaft"	AUDITIVE KOMMUNIKATION
STIMME	rhythmische Stimmmuster verarbeitet laut/bewegt die Lippen auditive Wortwahl	rhythmische & unterschiedliche Stimmmuster (Lautstärke, Pausen, Tonhöhe, Geschwindigkeit) Kommunikationsleiter sagt ein Wort, Leiter & Kommunikationspartner sagen es zusammen, Leiter formt Wort mit Mund & Kommunikationspartner sagen es nach
FOKUS	Fokus nach außen durch Geräusche leicht abgelenkt spricht, aber hört oft nicht vom Kommunikationspartner abhängig	Störfaktoren minimieren; „Verträge" abschließen Lassen Sie sie Informationen umformulieren anstatt wiederholen. Stellen Sie viele Fragen. Visualisierungstechniken beibringen
KÖRPER-HALTUNG / BEWEGUNG	Berührung & Bewegung im Mund- und Ohrenbereich rhythmische, symmetrische Bewegungen Kopf: auf und ab beim Sprechen; beim Zuhören leicht geneigt	rhythmische Körperbewegungen mit den Händen „dirigieren" Kopf auf und ab
AUGEN	seitlich oder links nach unten (innerer Dialog)	braucht keinen Augenkontakt
VERHALTEN	sehr gesellig & freundlich unterbrechen einander beim Sprechen & sprechen gleichzeitig Sprechen befriedigt das Gehirn	Rapport herstellen Auditive Typen auseinander halten. Metaphern, Geschichten, Sprüche, Diskussionen, laut lesen, Musik.
SPEICHERUNG	sequentiell vom Anfang bis Ende rechte oder linke Hemisphäre	Finger - erstens, zweitens, drittens ... Hängen Sie nummerierte Regeln auf schrittweise präsentieren

Tipps & Techniken für den auditiven Unterricht

■ Mit der eigenen Stimme im Ohr nach Hause gehen

Vor einigen Jahren habe ich auf einem Kongress in Mexiko City einen Vortrag gehalten. Diese Reise habe ich zum Anlass genommen, endlich Spanisch zu lernen. Ich hätte einen Spanischkurs mit Superlearning oder Suggestopädie vorgezogen aber zu dem Zeitpunkt gab es keinen solchen Kurs in Wien und deswegen meldete ich mich zu einem traditionellen Spanischkurs an.

Unser junger Lehrer stammte aus Kolumbien und war reizend. Er bemühte sich sehr, uns Spanisch beizubringen, aber es war binnen kürzester Zeit klar, dass er nach relativ altmodischen Richtlinien unterrichtete. Er sprach und wir hörten zu. Am Ende jeder Einheit hat dann jeder Teilnehmer einen spanischen Satz nach Muster an der Tafel gesprochen. Und das war es.

Als ich dann in Mexiko ankam, war ich überrascht wie viel Spanisch ich verstanden habe. Nur – ich habe nicht sprechen können. Als erfahrene Sprachlehrerin habe ich über dieses Phänomen gerätselt. Es war mir dann klar, dass ich, da ich mich selbst nie Spanisch sprechen gehört hatte, auch den Eindruck hatte, dass ich die Sprache nicht konnte. Das hat sich als eine selbsterfüllende Prophezeiung herausgestellt!

■ Das auditive Übertragungsmuster

Diese Technik, das auditive Übertragungsmuster, habe ich von Michael Grinder gelernt. Dieses Sprechmuster ist sehr nützlich, sowohl bei der Fremdsprache als auch bei Fachwörtern in anderen Fächern und ermöglicht dem Lernenden mit der eigenen Stimme im Ohr nach Hause zu gehen:

1. Die Lehrerin sagt das neue Wort den Lernenden vor.

2. Die Lehrerin und die Schüler sagen das Wort im Chor.

3. Die Lehrerin formt das Wort mit dem eigenen Mund. Sie spricht das Wort aber nicht laut aus und lässt dadurch die Lernenden alleine sprechen. Dadurch hört der Lernende das Wort in der eigenen Stimme

Diese Technik hinterlässt das Gefühl beim Lernenden: „Ich kann das!", und das trifft dann auch zu!

- **Stellen Sie viele Fragen**

Auditive stellen selbst viele Fragen und sie geniessen auch einen Unterricht, in dem viele Fragen gestellt werden. In dem Moment, wo Sie viele Fragen im Unterricht stellen, ist Ihr Unterricht interaktiv – und die Schüler, ob auditiv, visuell oder kinästhetisch - sind involviert. Involvierte Lernende sind motivierte – und wenn sie involviert sind, kommen sie nicht auf sonstige verhaltenskreative Ideen im Klassenzimmer!

Hier sind einige sehr wichtige Richtlinien für die Art der Fragen, die Sie im Unterricht stellen können.

- **Stellen Sie auch leichte Fragen!**

Wenn wir immer schwierige Fragen stellen, antworten immer die gleichen Schüler. Sie sind dadurch in der Stunde voll dabei. Aber die Schüler, die die Fragen nicht beantworten können, fühlen sich nicht ins Klassengeschehen eingebunden. Entweder schlafen sie dann innerlich ein oder sie kommen auf kreative Ideen, wie sie den Unterricht stören können.

- **Stellen Sie Fragen, bei denen die Lernenden aktiv mitmachen müssen!**

  - „Bitte aufzeigen: Wer von euch hat das schon einmal erlebt?"
  - „Drehe dich bitte zum Nachbarn und erzähle ihm über einen auditiven Schüler, den du in der Klasse hast."
  - „Wiederholen Sie bitte diese Worte ..."

- **Stellen Sie Fragen, die neugierig machen!**

Dies gilt vor allem am Anfang der Stunde, wenn Sie in ein Thema einführen. Solche Fragen führen dazu, dass die Lernenden über das Thema nachdenken – und wenn sie mitdenken, sind sie voll dabei.

- **Stellen Sie Fragen, die einen Bezug zwischen Stoff und Alltagsleben herstellen.**

Dann wissen die Schüler, warum es gut ist diesen Stoff zu lernen!

- **Stellen Sie auch zwischendurch rhetorische Fragen!**

Rhetorische Fragen sind jene, auf die Sie gar keine Antwort erwarten. Die Schüler beantworten diese Fragen innerlich und ihre Aufmerksamkeit bleibt dadurch behalten.

Hier ist jedoch bei kleineren Schülern wie auch bei auditiven Schülern Vorsicht geboten. Für sie gibt es nämlich keine rhetorischen Fragen. Sie betrachten meist JEDE Frage als eine Aufforderung zum Antworten.

Wenn ich eine Gruppe Erwachsener in der Früh frage, ob sie einen schönen Abend hatten, nicken sie oder, wenn wirklich etwas Ungewöhnliches passiert ist, erzählen sie es.

Wenn ich die gleiche Frage bei einer 1. Klasse stelle, bekomme ich 25 detaillierte Antworten: "Ja, Frau Lehrer, das muss ich Ihnen erzählen! Der Hund hat schon wieder auf den Teppich erbrochen..."

Auditive Teilnehmer oder die Schüler, die sich in dieser Entwicklungsphase befinden, haben die Tendenz, alles wortwörtlich zu nehmen.

Obwohl ich das alles weiß (manchmal bin ich leider besser in der Theorie als in der Praxis!), passiert es mir doch noch immer wieder, dass ich nach dem Läuten in die Klasse gehe, einige Kinder sehe, die noch herumspielen und frage: "Hat es nicht geläutet?" Neun von zehn Mal bekomme ich dann Antworten wie: "Ich glaube schon, Frau Lehrer, aber ich bin nicht ganz sicher. Vielleicht ist die Glocke kaputt?"! Oder ich frage ein Kind: "Hast du keinen Sitzplatz?" und es antwortet: "Ja, schon. Aber letzte Woche hat unser Klassenvorstand mich versetzt". Das Kind ist nicht frech. Es hat nur meine Frage wortwörtlich genommen. Da bin ich selber schuld.

Der auditive Schüler: Du bist eine Plaudertasche!

- **Stellen Sie bei der Einführung eines neuen Themas oder bei einer heiklen Situation Fragen, die mit „JA" beantwortet werden können.**

Wenn Sie Fragen stellen, denen der Großteil der Schüler zustimmt, steigen Sie leichter ins Thema ein, als wenn die Schüler entweder laut oder innerlich "Nein" sagen. Widerstand kommt erst gar nicht auf.

Nützen Sie die Kunst der positiven Suggestion bei der Fragestellung!

- **Paraphrasieren:
Umformulierung statt wiederholen**

Auditive Lehrer haben die Tendenz, Schüleraussagen – oft unnötig - zu wiederholen. Falls Anweisungen, Antworten oder Aussagen kompliziert sind oder Sie haben das Gefühl, sie seien nicht von der Klasse verstanden worden, lassen Sie einige Schüler die Anweisungen mit ihren eigenen Worten umformulieren. So kommen Sie darauf ob die Aufgabe richtig verstanden worden ist oder nicht.

Schüler in diesem Alter sind wie Papageien. Sie können lange Sätze wortwörtlich wiederholen und den Ton und die Lautstärke von anderen genau wiedergeben.

Ich hatte einen Schüler, Patrick, in der Bilingualen Mittelschule, der hinten im Klassenzimmer saß und wie ein Echo wirkte.

Ich: *Nehmen wir nun unsere Mathe-Bücher aus der Schultasche heraus.*

Patrick: *Ja! Das Mathe-Buch herausnehmen.*

Ich: *Nun schlagen wir Seite 47 auf.*

Patrick: *Ja! Seite 47!*

Das Wiederholen war bei ihm ein automatischer Reflex. Genau so wie es manchmal bei uns selbst ist wenn ein Schüler antwortet und wir seine Worte automatisch wiederholen. Es soll uns aber bewusst sein: Nur weil ein Schüler alles wiederholt, heißt es noch lange nicht, dass er tatsächlich versteht, was er sagt.

Wichtige Angaben sollen immer an die Tafel geschrieben werden. Wenn sie kompliziert sind oder mehrere Schritte beinhalten, lassen Sie sie von einigen Schülern umformulieren und mit den eigenen Worten ausdrücken.

Eine Lehrerin erzählte mir, dass Schüler in ihrer Klasse abwechselnd das "Hausaufgaben-Kind" sein dürfen. Am Ende des Schultages setzt sich dieses Kind feierlich auf den Lehrersessel und wartet bis es komplett ruhig ist. Dann wiederholt es die Hausaufgabe für die Klasse.

Meine Empfehlung für
ENTSPANNUNGS-, LERN- UND BEWEGUNGSMUSIK:

Robert Janes,
Liedermacher, Komponist, ehemaliger Musiklehrer an einer Wiener Hauptschule und beliebter Seminarleiter
www.robertjanes.wg.am
robert.janes@aon.at

Roberts Schwerpunkt ist **„MUSIKALISCHE ENERGETIK"**. Dies ist eine Form von Energiearbeit für die pädagogische Praxis unter Einbeziehung musikalischer Grundelemente (Rhythmus, Melodie und Reim) sowie einfacher aber gezielter Bewegungsabläufe.

Die Ziele:
- Verbesserung von Koordination und Motorik
- Bewegtes (inneres und äußeres) Entspannen
- Stressabbau und Aggressionsentladung
- (Wieder) Herstellen ganzheitlicher Energiebalance
- Förderung der Konzentrations- und Lernfähigkeit
- kreativer Umgang mit Problemsituationen
- Förderung von spielerisch-ganzheitlichem Lernen

weil ...
- Musik regt zur Bewegung an
- Bewegung harmonisiert den Körper
- Ein harmonischer Körper beruhigt den Verstand
- Ein ruhiger Verstand optimiert die Lernkapazität

Robert bietet CD's mit Liedern und Playbacks mit musikalischen Energie- und Entspannungsübungen, um den Unterricht stressfreier und effektiver zu gestalten wie auch Lehrerfortbildungsseminare an. Er freut sich sicherlich auf Ihr Mail!

Spiele & Aktivitäten für Redefreudige

Interaktive, auditive Aktivitäten sind für alle Lernenden gut. Sie tragen stark zur Gruppendynamik bei und das Lernen wird dadurch viel effizienter. Lehrer haben sehr oft auditiv als ihre bevorzugte Modalität. Das heißt, wir reden gerne. Und manchmal reden wir leider zu viel. Das Ziel ist eindeutig, dass unsere Schüler mehr reden als wir. Das ist wichtig, weil

> **die Person, die am meisten über das Thema im Unterricht spricht, ist auch diejenige, die am meisten lernt.**

Auf den folgenden Seiten ist eine Auswahl an auditiven Aktivitäten für den Unterricht. Sie sind nur einige wenige der Techniken, die uns zur Verfügung stehen, und sie überschneiden sich (zum Glück – weil Multimodalität ist doch das Ziel!) teilweise mit den anderen Modalitäten.

- **Diskussionen, „Debates", Interviews**

- **Brainstorming**

Elektrizitätsbegriffe

- **Paar- bzw. Kleingruppenarbeiten:**
für jede neue Aufgabe einen neuen Partner bekommen und an einem neuen Platz sitzen.
So wird der Stoff mit der Person oder auf dem Platz verankert.

- **Sprechübungen**
Wiederholung der Worte des Lehrers, übertriebene Gespräche, Lippen lesen

ÜBEN MIT EINSATZ DER STIMME
1 x 1 oder Vokabel, unregelmäßige Verben, physikalische Formeln, Merksätze,…:

- 1 x 1-Reihe normal aufsagen
- 1 x 1-Reihe schreien („Auch der Herr Direktor in der Kanzlei will es hören!")
- 1 x 1-Reihe flüstern
- 1 x 1-Reihe ganz langsam aufsagen („Zeitlupe")
- 1 x 1-Reihe ganz schnell aufsagen („Zeitraffer")
- 1 x 1-Reihe so aufsagen, als wäre das furchtbar traurig
- 1 x 1-Reihe so aufsagen, als wäre das furchtbar lustig
- 1 x 1-Reihe singen („Oper")
- 1 x 1-Reihe rappen
- 1 x 1-Reihe in unterschiedlichen Rhythmen aufsagen (dazu klatschen, schnippen, stampfen,…)
- 1 x 1-Reihe nuscheln
- 1 x 1-Reihe überdeutlich aussprechen („Burgtheater")

Gerda W., Sonderschullehrerin in einer Hauptschule / Integrationsklasse, Wien

- **Geräusche**
Geräusche einer Tonbandaufnahme zu einer Geschichte verbinden und erzählen, schreiben, selbst eine „Geräuschegeschichte" aufnehmen, etc.

- **Geschichten, Lesetexte, Radiohörspiele oder Nachrichten:**
anhören, laut vorlesen, zusammenfassen, entwerfen, erzählen, selbst aufnehmen

- **Hörverständnisübungen:**
anhören, Fragen beantworten, Fragen selbst ausdenken, Lückentexte ausfüllen

*„Wie heißt die Antwort auf die Frage?"
Telefonieren mit dem gebastelten Telefon*

- **Referate:**
gemeinsam planen, abhalten oder zusammenfassen

- **Musik: Lieder, Chants und Raps**
Singen, Texte aufschreiben, Worte einfüllen in Lückentexte, Komponieren, Ändern, Choreographieren, Musikvideos anschauen und machen, sich zur Musik bewegen

Stunde mit lebhafter, positiver Musik („I feel good!", "Twist", etc.) beginnen. Lernende bewegen sich dazu. Wenn die Musik aus ist, schlagartig wie Statuen erstarren und still werden.

Lernenden bewegen sich zur Musik. Wenn die Musik aufhört, einen Augtrag geben: z.B. Pantomime von Emotionen, Stelle deinem Nachbarn eine Frage, Erstarre, Sage deinem Nachbarn „Guten Morgen!", Berühre etwas im Klassenzimmer, das grün ist, das mit „S" beginnt, ...

Den Stoff singen, z.B. „Das unregelmäßige Zeitwort Lied". Die unregelmäßigen Zeitwörter werden zur Melodie von „Frere Jacques" gesungen. Zur Abwechslung probieren Sie das Lied mal als Kanon.

- **Dialoge, Skizzen und Rollenspiele:**
fertige Dialoge vorspielen, gemeinsam erfinden und aufschreiben, dann spielen und aufnehmen

Rollenspiel

- **„Peer Teaching" – „Gegenseitiges Unterrichten":**
Stärkere Schüler helfen den Schwächeren.

Spiele & Aktivitäten für Redefreudige 8

9

Der visuelle Schüler: Deine Augen sind wie ein Fotoapparat!

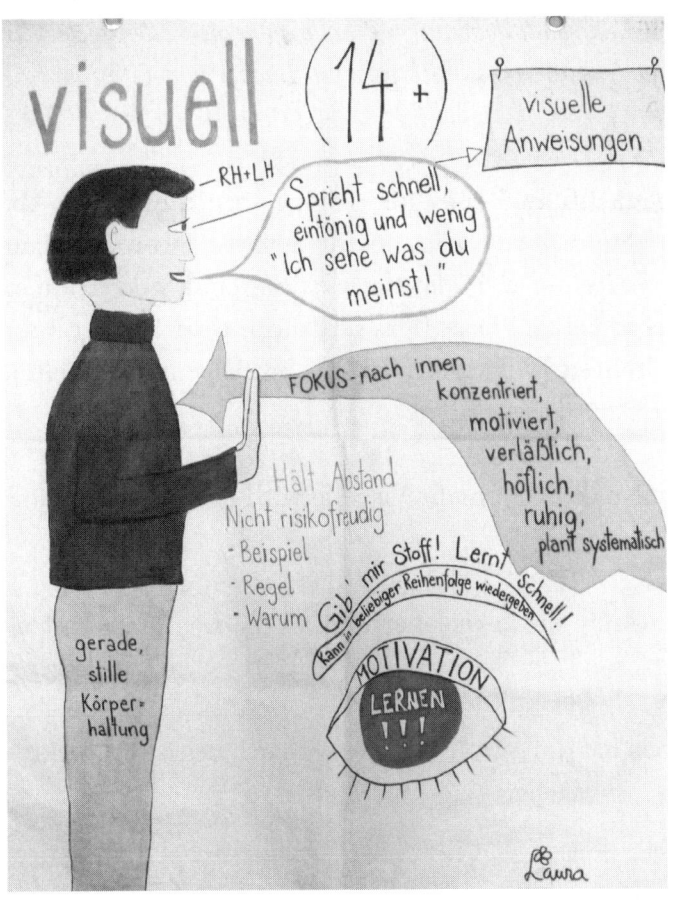

Das Symbol für den Visuellen sind die **Augen.**
Der Visuelle lernt und nimmt seine Realität über die Augen wahr.

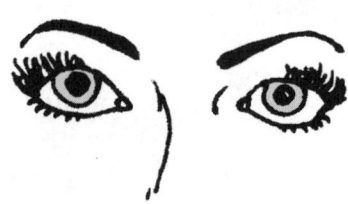

Visuell

Haben Sie eine Viola Visuell in Ihrem Klassenzimmer?

VIOLA *ist ruhig. In vieler Hinsicht ist sie eine Musterschülerin. Sie ist systematisch und organisiert. Sie plant im Voraus, ist fleißig, verläßlich und verantwortungsvoll, höflich und motiviert. Sie bemüht sich sehr und möchte alles beim ersten Mal richtig machen. Sie will keine Fehler machen. Aus diesem Grund meldet sie sich fast nie als Freiwillige. Da wartet sie lieber und schaut den anderen zu, bis sie sich sicherer fühlt. Sie nimmt das Lernen ernst. Aus diesem Grund geht sie doch in die Schule! Da sie mit den Augen lernt, stört es sie, wenn es viel Bewegung um sie herum gibt. Bewegung oder Stöße zerstören ihre Bilder. Sie hält Abstand beim Sprechen und hat es nicht gerne wenn ihr Gesprächspartner ihr zu nahe kommt. Sie redet nicht so gerne wie die anderen Lerntypen, aber sie philosophiert gerne. Da kommt manchmal ein Redeschwall dabei heraus! Sie mag keine Rollenspiele oder große Veränderungen. Dafür vertieft sie sich gerne in Bücher und Filme und sie kann auch gut schreiben.*

Es hängt von der Schulstufe und der Altersgruppe Ihrer Lernenden ab, wie viele Viola Visuell Sie in Ihrem Klassenzimmer haben werden. Manche Mädchen, die meist schneller in der Entwicklung sind, sind schon in der Volksschule in der visuellen Phase. (Das sind die, die die Ränder ihrer Hefte mit schönen, bunten Blumen verzieren). Im Allgemeinen gelten jedoch folgende zwei Daumenregeln:

- Je höher die Schulstufe desto mehr Visuelle wird es im Klassenzimmer geben bzw.

- Je höher die Schulstufe desto visueller werden die Lehrer ihren Unterricht gestalten.

Wie bei so vielem im Leben hat das sowohl positive wie auch negative Aspekte.

Ein Klassenzimmer voller Schüler im kinästhetischen und auditiven Alter ist lebhaft. Mit Eintritt der Pubertät ändert sich das schlagartig. Eines Tages kommen Sie ins Klassenzimmer und dort sitzen fast bewegungslose Menschen, die auf Ihre Fragen nicht reagieren und anscheinend nicht die Kraft haben, eine Hand hochzuheben.

Lernende in diesem Alter sind „cool". Zumindest auf der Oberfläche. Innerlich ist es meist anders. Die Jahre der Pubertät bringen viel Unsicherheit mit sich. Der Körper ändert sich und die Persönlichkeit ist dabei, sich weiter zu entwickeln und zu stärken. Es ist eine Zeit voller Widersprüche. Teenager wollen sich behaupten – und gleichzeitig wollen sie sich nicht blamieren. Sie wollen einzigartig sein – und gleichzeitig wollen sie nicht auffallen. Die Zeiten, in denen sie aufzeigten, ohne eine Ahnung zu haben, ob ihre Antwort auf die Frage richtig war oder nicht, sind vorbei. Diese Selbstkritik wird nach außen geführt, indem sie ALLEM und JEDEM kritisch gegenüber stehen. Alles ist langweilig. "Enthusiasmus" ist ein Fremdwort, das sie anscheinend noch nie gehört haben.

Wir, unser Schulsystem und unsere Unterrichtsmethoden sind an diese verschiedenen Entwicklungsphasen angepasst. Bei jüngeren Schülern gestalten wir automatisch den Unterricht lebhaft. Und bei den Älteren passen wir uns auch an. Je höher die Schulstufe desto visueller und seßhafter (und oft langweiliger) wird der Unterricht.

Zum Teil ist das notwendig. Je höher nämlich die Schulstufe, desto größer ist die Stoffmenge die im Laufe eines Schuljahrs behandelt wird. Visuelles Lernen ist schnelles Lernen. Und visuelles Lernen ist auch für den akademischen Erfolg notwendig. Diese Art von Lernen eignet sich perfekt dazu, große Stoffmengen in kurzer Zeit für Tests zu lernen. Das ist der Vorteil. Aber leider wird das visuell Gelernte meist nicht im Langzeitgedächtnis gespeichert. Der Test wird mit Erfolg bestanden – und zwei Wochen (oder vielleicht zwei Tage) später ist das Erlernte oft wieder vergessen.

Es ist auch wichtig, die visuellen Studenten dort, wo sie sind – in diesem Fall im visuellen Bereich - abzuholen. Wie der Titel dieses Buchs ausdrückt: „We have to reach them to teach them." Damit das auch geschieht, ist es notwendig anzufangen, die Schüler bzw. Studenten mit der visuellen Modalität abzuholen und, nachdem Rapport hergestellt worden ist, sie zum multimodalen Lernen hinzuführen.

Ich höre manche von Ihnen, liebe Leser, stöhnen. Das ist keine leichte Aufgabe und ich kann mit Ihnen mitfühlen. Ein Lehrer oder Vortragender für Lernende dieser Altersgruppe braucht viel Mut und Geduld um den Unterricht gehirngerecht zu gestalten. Vor allem muss er selbst davon überzeugt sein – nur durch die eigene Überzeugung kann er sowohl auf der verbalen als auch auf der nonverbalen Ebene überzeugend wirken. Mut, Geduld, Überzeugung: Das sind die Zutaten, die zum Erfolg führen.

Ich mache diese Seminare sowohl für alle Schulstufen wie auch für Lektoren an Universitäten und Hochschulen. Die Kommentare und Bitten, die ich von meinen Teilnehmern höre, unterscheiden sich deutlich je nach Altersgruppe, die unterrichtet wird.

Wenn ich ein Seminar für den Pflichtschulbereich mache, verbringen wir sicherlich am meisten Zeit mit Tipps für das Arbeiten mit kinästhetischen Schülern. „Was soll ich tun? Franzi wandert ständig durch den Raum." oder „Susi und Magdalena tratschen pausenlos." Das waren die Themen der letzten zwei Kapitel.

Dieses Kapitel beantwortet die Fragen von Gymnasiallehrern für die Oberstufe bzw. Vortragenden auf Unis: „Meine Studenten stellen keine Fragen!", „Wie bringe ich sie zum Sprechen?", usw.

Die Klasse ist Ihr Spiegel

Ein wichtiger Faktor, der bei diesen Fragen auch berücksichtigt werden muss, ist die Frage, ob die Hauptmodalität der Gruppe auch Ihre Hauptmodalität ist. Die Wahrscheinlichkeit ist groß, dass eine Volksschullehrerin in vieler Hinsicht kinästhetisch veranlagt sein wird. Viele Universitätsprofessoren werden dazu neigen, visuell zu sein. Unsere eigene Modalität hat sicherlich zu unserer Berufswahl wie auch der Altersgruppe, die wir unterrichten, beigetragen.

Wenn Sie einen Schritt zurücknehmen und das Verhalten Ihrer Klasse und sich selbst beobachten, werden Sie merken, dass die Klasse für Sie ein Spiegel ist. Wie Sie sich verhalten, verhält sich Ihre Klasse.

> Das heißt, wenn Sie lebhaft sind,
> sind die Schüler lebhaft.
> Wenn Sie ruhig sind, sind sie ruhig
> Wenn Sie sehr viel reden, werden Sie
> eine redefreudige Gruppe haben.

Falls Sie merken, dass eine Klasse sich bei Ihnen grundsätzlich anders verhält als bei Kollegen, schauen Sie als erstes diesen Grundsatz an und fragen Sie sich, ob die Klasse vielleicht Sie spiegelt.

Das Gleiche gilt für Ihre Erwartungshaltungen.
Wenn ich selbst visuell bin und zögere, interaktive Übungen mit Bewegung bei meinen Schulklassen oder erwachsenen Seminargruppen einzusetzen, kann es ohne weiteres sein, dass ich meine eigene Erwartungen und meine Realität über die meiner Studenten oder Schüler stülpe. Wenn ich offen bleibe und bereit bin, Neues zu probieren, werde ich manchmal ganz angenehm überrascht. Wenn Sie es nicht probieren, werden Sie es nie wissen.

Visuelle sind höfliche und meist liebenswürdige Menschen, die motiviert und verlässlich sind. Sie sind die Planer und Manager unserer Gesellschaft. Ein Vortragender, der ein anerkannter Spezialist auf seinem Gebiet ist, der Artikel und Bücher geschrieben hat, wirkt für einen Visuellen glaubwürdig. Kompetenz und Glaubwürdigkeit werden von Visuellen hoch geschätzt.Sie können negative Emotionen viel leichter loslassen. Sie machen sich einfach ein neues Bild, um das alte, schmerzhafte Bild zu ersetzen.

Wie die Auditiven können die Visuellen sowohl rechts wie auch linkshemisphärisch sein.

Rechts- und linkshemisphärische Visuelle

Die rechtshemisphärischen Visuellen sind die Künstler, die Kreativen, diejenigen die „Flair" haben. Die Inneneinrichtung ihrer Wohnung ist perfekt. Sie können aus den einfachsten Gegenständen etwas Schönes machen. Ich bewundere z.B. immer im Herbst die kunstvollen Arrangements mit Kürbissen, die auf den Tischen oder Fensterbrettern der Hotels, in denen ich Seminare abhalte, liegen. Die sind sicherlich von Visuellen so attraktiv hingelegt. Als ich einmal selbst Kürbisse kaufte und versuchte das Kunstvolle zu Hause am Küchentisch nachzuvollziehen, bin ich von meiner Familie daran erinnert worden, dass ich vergessen hätte, die Kürbisse in den Kühlschrank zu geben.

Falls Sie ein rechtshemisphärisch-visuelles Kind haben, kann es Ihnen sehr teuer zu stehen kommen! Das sind diejenigen, die immer perfekt angezogen sind. Ein Visueller sucht seine Kleidung in erster Linie nach dem Aussehen aus. Erst an zweiter Stelle kommt, wie die Kleidung sich anfühlt. Ich hatte früher einmal eine Sekretärin, Veronika, die stark rechtshemisphärisch-visuell war. Sie war immer perfekt angezogen, gestylt und gepflegt. Jedes Haar war am richtigen Platz und keine Falte hätte sich getraut, in ihrer Kleidung Platz zu nehmen. Sie war die Perfektion pur. Deswegen habe ich so lachen müssen, als eines Tages eines meiner Kinder mich gefragt hat: „Wie glaubst du, Mama, dass die Veronika ausschaut, wenn sie in der Früh aufsteht?"

Die linkshemisphärischen Visuellen sind eher die Konservativen. Die „Ja-aber" unserer Gesellschaft. Sie können pedantisch wirken, weil sie sehr stark mit Details beschäftigt sind. Es befindet sich immer alles auf dem dazugehörigen Platz und es wird sehr auf Ordnung geschaut. Die Bücher sind nach Größe und genau mit dem richtigen Abstand vom Rande auf dem Bücherregal geordnet, alle CDs werden sofort nach Bespielen wieder in die Hüllen gelegt, die Buntstifte sind feinsäuberlich nach Farben sortiert und er weiß genau, wieviel Kleingeld er in der Geldtasche hat.

> DIE KLASSE SPIEGELT SIE
> Liebe Pearl!
>
> ... Nun hatte ich endlich Gelegenheit das neu Gelernte auszuprobieren. In meiner Praxiswoche habe ich im Sachunterricht den Strom mit gehirngerechtem Lernen und Suggestopädie unterrichtet. Es hat nicht nur mir und den Schülern Spaß gemacht, sondern auch die Praxisbetreuer waren begeistert.
>
> In dieser Sonderschulklasse ist es üblich, dass die Lehrer öfters lautstark die Kinder anschreien. Ich hab dein Buch vorher gelesen und meine Stunden sehr freundlich und ruhig gehalten. Die Kinder waren super-brav und die Klassenlehrer haben plötzlich auch angefangen ihren Ton zu ändern. Das war eine schöne Bestätigung.
>
> Sabine M., Sonderschullehrerin, Wien

Wie erreiche ich sie?

Der erste Schritt ist, den visuellen Lerntyp anhand der nonverbalen Signale zu erkennen. Dann können Sie, wie oben erwähnt, die Klasse leicht abholen, indem Sie ihren Lernstil spiegeln und den Unterricht einfach danach gestalten. Bei Visuellen ist das Abholen relativ einfach. Die große Herausforderung jedoch ist eine Akzeptanz für den multimodalen Unterricht zu finden, der für das gehirngerechte Lernen unbedingt notwendig ist. Diesen zweiten Schritt schauen wir gleich anschließend an. Aber zuerst: wie erkenne ich sie?

Wie Tante Maria Multimodal in der Geschichte sagte:

„Ich höre es an den WORTEN, die ihr verwendet und ich sehe eure AUGENBEWEGUNGEN an.
Ich beobachte genau, wie du den KÖRPER HÄLTST UND BEWEGST.

Wenn ihr auch auf diese Anzeichen schaut, könnt ihr eure Mitmenschen besser verstehen und mit ihnen leichter auskommen."

Wortwahl

Hier sind einige visuelle Worte und Ausdrücke.
Wenn Ihr Gesprächspartner viele visuelle Ausdrücke anwendet, wissen Sie, dass er entweder visuell bevorzugt oder zumindest momentan in der visuellen Modalität ist. Wenn Sie dann selbst visuelle Worte im Gespräch anwenden, steigert sich das Gefühl von Rapport.

- Da schau her!
- Ich sehe was du meinst.
- aus meiner Sicht
- aus meinem Blickwinkel.
- Das ist nicht meine Sichtweise
- Es sieht so aus als ob ...
- Was müssen meine Augen da sehen?
- Schaue mir in die Augen!
- Na, da schau her!
- Ich glaube nur das was ich sehe.
- Sich ein Bild machen
- schwarz-weiß sehen
- aus dieser Perspektive
- Ich traue meinen Augen nicht
- Ich sehe das so.
- Auf Wiedersehen.
- Das sticht mir in die Augen.
- Ich glaube, ich bin im falschen Film.
- Durch die rosarote Brille schauen
- den Durchblick haben
- dumm wie die Nacht
- finster wie die Nacht
- den Augen nicht trauen
- aus den Augen aus dem Sinn

> Liebe Pearl!
>
> Ich bin visuell und verstehe meine „kühle" Wirkung auf Eltern jetzt besser und versuche ein wenig „auditiver" zu sein, damit wir leichter miteinander auskommen. Bei den Kindern kommt mir meine visuelle Körperhaltung und Stimme beim „Disziplinieren" entgegen - sie wird unnötig!
>
> Außerdem habe ich seit unserem Seminar viel mehr Geduld und Verständnis für auditive und kinesthetische Kinder. Sie sind leicht zu erkennen und es ist für mich eine Erleichterung zu wissen, dass es nicht meine Aufgabe ist, diese Kinder zu ändern, weil ich das ja auch gar nicht kann. Ich gebe ihnen jetzt passende Hilfestellungen - meine Reaktionen auf sie. Es fällt mir allerdings immer noch schwer, nicht auf das ständige Rausrufen von Auditiven zu reagieren, besonders wenn mich diese vifen Kinder mit klugen Fragen und sinnvollen Vorschlägen und Argumenten um den Finger wickeln. Aber es geht viel besser als früher, einfach weil mir bewusst ist, was hier passiert.
>
> Freja Z., Volksschullehrerin, Wien

Körperhaltung und Bewegung

Der Visuelle hält den Kopf und den Körper beim Sitzen und beim Stehen aufrecht. Er hält die Schultern relativ straff. Sowohl der Körper wie auch der Kopf bleiben still beim Reden. Falls er sich dabei bewegt, sind seine Bewegungen langsam – sonst werden seine Bilder zerstört. Diese stille Körper- und Kopfhaltung hat einen direkten Einfluss auf seine Stimme, die monoton wird und öfter am Ende einer Aussage hinunter geht. Das Kinn wird in gesenkter Stellung gehalten. Manchmal berührt er die Schläfen in der Nähe der Augen.

Beim Gespräch braucht er eine gewisse Distanz und hält einen größeren Abstand als die Kinästheten oder die Auditiven, die sich in ein Gespräch oft hineinlehnen. Der Visuelle hingegen wird, wenn es ihm zu „eng" wird, sich weglehnen. Er braucht diese Distanz, damit er das Ganze in den Blick bekommt und sich ein Bild davon machen kann. So lernt und kommuniziert der Visuelle. Zu viel Nähe wie auch zu viel Bewegung zerstören seine Bilder. Der Visuelle hält beim Sprechen die Hände still und zeigt die Handflächen nicht.

Er hält die Füße beim Stehen parallel zueinander und sie zeigen nach vorne. Diese Fußhaltung ist auch die typische männliche Fußhaltung – wobei es in diesem Fall nichts mit visuell, auditiv oder kinästhetisch zu tun hat. Alle Männer stehen mit den Füßen parallel zueinander und das Gewicht wird gleichmäßig auf beide Füße verteilt. Bei Frauen zeigt oft ein Fuß nach vorne und der andere Fuß zeigt zur Seite. (Diese ist die sogenannte „Cindy Crawford Pose".)

Bestimmend   *Einladend*

Stimme

Der Visuelle spricht mit einer relativ schnellen Stimme. Seine Stimme wirkt, auf Grund der stillen Körperhaltung, flach und monoton. Er drückt sich meist klar, knapp und präzise aus. Wobei er auch gelegentlich ins Philosophieren fallen kann. In diesem Fall redet er viel.

Meine Körperhaltung und meine Bewegung bestimmen, wie meine Stimme sich anhört. Und die Stimme, die ich einsetze, bestimmt, wie ich auf andere wirke und wie sie auf mich reagieren. Meine Stimme ist ein wesentlicher

Faktor, der einen direkten Einfluss auf die Reaktionen meines Gegenübers und den Ausgang eines Gesprächs hat.

Wie im letzten Kapitel erwähnt, gibt es sowohl Männer als auch Frauen, die eine visuelle Körperhaltung und die daraus resultierende „BESTIMMENDE STIMME" haben. Und es gibt auch Vertreter beider Geschlechter, die eher auditiv in der Körperhaltung und Bewegung sind. Sie besitzen eine „EINLADENDE STIMME". Im Allgemeinen tendieren jedoch Frauen eher dazu, eine auditive und Männer eher eine visuelle Körperhaltung und Stimme zu haben.

Beide Körperhaltungen und beide Stimmen – sowohl die auditive „einladende Stimme" als auch die visuelle „bestimmende Stimme" - sind gut – jeweils in der richtigen Situation. Entscheidend ist immer, die richtige Stimme zur passenden Gelegenheit anzuwenden.

Die EINLADENDE STIMME setze ich dann ein, wenn ich mit den Schülern etwas besprechen möchte, wenn eine Diskussion, wenn Anregungen und Vorschläge willkommen sind. Diese Stimme fördert die Konversation und den Austausch.

Ich verwende z.B. die BESTIMMENDE STIMME, wenn ich im Klassenzimmer diszipliniere, ein ernstes Gespräch mit den Schülern führe oder ihre Aufmerksamkeit gewinnen möchte. Diese Stimme trägt die Botschaft: „Tue was ich sage. Jetzt. Ohne Widerrede."

Menschen, die eine bestimmende Stimme haben, können sich leichter durchsetzen. Wenn sie reden, hören andere zu. Sie treten in Aktion. Der Nachteil dieser Stimme liegt in der Qualität und auch in der Quantität der Kommunikation. Trotz des häufigen Wunsches, besser zu kommunizieren, stockt oft das Gespräch und es kommt einfach nichts retour.

Ich halte öfters Vorträge über diese Themen bei der jährlichen DGSL Konferenz in Deutschland. Als ich das letzte Mal dort ein Workshop gehalten habe, ist eine Lehrerin aus Freising, einem Ort nahe München, zu Beginn aufgestanden und hat mich gefragt, ob sie etwas erzählen darf. Ich habe natürlich „Ja" gesagt und wir haben alle gespannt ihrer Geschichte zugehört.

Sie erzählte, dass sie bei einem früheren Workshop von mir als Teilnehmerin dabei war. Ungefähr ein Jahr später gab es einen tragischen Vorfall in der Berufsschule, wo sie unterrichtet. Ein ehemaliger Schüler kam eines Tages während der Pause in die Schule und erschoss zuerst den Direktor und anschließend sich selbst. Da das während der Pause geschah, haben die Schüler das ganze grausige Geschehen mitbekommen. Panik ist ausgebrochen und die Schüler sind bei einem Fenster hinaus über ein Dach in ein anderes Schulgebäude geklettert. Dort haben sie sich in der Aula versammelt. Es hat, klarerweise, Chaos und Hysterie geherrscht. Die Polizei war inzwischen da und Psychologen haben in den Klassenzimmern auf die Jugendlichen gewartet.

Die Polizei hat der Lehrerin, die uns die Geschichte erzählte, den Auftrag gegeben, zu den Kindern in die Aula hinüberzugehen und sie in die entsprechenden Zimmer zu schicken. Sie ging schweren Herzens hinüber. Wie sollte sie denn das zustande bringen? Sie ging in die Aula hinein und stieg einige Stufen einer Treppe hinauf, damit die Jugendlichen sie besser sehen konnten. Plötzlich ist ihr eine Technik, die ich im Workshop erwähnte hatte, eingefallen. Sie erstarrte in der Körperhaltung und sagte mit einer flachen, monotonen Stimme: „Alle, die mich jetzt hören, klatschen einmal in die Hände." Sie klatschte einmal. Und dann einige Sekunden später: „Und alle, die mich jetzt hören können, klatschen zweimal in die Hände." Sie klatschte zweimal - worauf alle zweimal klatschten. Ruhe herrschte und alle schauten sie erwartungsvoll an. Dann hat sie die „bestimmende Körperhaltung" eingenommen und gesagt: „Die Schüler von der 1A gehen bitte ins Zimmer 205 ..." und so weiter. Das Chaos war vorbei. Die Schüler haben sich sofort beruhigt. Sie haben wortlos ihre Anweisungen befolgt und sind in die entsprechenden Räume zu den bereitstehenden Psychologen hingegangen.

Nachdem die Lehrerin uns die Geschichte fertig erzählt hatte, waren alle Zuhörer im Raum still. Und dann sind sie in Applaus ausgebrochen. Ich hatte Gänsehaut – und ich glaube, ich war nicht die einzige.

Diese Geschichte ist kein Einzelfall. Seitdem ich diese Kurse unterrichte, haben einige Kursteilnehmer mir ähnliche Geschichten von Notsituationen, die teilweise sogar lebensbedrohend waren, erzählt. Plötzlich, ohne darüber nachzudenken, sind die im Seminar vorgestellten Techniken im richtigen

> Liebe Pearl!
>
> Voll motiviert nach den herrlichen lehrreichen und gleichzeitig stresslosen Seminartagen habe ich am Montag Morgen total positiv mit einem Lächeln begonnen, mich hinter den Lehrertisch mit Handflächen nach unten, gesenktem Kinn und ruhigen Augen in die sehr schwierige 4. Klasse gestellt und mich nicht bewegt bis alle ruhig waren. Es funktionierte!
>
> Ich war von mir selbst und deinen Techniken derart beeindruckt, dass ich seither (es sind inzwischen 3 Tage) auf einem Wölkchen schwebe und sämtliche Kollegen neugierig gemacht und mit meinem schon kitschig permanenten Lächeln auch ziemlich beeindruckt habe. Ich verspüre einfach unendlich viel Kraft und Motivation in mir und hoffe, dieser Zustand hält noch lange an.
>
> Vielen, vielen herzlichen Dank für Deine „Tipps"!
>
> Maria A., Hauptschullehrerin, Wien

Moment aufgetaucht und damit haben sie die Situation gemeistert. Nachher haben sie gestaunt. Woher ist das gekommen?

Ich glaube, dies ist zum Teil der Fall, weil diese Techniken so intuitiv und tiefliegend in uns sind. Sie sind alle da – aber auf der unbewussten Ebene. Während Sie hier darüber lesen oder während ich diese Worte schreibe, analysieren wir beide diese Informationen. „Wie geht diese Technik vor sich?", „Wie sollte ich den Körper genau halten?", „Wird das tatsächlich die beschriebene Wirkung hervorrufen?", etc. Aber wenn wir in einer Notsituation sind und schnell reagieren müssen, kommt ganz intuitiv und von alleine das richtige Verhalten. Die Tatsache, dass Sie jetzt in Buchform darüber lesen oder die Techniken Ihnen persönlich in einem Seminar oder Workshop wieder „vorgestellt" werden, eröffnet die Tore und die Intuition, die nunmehr auch auf der bewussten Ebene vorhanden ist, fließt noch stärker als zuvor.

Augenbewegungen

Es gibt einige Augenbewegungen, die typisch visuell sind und Ihnen zeigen, dass Ihr Gegenüber momentan innere Bilder wahrnimmt.

Hier sehen Sie die zwei häufigsten visuellen Augenbewegungen. Das Bild ist so gezeichnet, als wäre das Ihre eigene rechte und linke Seite.

Wenn Sie eine Information visuell gespeichert haben, schauen Sie mit den Augen entweder nach rechts oder nach links hinauf.

Normalerweise wenn die Augen sich nach links bewegen, erinnert sich die Person an Bilder, die sie schon gesehen haben. Wenn die Augen sich nach rechts bewegen, stellt oder konstruiert sich die Person neue Bilder. Die Richtungen nach links oder nach rechts stimmen für die meisten Menschen. Eine Ausnahme bildet ein kleiner Prozentsatz der Bevölkerung, worunter ungefähr die Hälfte aller Linkshänder ist. Die Augenbewegungen dieser Menschen sind spiegelverkehrt.

Wenn Sie mir zum Beispiel die Frage stellen: „Pearl, hat deine Großmutter eine Brille getragen?" und ich schaue nach links hinauf, wissen Sie, dass ich etwas, z.B. ein Bild meiner Großmutter mit Brille oder ihre Brille wie sie auf dem Nachttisch liegt, sehe.

Der Visuelle braucht Augenkontakt während eines Gespräches. Deswegen hält er oft das Kinn in gesenkter Stellung. Dadurch kann er Augenkontakt beibehalten während er gleichzeitig hinaufschaut, um Informationen zu holen.

Weitere Zeichen dafür, dass jemand im visuellen Bereich ist, sind ein defokussierter, breiter Blick, der sogenannte „Blick ins Narrenkasterl" oder wenn jemand plötzlich still wird, die Stirn runzelt und die Augenbrauen leicht zusammenzieht.

Atmung

Wenn man im visuellen Bereich ist, atmet man meist hoch im Brustkorb und relativ seicht. Es kann sein, dass der Visuelle den Atem kurz anhält während er beginnt Bilder innerlich anzuschauen. Wenn das Bild sich aufbaut, beginnt er wieder normal zu atmen.

Weitere Merkmale

- **Plötzlich sind sie „selbst-selektiv"**

Plötzlich mit dem Einbruch der Pubertät sind manche Schüler schwierig zu erreichen. Sie sind "selbst-selektiv" geworden. Das heißt, im Gegensatz zu den Kleinen, die die Frau Lehrer lieb haben und ihre Aufmerksamkeit förmlich auffordern, suchen sich die Älteren selbst aus, mit wem sie zu tun haben wollen. Die Ausgesuchten sind leider sehr selten Lehrer!

- **Rapport herstellen**

Hier gelten nach wie vor die schon besprochenen Rapport-Richtlinien. Spiegeln Sie Ihr Gegenüber mit Ihrer Stimme und in der Körperhaltung. Der Kopf ist still und das Kinn ist nach unten geneigt. Die Kunst ist es gleichzeitig sich langsam und wenig zu bewegen während man schnell spricht. Verwenden Sie weniger Worte und stellen Sie nicht zu viele Fragen.

- **Geben Sie zuerst den Überblick. Dann gehen Sie auf Details über.**

Einerseits brauchen die meisten Visuellen zuerst einen Überblick des Themas bevor sie auf Details gehen. Andererseits sind sie sehr auf Details bedacht. Formalien sind ihnen wichtig

Wenn Sie zum Beispiel ein neues Konzept oder eine neue Fertigkeit einer stark visuellen Gruppe beibringen wollen, ist es wichtig, dass der Prozess als aller Erstes modelliert oder vorgeführt wird. Anschließend brauchen die Visuellen Beispiele, gefolgt von den notwendigen Regeln und Richtlinien, um den Prozess selbst zu duplizieren. Der visuelle Lernende wird anschliessend sicherlich auch wissen wollen, warum das so ist.

■ Der Visuelle ist ein Perfektionist

Aus diesem Grund wird er, bevor er nicht zu hundert Prozent sicher ist, dass er die neue Information oder Technik beherrscht, sich nie als Freiwilliger melden. Er will es gleich beim ersten Mal richtig machen und möchte sich nicht vor den anderen blamieren. Er möchte zuschauen, wie jemanden anderer es vorführt. Diese Person kann entweder Sie sein oder, noch besser, ein kinästhetischer Schüler.

Kinästheten sind immer die ersten, die sich freiwillig melden – ob sie die Antwort wissen oder nicht! Ob sie richtig antworten oder etwas vorführen können, ist ihnen egal. Sie sind gerne bereit es noch einmal zu probieren. Und noch einmal. Und noch einmal. Bis sie den Vorgang beherrschen. Aus diesem Grund mache ich Ihnen den Vorschlag, nehmen Sie die Kinästheten, die sich melden, als Modelle. So ist jedem gedient. Die Kinästheten lernen ohnehin durch Muskelgedächtnis und durch das mehrmalige Vorführen beherrschen sie dann die Technik. Die Visuellen können zuschauen und ein innerliches Bild davon machen. Das ist genau was er braucht. Er will Modelle haben, die er nachmachen kann. Daher nehmen Sie den Kinästheten als Freiwilligen und lassen den Visuellen dabei zuschauen.

Sie werden dann an der Körperhaltung des Visuellen merken, ob er schon genug gesehen hat oder nicht. Wenn er mehr braucht, erstarrt er in der Körperhaltung und das Kinn ist nach unten geneigt. Sobald ihm klar ist, wie es vor sich geht, wird er sich melden. Fordern Sie ihn erst auf, etwas zu tun, wenn es sicher scheint, dass er es kann.

Der Visuelle hat die Tendenz, sich mehr Sorgen zu machen als die Vertreter der ersten zwei Modalitäten, und gleichzeitig erlebt er leichter einen akademischen Erfolg. Da ihm Formalien sehr wichtig sind, stellt er oft die Frage „Warum?". Bevor der Visuelle etwas Neues ausprobiert, möchte er zuerst genau wissen, wie das funktioniert. Er möchte es gleich richtig machen. Er mag keine Fehler. Sie sind wie Flecken auf einem weißen Hemd. Er analysiert und philosophiert gerne. Es wird viel hinterfragt und in Frage gestellt. Orientierung ist ihm wichtig. Er studiert den Fahrplan genau, bevor er in den Zug einsteigt.

Meistens ist das positiv. Aber, wie es bei allen drei Modalitäten der Fall ist – alles, was zu extrem ist, ist nicht erstrebenswert. Es ist unsere Aufgabe als Trainerin oder Lehrerin, das Lernen zu fordern. Und das geht nur, wenn unsere Lernenden die Angst vor Fehlern verlieren. Gerade beim Visuellen ist es wichtig, dass eine angstfreie Lernumgebung herrscht, dass er viel Ermunterung und Anerkennung bekommt und das er sanft dazu aufgefordert wird, Neues auszuprobieren.

■ Üben, bis es in Fleisch und Blut geht!

Diese nonverbalen Techniken sind für die meisten Lehrer eine intuitive Fähigkeit, die sie einfach tun und selten logisch analysieren. Genau das, das Unbewusste bewusst zu machen, ist unser Ziel. Wir analysieren gemeinsam eine rechtshemisphärische Fertigkeit, damit der positive Einsatz bewusst als Werkzeug statt unbewusst als Zufall eingesetzt wird. Zuerst schauen wir es uns an und dann ist es essentiell, dass Sie wieder ins Klassenzimmer gehen und gleich bei der nächsten Gelegenheit das Analysierte und Neuerlernte ausprobieren.

Und hier, genau an diesem Punkt, wird es sofort offensichtlich, welche Lehrer im Seminar visuell als ihre bevorzugte Modalität haben und welche das Kinästhetische bevorzugen. Die Lehrerinnen mit kinästhetischen Tendenzen können es kaum erwarten, dass sie so schnell wie möglich wieder in ihr eigenes Klassenzimmer kommen, damit sie die Techniken ausprobieren können. Die Visuellen hingegen verbringen viel Zeit mit der Hinterfragung der Tech-

> Unsere Gesellschaft schätzt eine **visuelle Körperhaltung.** Sie brauchen nur die Wahlplakate anzuschauen. Wenn das Kinn nach unten geneigt ist und die Augen hinaufschauen, schauen wir „intelligent" aus. Frauen werden meist lächelnd abgebildet. Ein Mann kann, muss aber nicht, die Zähne zeigen. Es wird, wie es so oft der Fall ist, mehr von Frauen erwartet: sie sollen gleichzeitig intelligent UND freundlich ausschauen.

niken und ich höre oft Einwände wie: „Das kann ich mir nicht vorstellen.", „Und wenn es nicht funktioniert, was soll ich dann machen?", und „Vielleicht hören die Schüler dann zum Stören auf – aber binnen kürzester Zeit werden sie sich wieder so verhalten. Und was soll ich dann tun?"

Die Antwort auf diese Fragen ist: „Ohne es auszuprobieren, werden Sie es nie wissen."

Viele Jahre habe ich mich bei solchen Einwänden bemüht, die Lehrer, die daran gezweifelt haben, zu überzeugen. Da ist viel wertvolle Zeit im Seminar verloren gegangen. Je mehr ich versucht habe sie zu überzeugen, desto öfters habe ich: „Ja, aber ..." gehört. Manche habe ich überzeugt - sie haben mir später glücklich berichtet, wie sich ihre Situation im Klassenzimmer verändert hatte. Bei anderen ist es nicht gelungen, weil sie die Techniken nie ausprobiert haben.

Eines Tages habe ich mich gefragt: „Warum mache ich das? Warum investiere ich so viel Zeit und Energie, Leute von etwas zu überzeugen, von dem ich weiß, dass es stimmt?" Ich arbeite doch mehr als 20 Jahre in diesem Bereich. Im Laufe dieser Zeit habe ich und viele Lehrer, die diese Techniken gelernt haben, Wunder erlebt. Ich habe Mails und Briefe und Aussagen von Lehrern gehört, die mich zutiefst berührt haben. Viele Lehrer, die zu mir gekommen sind, waren knapp davor, den Lehrberuf aufzugeben. Durch nonverbales Klassenzimmer Management und die Erkenntnisse, die ich teilweise auch in diesem Buch Ihnen mitteile, hat ihr berufliches Schicksal sich um 180 Grad gewendet. Das spricht alles für sich. Ist es nicht besser, ich verbringe diese kostbare Zeit damit, Lehrern Techniken beizubringen statt sie von etwas zu überzeugen?

Diese Frage war entscheidend. In dem Moment wo ich sie mir gestellt habe, habe ich mich entschlossen, keine Überzeugungsarbeit mehr zu leisten. Entweder glauben die Leute daran oder sie glauben daran nicht. Und siehe da - seither geht es uns allen besser!

Der Schlüssel ist Ausprobieren. Sie lesen diese Seiten und sie stellen Ihnen die Theorien dar. Aber Theorien allein bringen nichts. Damit tatsächlich eine Veränderung eintritt, müssen die Techniken, die hier geschildert werden, in die Praxis umgesetzt werden. Aber bitte nicht alle auf einmal.

Beginnen Sie mit einer oder zwei Techniken und setzen Sie sie gleich morgen oder das nächste Mal, dass Sie im Klassenzimmer sind, ein. Probieren Sie sie aus. Wenn es funktioniert, ist das fein – diese Technik wird mit ein bisschen Übung bald ein Teil Ihres nonverbalen Repertoires. Wahrscheinlich wird es gleich auf Anhieb klappen, aber wenn nicht, was haben Sie verloren? Ich wage zu behaupten: nichts. Mein Vorschlag ist, es mindestens noch einmal zu probieren. Wenn es dann klappt, ist es super. Und wenn nicht, vergessen Sie es. Lassen Sie es fallen und probieren Sie sonst etwas von unserem reichhaltigen nonverbalen „Buffet".

Diesen Vorgang setze ich in fast allen Bereichen meines Lebens ein. Wie oft bin ich schon vor einer Entscheidung gestanden wo ich hin und her überlegt habe: Soll ich das tun oder nicht? Welchen Weg soll ich gehen? Die Qual der Wahl! Aber irgendeinmal bin ich darauf gekommen, dass meist eine einfache Frage mir die Lösung klar machen kann. Ich muss mich nur fragen: „Wenn ich das mache, was ist das Allerschlimmste, das daraus entstehen kann?" So eine einfache Frage – und die Antwort ist oft auch verblüffend einfach. Sie lautet meist: „Nichts." Und dieses „Nichts" ist befreiend, weil mir dadurch auch nichts mehr im Wege steht (bzw. stehe ich mir selbst nicht mehr im Weg!) und ich etwas Neues ausprobieren kann.

- **Lassen Sie sich aussuchen.**

Um ihn zu erreichen ist es wichtig, dass der Schüler intuitiv spürt, dass Sie ihn mögen und ihn respektieren. Damit es klappt, muss einfach Rapport da sein. Am leichtesten ist es, wenn Sie die Schüler seit Anfang ihrer Schulzeit kennen und mit der Klasse aufgestiegen sind. Da ist der Rapport schon in "jungen Jahren" hergestellt worden und hilft über diese schwierige Zeit hinweg. Das ist so, als hätten Sie ein

> „Ich habe viel von dir gelernt. Die vielen Spiele, deinen Humor, nicht alles so ernst zu nehmen, Lachen, mich nicht so wichtig zu nehmen, ruhiger und ausgeglichener zu sein, nicht alles genau nach Vorschrift zu machen und ruhig ein bisschen verrückt zu sein. Das versuche ich einzusetzen. Das brauchen die Kinder und ich."
>
> Christoph P., Volksschullehrer, Wien

Guthaben am Konto und die schwierigeren Zeiten können dadurch leichter überwunden werden.

Die große Herausforderung ist: Wie kommen Sie an diese Schüler heran? Jugendliche in diesem Alter sind selbst-selektiv. Das heißt, Sie müssen warten bis der Schüler Sie aussucht statt umgekehrt. Kein Jugendlicher will als „Schleimer" vor seinen Mitschülern da stehen. Sie müssen daher mit viel Fingerspitzengefühl an die Sache herangehen.

Aber wie macht man das? Wie lässt man sich aussuchen?

Sie müssen es ein bisschen schwierig machen, dass sie Sie aussuchen können. Den „guten Freund" zu spielen funktioniert nicht. Der Kontakt muss langsam aufgebaut werden. Reden Sie nur einige Worte mit ihnen im Vorbeigehen. Sprechen Sie mit einer flachen Stimme ohne Augenkontakt und wenden Sie sich zum Weggehen schon während Sie diese wenige Worte aussprechen. Sagen Sie nie das Wort „ich" und zeigen Sie keine Handflächen! Handflächen zeigen heißt: „Sprich mit mir!" – und das ist nicht die Botschaft, die Sie vermitteln wollen. Es ist ganz wichtig, dass Sie weggehen, bevor der Schüler das möchte.

Überlegen Sie, was diesen schwierigen Schüler interessiert und dann erwähnen Sie es in einer Art und Weise, dass er nicht das Gefühl hat, dass Sie direkt mit ihm sprechen. Sie machen zum Beispiel beim Vortragen einen unerwarteten Zwischenkommentar über ein Thema, das den Schüler besonders interessiert. Schauen Sie ihn dabei nicht an. Oder zeigen Sie mit einer Hand auf ihn und schauen Sie irgendwo anders hin. Er wird nicht wissen: Haben Sie das wegen ihm gesagt? Zuerst erregen Sie sein Interesse – und dann entfernen Sie sich. Der Schüler soll Ihnen nachgehen statt umgekehrt.

Mit dieser Altersgruppe muss man auch sehr vorsichtig mit Komplimenten und Lob sein. Teenager wollen in dieser Art und Weise nicht auffallen. Daher ist es besser wenn Sie das Lob in einen „Sandwich" verpacken. Statt zu sagen: „Franzi hat die Aufgabe sehr schön gemacht" ist es besser wenn ich sage: „Susi, Franzi und Murat haben die Aufgabe gestern sehr schön gemacht." So kann er das Lob leichter annehmen.

Es ist auch wichtig, dass Sie den Schüler mit Lob oder Komplimenten nicht unter Druck setzen. Es ist ein großer Unterschied zwischen den Sätzen: „Du hast das Arbeitsblatt fertig ausgefüllt" oder „Ich bin stolz auf dich, dass du das Arbeitsblatt ausgefüllt hast." Bei der zweiten Variante hat der Schüler das Gefühl, er wird es morgen wieder so machen müssen. Kommentare sind für solche Schüler besser als Komplimente.

Sie haben es gleich am nächsten Schultag ausprobiert:

Liebe Pearl!

... danke für die Anker und die nonverbalen Techniken. Ich habe bereits am Montag begonnen damit, beide einzusetzen. Und, es ist wie ein Wunder! Aber du weißt es ja, es funktioniert!!!!

Irmi L., Hauptschullehrerin, Vorarlberg

Liebe Pearl!

Ich habe heute einiges sofort ausprobiert. z.B. bei einer Planarbeit bat ich meine SchülerInnen, 1o Minuten ganz still zu sein. Sie schafften es 30 Minuten lang! Für mich hingegen war es total anstrengend!
Ich habe heute ein besonderes Glücksgefühl in der Schule erlebt. Danke dir.

Maria D., Volksschullehrerin, Kärnten

Liebe Pearl!

... Manchmal funktioniert es gleich auf Anhieb. Manchmal muss man noch daran arbeiten. Das Wesentliche ist, es zu tun! ...
Die Techniken helfen mir sehr den Unterricht und den Tag zu strukturieren. Immer funktioniert es leider nicht, manchmal geht einiges schief und manchmal denke ich: Na das war ein schlimmer Tag. Manchmal denke ich mir aber, es geht ohnehin nur Schritt für Schritt. Und wenn es gut geht, ist es ein tolles Gefühl. Es geht immer öfters sehr gut, sogar urgut!

Christoph P., Volksschullehrer, Wien

Liebe Pearl!

Ich versuche täglich diese Ruhephasen einzubringen. Leider gelingt es nicht immer. Wenn wir es schaffen sind wir alle begeistert. Mir persönlich fällt es sehr schwer still zu sein, aber ich werde es lernen.

Maria N., Hauptschullehrerin, Wien

■ Der Visuelle lernt mit den Augen

Der Visuelle mag, will und benötigt visuelle Anweisungen und Unterstützung, um effizient lernen zu können. Alles, was er einmal gesehen hat, merkt er sich besser und er kann auch später in jeder beliebigen Reihenfolge das Erlernte wiedergeben. Bei der Rechtschreibung sieht er die Wörter vor sich und er kann sie oft sowohl vorwärts wie auch rückwärts buchstabieren.

Unterrichten Sie mit einem Stück Kreide oder mit einem Stift in der Hand. So können Sie leicht und jederzeit visuelle Anweisungen an die Tafel schreiben. Machen Sie es sich zur Gewohnheit, nach Möglichkeit alle Anweisungen aufzuschreiben. Das ist für alle Schüler gut und kann Ihnen viel Reden ersparen.

Wir kennen das alle. Sie wollen, dass die Schüler einen Aufsatz schreiben. Sie haben alle Details besprochen und nun stellen die Schüler Fragen:

„Liniertes oder kariertes Papier?"
„Welches Heft?"
„Welche Seite?"
„Welches Buch?"
„Dürfen wir mit Bleistift schreiben?"

Und dann beginnen die Fragen wieder von vorne:
„Welche Seite?"
„Welches Buch?"

Mein Rat ist:
Sagen Sie es einmal und während Sie es sagen, schreiben Sie es an die Tafel. Wenn die Frage noch einmal aufkommt, sagen Sie es auf keinen Fall ein zweites Mal. Zeigen Sie wortlos (und möglichst mit einem Lächeln!) auf die Antwort, die auf der Tafel steht.

Manchmal hat man das Gefühl, die Schüler – vor allem die, die noch stark im kinästhetischen oder auditiven Entwicklungsstadium sind – statt mit dem Hirn mit dem Mund denken. Mit visuellen Techniken können Sie sie dazu trainieren, nachzudenken statt gleich zu fragen oder zu reden.

■ Sitzordnung

Wie besprochen ist es besser, wenn ein Visueller nicht neben einem Kinästheten sitzen muss. Die Augen eines Visuellen sind wie ein Photoapparat womit er ständig Schnappschüsse macht. Das Stossen und die viele Bewegung, die ein Kinästhet verursacht, zerstören die Bilder des Visuellen.

Der Visuelle braucht Abstand, damit er Bilder machen kann. Wenn Sie einem Visuellen beim Gespräch zu nahe kommen, wird er sich weglehnen. Sie können ihm beim Lernen helfen, indem Sie ihm mit dem Einhalten von Abstand das Fokussieren erleichtern. Wenn Sie z.B. ihm etwas zeigen wollen, nehmen Sie lieber ein Schritt zurück, statt näher zu kommen. Da kann er viel leichter den Gegenstand mit den Augen „fotographieren" bzw. visuell wahrnehmen.

Der Visuelle möchte, dass andere die Grenzen zu seinem Raum respektieren. Er hält seinen Platz ordentlich und übersichtlich. Er hat es nicht gerne wenn sein Eigentum angegriffen wird oder wenn Sie ihn z.B. beim Schreiben eines Tests über die Schulter schauen. Dies ist der Schüler, der sofort dann die Hand über seine Arbeit legt, damit Sie sie nicht sehen können. Er hat einen Platz für alles und es ist alles immer am richtigen Platz. Eine Gruppe, die stark visuell ist, wird auch nicht die Sitzplätze oder die Arbeitspartner wechseln wollen. Wenn alles bleibt wie es bis jetzt war, bleibt die Ordnung und die Übersicht.

■ Der Visuelle ist ein Planer

Der Visuelle kann langfristig planen. Er hat alle Fähigkeiten dazu: Er ist gut organisiert, kann sich klare Ziele setzen, ist vorsichtig, ergebnisorientiert, systematisch. Bevor er handelt, macht er einen Plan. Viele rechtshemisphärischen Visuelle haben eine sehr lebendige Vorstellungskraft. Sie haben Visionen und es fallen Ihnen viele Möglichkeiten und Lösungen auf. Sie handeln daher besonnen und überlegt.

Der Visuelle kann sich gut konzentrieren. Obwohl er manchmal am Anfang einer Aufgabe abgelenkt wird, vertieft er sich dann schnell in die Arbeit. Sie sind z.B. im visuellen Bereich, wenn Sie in ein Buch oder eine Computerarbeit so vertieft sind, dass Sie nicht mehr merken was rund um Sie herum passiert, oder Sie hochspringen wenn jemand Sie anspricht.

Tipps & Techniken für den visuellen Unterricht

Im Gegensatz zum Kinästheten freut sich der Visuelle, wenn Sie von vorne auf ihn zukommen. Er hat gerne Augenkontakt und er ist es gewöhnt, dass Lehrer ihn loben. Wo der Augenkontakt zu einem Problem wird, ist in dem Moment, wenn Sie ihm etwas zeigen wollen. Dann ist er zerrissen. Ihre Augen fesseln ihn. Einerseits will er höflich sein und Ihnen in die Augen schauen. Andererseits haben Sie ihn gebeten, einen Gegenstand oder eine Unterlage zu betrachten. Wo soll er nun hinschauen? In Ihre Augen? Oder auf den Gegenstand?

■ Zeigen Sie Profil

Sie können das Problem lösen indem Sie Profil zeigen. Wenn Sie ihm etwas zeigen wollen, drehen Sie sich so, dass er Sie von der Seite anschaut. Schauen Sie selbst den Gegenstand an. So hat er Ihre Augen UND den Gegenstand im Blickfeld. Lenken Sie die visuelle Energie auf den Lehrstoff, dorthin wo sie sein soll. Und dann erstarren Sie Ihren Körper und schweigen Sie. Dieses kurze Stillstehen verankert das neu Gelernte in seinem Gedächtnis.

■ Präsentieren auf der Tafel

Jede erfahrene Lehrerin weiß, dass sie den Rücken nicht zur Klasse drehen soll. Aus diesem Grund fällt es uns nicht schwer, im 90-Grad-Winkel bei der Tafel zu stehen, wenn wir den Schülern etwas zeigen wollen. So sieht der Schüler Ihr Profil, d.h. Ihre Augen, wie auch den Stoff, der auf der Tafel steht.

Sie stehen in der Nähe der Tafel. (Wenn Sie wollen, dass die Schüler auf die Tafel schauen, ist es notwendig, dass Sie selbt in der Nähe der Tafel bleiben.) Ein Schüler zeigt auf und stellt eine Frage. Die Antwort zu dieser Frage steht auf der Tafel. Rufen Sie den Schüler und behalten Sie dabei den Augenkontakt. Führen Sie dann mit Ihren eigenen Augen die Augen der Schüler zur Tafel. Gleichzeitig zeigen Sie mit einer Hand auch auf die Tafel. Die Hand soll erstarren.

Angeblich soll eine Lehrkraft nicht länger als 6 Sekunden den Augenkontakt mit der Klasse abbrechen. Sonst verliert sie ihre Aufmerksamkeit. Sie kann jedoch die Aufmerksamkeit weiterhin bei der Tafel behalten, indem sie ihre stille, ausgestreckte Hand dort hält. Dadurch sind ihre Augen befreit und sie kann wieder den Augenkontakt mit der Klasse aufnehmen.

Sie schreiben auf die Tafel und zeigen dabei Profil. Achten Sie darauf, dass Sie nicht auditiv wiederholen, was Sie auf die Tafel geschrieben haben. Das ist nicht notwendig, weil es ohnehin dort steht.

■ Der Schüler sitzt und Sie sitzen neben ihm

Sie sitzen neben einem visuellen Schüler und wollen ihm eine Unterlage zeigen. Solange Sie in seine Augen schauen, kann er nicht auf die Unterlage schauen.

Aus diesem Grund schlage ich Ihnen vor, setzen Sie sich im 90-Grad-Winkel zum Schüler. Dadurch ist Ihr Gesicht im Profil. Halten Sie die Unterlage so hin, dass der Schüler sie anschauen kann. Versuchen Sie nicht Augenkontakt mit dem Schüler aufzunehmen, sondern schauen Sie auch auf das Papier.

■ Der Schüler sitzt auf seinem Platz und Sie gehen auf ihn zu

Sie gehen auf den visuellen Schüler, der auf seinem Platz sitzt, zu. Er sieht sie kommen und nimmt den Augenkontakt auf.

Wie Sie den Schüler erreichen, schwingen Sie Ihren Körper zur Seite, damit Sie nun im 90-Grad-Winkel zum Schüler stehen und Profil zeigen. Halten Sie, wie oben beschrieben, die Unterlage so hin, dass der Schüler sie anschauen kann und schauen Sie selbst auf die Unterlage.

■ Zeigen Sie der Klasse einen Gegenstand

Sie stehen vor der Klasse und tragen vor. Die Schüler sind aufmerksam. Sie hören zu und schauen Ihnen in die Augen.

Sie heben einen Gegenstand auf und sagen: „Heute habe ich euch ganz was Schönes mitgebracht. Schaut einmal."

Nun machen Sie folgende drei Sachen gleichzeitig:

- *Heben Sie die Unterlage, damit Sie sie in Augenhöhe halten können.*

- *Nehmen Sie einen Schritt zurück und gleichzeitig*

- *führen Sie die Augen der Klasse mit Ihren eigenen Augen und mit Ihrer zweiten Hand zur Unterlage hin.*

Nachdem Sie diese Technik geübt haben und sie in Fleisch und Blut übergegangen ist, können Sie sie mit dem auditiven Übertragunsmuster, das im letzten Kapitel beschrieben wurde, kombinieren. Je mehr Modalitäten Sie gleichzeitig ansprechen können, desto mehr Lernende werden Sie erreichen und desto besser wird der Stoff ins Langzeitgedächtnis übertragen.

Wie bringe ich den Visuellen zum Reden?

Das ist die Frage, die ich am häufigsten an Universitäten, in der Erwachsenenbildung und beim Fremdsprachenunterricht höre.

Ich war vor kurzem auf einem Kongress in Amerika, auf dem eine Universitätsprofessorin einen interaktiven Vortrag über Lernstrategien für den Erwachsenenunterricht gehalten hatte. Sie hat nicht nur darüber referiert – sie hat die Techniken, die sie uns beibringen wollte, auch mit uns praktiziert.

Der Satz, den ich mir wortwörtlich von ihrem äußerst interessanten Vortrag gemerkt habe, war:

> „Die Person, die am meisten im Klassenzimmer über den Stoff spricht, ist diejenige, die am meisten lernt."

Wie wahr das ist. Und andererseits – wie oft ist es so, dass die Lehrkraft im Unterricht spricht und spricht und spricht und erwartet, dass die Lernenden zuhören? Gehirngerechtes Lernen ist nicht lehrer- sondern lernerzentriert. Das heißt, es soll eine Selbstverständlichkeit sein, dass die Lernenden mehr während der Stunde sprechen als ich. Das Sprechen hilft ihnen ihre Gedanken zu organisieren. Es zeigt dem Lernenden, was er aktiv kann und welches Wissen noch passiv ist und verstärkt werden muss. Seine Selbstsicherheit bei dem Thema und bei dem Fach steigert sich.

Falls Sie am Ende eines Vortrages gerne Fragen der Studenten beantworten möchten, geben Sie das am Anfang des Vortrages bekannt. So sind die Studenten oder Zuhörern vorgewarnt und können sich in der Zwischenzeit ihre Fragen überlegen. Wenn es dann soweit ist und Sie einfach passiv die Frage stellen: „Gibt es Fragen?" oder wenn Sie einen Schritt zurückgehen, die Hände in die Taschen stecken, den Augenkontakt mit Ihren Zuhörern abbrechen und murmeln: „Irgendwelche Fragen?", wird es wahrscheinlich keine geben. Die Reaktion Ihrer Zuhörer hängt hauptsächlich von Ihrer Körpersprache ab.

- Machen Sie einen Schritt in Richtung Ihrer Zuhörer. Gehen Sie nicht weg von ihnen, sondern nähern Sie sich.
- Heben Sie selbst die Hand...
- ...während Sie die Aussage positiv und mit einer einladenden Stimme formulieren, z.B. „Welche Fragen haben Sie?" Mit diesem Wortlaut drücken Sie aus, dass Sie Fragen erwarten – und dadurch werden Sie sie auch bekommen.
- Lassen Sie den Zuhörern ein bisschen Zeit. Sie werden vielleicht die Formulierung der Fragen überlegen, bevor sie sie aussprechen.
- Wenn jemand aufzeigt, dann zeigen Sie nicht mit dem Zeigefinger auf ihn, sondern zeigen mit der gesamten Hand und einer offenen Handfläche (so ähnlich wie der Papst die Hände beim Reden hält).
- Es ist auch wichtig, dass Sie beim Antworten nicht nur mit dieser einen Person sprechen, sondern dass Sie mit Ihrer Körperhaltung alle Zuhörer mit einschließen.

Gibt es Fragen?

ALLE brauchen Bewegung

Bei den jungen Schülern kämpfen wir ständig, dass sie ruhig sind. Wir wollen auch nicht, dass sie aufstehen und durch den Raum herumspazieren. Sie haben aber den Drang sich mitzuteilen. Sie haben das natürliche Bedürfnis, sich zu bewegen. Klarerweise gibt es Momente wo das nicht geht. Es gibt halt Teile des Unterrichtes, wo sie still und stumm sitzen müssen. Da muss es sein. Aber wenn das nicht der Fall ist, warum sollen sie sich nicht bewegen und sich über den Stoff mitteilen?

Wann tauchen Probleme im Klassenzimmer auf? Sie sind immer dann da, wenn wir als Lehrkräfte diese durchaus natürlichen Bedürfnisse der Schüler zu unterdrücken versuchen. Viel zielführender ist es, wenn ich meinen Unterricht so gestalte, dass ich mit dem Strom schwimme und Aktivitäten mit Bewegung und Sprechen für die Stunde konzipiere oder aussuche.

Auch auf der universitäten Ebene ist das möglich und sehr wünschenswert. Partnerübungen, Kleingruppendiskussionen, Simulationen, Exkursionen, Hands-on Projekte, kooperatives Lernen und Peer Teaching, indem die Studenten einander Konzepte beibringen, sind nur einige der vielen Möglichkeiten, den Unterricht interaktiver und lernerzentriert zu gestalten.

Das sind aber unsere Studenten nicht gewöhnt. Wir wissen nicht, wie sie darauf reagieren werden. Und vor allem, wenn Sie selbst sehr visuell sind, trauen wir uns nicht ganz den Sprung mit solchen Aktivitäten ins kalte Wasser zu machen. Ich kann mich gut an einen Professor einer technischen Hochschule in Deutschland erinnern, der mir erzählte: „Ich sehe, wie die Studenten da sitzen. Sie brauchen dringend Bewegung und Sauerstoff. Am liebsten würde ich Ihnen sagen: ‚Steht einmal auf, streckt euch und setzt euch nochmals nieder.' Auf meine Frage, warum er das nicht tut, antwortete er: „Das traue ich mich nicht. Sie sind doch erwachsen und solche Anweisungen erwarten sie nicht von mir."

Ich persönlich würde sie darum bitten. Aber ich arbeite seit vielen Jahren in der Erwachsenenbildung, und da gehirngerechtes Lernen meine Spezialität ist, bin ich es gewöhnt, Erwachsene zu bitten, solche Sachen zu machen. Am Anfang war ich auch nicht so sicher. Aber wenn ich es nie ausprobiert hätte, würde ich noch immer nicht wissen, dass es funktioniert.

Mein Rat an Sie: Wenn Sie so etwas gerne probieren möchten, aber nicht sicher sind, wie es ankommt, beginnen Sie klein. Bitten Sie die Studenten, Ihnen beim Aufhängen von Plakaten zu helfen, das Fenster aufzumachen, Bücher auszuteilen. Da bringen Sie ein bisschen Bewegung hinein. Der nächste Schritt ist, sie Gruppen- oder Paararbeit machen zu lassen. „Drehen Sie sich zur Person, die neben Ihnen sitzt und reden Sie 2 Minuten mit einander darüber, warum das Konzept, das ich gerade erklärt habe, für unser Thema wichtig ist."

Alle brauchen Bewegung!

	VISUELLER TYP „Planer der Gesellschaft"	KOMMUNIKATION mit dem VISUELLEN TYPEN
STIMME	spricht schnell eintönige Stimme visuelle Wortwahl	sprich schnell eintönige Stimme visuelle Wortwahl
FOKUS	nach innen gerichtet konzentriert unabhängig vom Kommunikationspartner	Stelle Modelle vor. Nicht viele Fragen stellen. Zieh Lesen & Schreiben, also visuelle Anweisungen vor
KÖRPER-HALTUNG / BEWEGUNG	hält Kopf und Körper still gesenktes Kinn - nahe zur Brust Veränderungen und/oder Berührungen im Augenbereich hält Abstand	Halte den Kopf & den Körper still Halte das Kinn in gesenkter Stellung Sitze oder stehe gerade Berühre weder den Kommunikationspartner noch sein Eigentum beim Arbeiten - es könnte seine „Bilder" zerstören.
AUGEN	hinauf sucht Augenkontakt	Augenkontakt Stehe beim Präsentieren im 90-Grad-Winkel, so dass die Kommunikationspartner dein Profil sehen = Augen + Stoff
VERHALTEN	systematisch & organisiert, plant verlässlich, verantwortungsvoll, höflich & motiviert möchte es beim 1. Mal richtig machen auf das Äußerliche konzentriert	Rapport herstellen Auditive Typen auseinander halten. Metaphern, Geschichten, Sprüche, Diskussionen, laut lesen, Musik.
SPEICHERUNG	Schnelligkeit beliebige Reihenfolge rechte oder linke Hemisphäre	Gib ein Beispiel, die Regel & WARUM. Gib Modelle, die der Kommunikationspartner wiedergeben soll. Achte auf Ordnung & Form

10

Visuelle Aktivitäten & "Frame Games" für den multi-modalen Unterricht

- **Besichtigungen von Fabriken, Museen, Kunstwerke, etc**.

- **Filme, Dokumentarfilme, Videoclips, Fernsehsendungen oder TV Nachrichten:**
  anschauen, Ton weglassen und den Dialog erraten, Zusammenfassungen / Beschreibungen schreiben, neue entwerfen und aufnehmen

- **Beschreibungen, Aufzeichnungen, Illustrationen, Photos, Plakate, Overhead and Power Point**
  vom Gehörten, über den Ablauf von Prozessen, vom neuen Wortschatz, selber gestalten, verändern, ergänzen

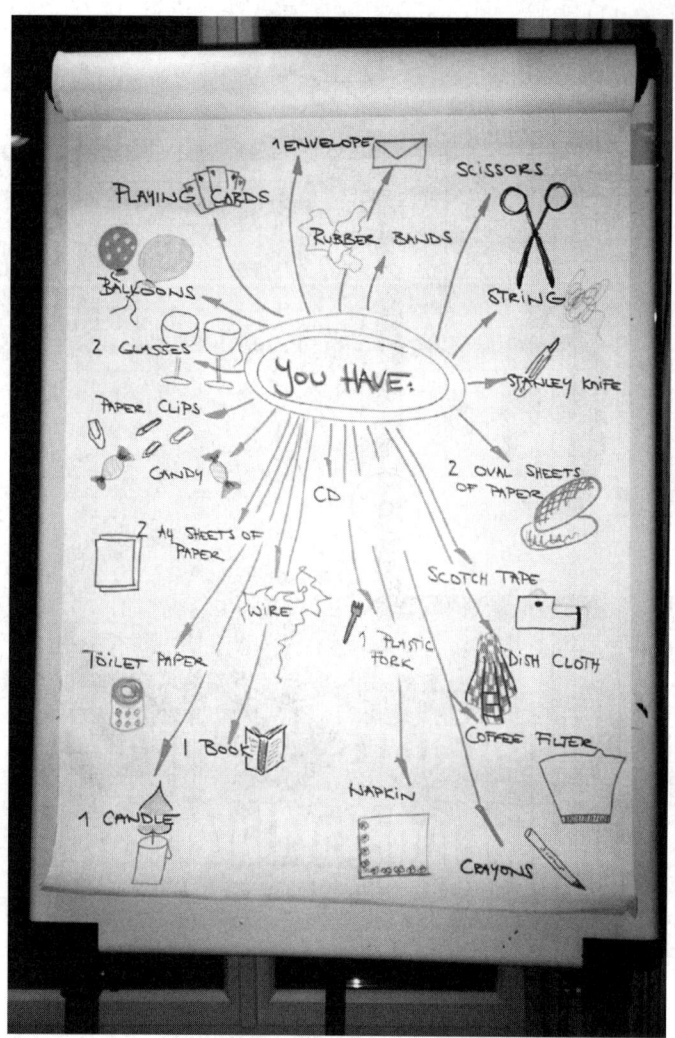

- **Bildgeschichten, Comics**
  zusammenstellen, ordnen, erfinden und selbst gestalten, leere Comics ausfüllen, Zusammenfassungen, neue Schlussszenen erfinden

- **Zeitungen & Zeitschriften**
  Schlagzeilen, Anzeigen schreiben, auf Anzeigen antworten, Artikel lesen und bearbeiten, Artikel verfassen, Briefe an die Redaktion, Zeitung gestalten

- **Geführte Fantasiereisen und Visualisierungen**
  Einfach zur Entspannung, Stoffvermittlung, neue Worte oder Begriffe, üben, Rechtschreibung visualisieren, mentales Training um leichter Ziele zu erreichen und das Selbstbewusstsein zu stärken

Visuelle Aktivitäten & "Frame Games" für den multi-modalen Unterricht

- **Storyboard über die Handlung**
  einer Geschichte oder eines Rollenspiels schreiben, gestalten, spielen

- **Arbeitsblätter, Lückentexte, Kreuzworträtsel**
  www.puzzlemaker.com, www.hotpotatoes.de, www.enchantedlearning.com, „Worksheet" googlen

- **Geschichten, Lesetexte, Videos, Fernsehen oder TV Nachrichten:**
  anhören, laut vorlesen, anschauen ohne Ton und den Dialog erraten, zusammenfassen, entwerfen, erzählen, selbst aufnehmen, mitschreiben, illustrieren

- **Berichte, Journals, Referate:**
  planen, abhalten oder zusammenfassen

„Frame Games"

Frame Games sind Strukturen oder Rahmen für Aktivitäten oder Spiele, die Sie an Ihren eigenen Stoff anpassen können. Dadurch sind sie sehr flexibel und können für jeden Stoff und jede Altersgruppe angewandt werden. Ihrer Kreativität wird hier keine Grenzen gesetzt!

Ein heißer Tipp für Lehrer, Universitäts- und Hochschullektoren und Trainer in der Erwachsenenbildung: Der große Meister in Frame Games für Erwachsene ist Thiagi. Thiagi (Das ist die Kurzform für Dr. Sivasailam Thiagarajan) ist der amerikanische (mit indischen Wurzeln) „Guru" für Spiele und Aktivitäten, die zum Großteil in Management Training verwendet werden. Sie können seine Bücher bestellen bzw. sich anmelden für seinen gratis monatlichen Newsletter, der eine Goldgrube voller Aktivitäten und Spiele ist, über seine Website: www.thiagi.com

- **Ballspiele:**

Geben Sie einen Impuls z.B. „My name is Pearl. What is your name?" und werfen Sie den Ball jemanden zu. Diese Person antwortet und wirft den Ball, wieder mit einem Impuls, jemandem anderen zu. Diese Aktivität, wie alle hier, kann an jeden Stoff angepasst werden. Einige Beispiele:

- Fragen über den Stoff und Antworten
- neue Vokabeln, Fachwörter und –begriffe
- kreatives Brainstorming
- „Mir ist heute etwas Nettes passiert. ..."

- **Mingle:**

Lernende gehen durch den Raum und sprechen mit mehreren Lernenden, damit sie verschiedene Aufträge erfüllen können. Zum Beispiel Fragen für ein Kennenlernspiel könnten so lauten:

FINDE JEMANDEN, DER/DIE ...

- ... ein Meter springen kann (Vorführen lassen!)
- ...Walzer tanzen kann. (ebenfalls vorführen lassen!)
- ... einen Knopf annähen kann
- ... 1o Worte auf Japanisch kann (Probiere es mal mit "Mitsubishi", „Sushi", etc.)

- **Interaktive Vorträge:**

Bauen Sie Interaktion in Ihren Vortrag ein.

Stellen Sie Fragen und lassen Sie die Zuhörer aufzeigen (Falls sie eine „stumme" Gruppe sind, helfen Sie ihnen, indem Sie selbst als Vorbild beim Stellen der Frage aufzeigen):
- Wer von Ihnen hat selbst Kinder?
- Wer ist heute zu Fuß unterwegs?
- Wer von euch isst gerne Bananen?

oder „Hast du diesen neuen Prozess verstanden?
- Wenn „Ja!", zeige bitte 5 Finger. Wenn „Nein!" zeige bitte 1 Finger."
- Wenn „Ja!", nicke „Ja!" mit dem Kopf. Wenn „Nein!", nicke „nein". Und wenn du nicht sicher bist, kratze den Kopf.

oder „Wie geht's euch, heute?"
- ... es dir gut geht? 👍, ... es dir schlecht geht? 👎, ... dir so-so geht? Daumen in der Mittelstellung

- Bitten Sie Studenten zwischendurch, kleine Aufträge, die Bewegung mit sich bringen, zu machen.
  - Schreibe etwas auf der Tafel
  - Plakate aufhängen
  - Fenster oder Tür aufmachen

- Tische umstellen
- Partner wechseln

Thiag hat ein tolles Buch für alle, die bis jetzt ziemlich traditionell im Unterricht vorgetragen haben geschrieben. Hier sind Ideen wie Sie weiterhin vortragen können – und gleichzeitig Interaktion in Ihren Unterricht einbauen können: *„Thiagi's Interactive Lectures"* zu bestellen unter: http://www.thiagi.com/

- **„Marktstand"**
    - Hängen Sie Blätter, auf denen jeweils eine Aussage geschrieben ist, oder eine Liste von Aussagen an die Tafel.
    - Jeder Lernende bekommt ebenso viele Klebepunkte, wie es Aussagen gibt.
    - Die Lernenden sollen ihre Punkte verteilen und auf die Aussageblätter kleben. Es können auch mehrere Punkte für eine Aussage vergeben werden. Auch keine Punkte für eine Aussage zu geben ist möglich. Es müssen auch nicht alle Punkte verbraucht werden.

    Hier ist ein Beispiel: **WIE LERNE ICH AM BESTEN?**

    ❶ Ich brauche zum Lernen viel Ruhe.
    ❷ Ich lerne am besten, wenn ich beim Lernen mitspreche, murmle, summe oder singe.
    ❸ Ich brauche zum Lernen viel Bewegung.
    ❹ Ich kann aufmerksam zuhören.
    ❺ Ich störe andere manchmal beim Lernen.
    ❻ Ich störe mich selbst oft beim Lernen.
    ❼ Ich achte die Grenzen anderer.

    Besprechung der Ergebnisse.

- **Rollenspiel und Simulationen von inhaltsbezogenen Situationen**

Die Rollenspiele können vorgegeben werden oder die Teilnehmer können sie selbst ausdenken. Sie können fantasievoll oder sie können auch direkte Beispiele aus dem Alltagsleben der Lernenden sein.

Visuelle Aktivitäten & "Frame Games" für den multi-modalen Unterricht

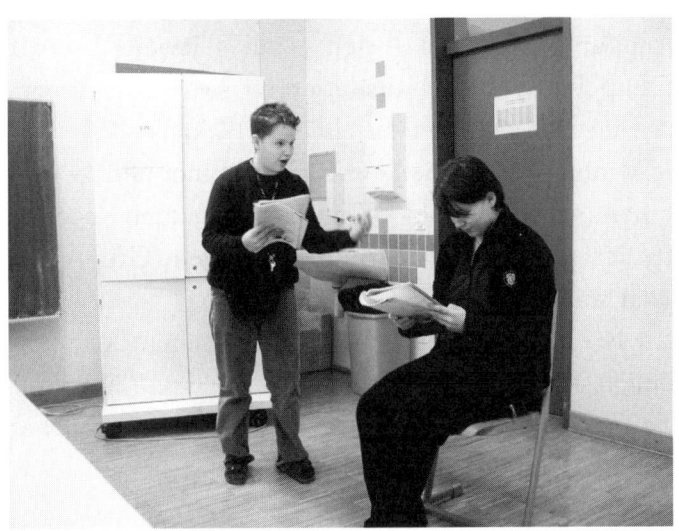

- Gallery Walk
    - Wenn das Thema z.B. „Der Einsatz von Musik im Unterricht" ist, kann man vier Unterthemen (z.B. Klassenzimmer Management, Stoffvermittlung, Fantasiereisen, Bewegung) auf 4 Blätter Flip Chart Papier schreiben. Die 4 Blätter werden auf verschiedenen Wänden aufgehängt.
    - Die Lernenden sind in Kleingruppen eingeteilt.

- Die Gruppen verteilen sich bei jeweils einer anderen Flipchart. Dort diskutieren sie ihre Ideen, formulieren sie und schreiben sie auf dem Plakat.
- Nach ca. 5 Minuten läutet die Lehrkraft mit einer Glocke und die Gruppen wechseln im Uhrzeigersinn zum nächsten Plakat. Dieser Vorgang wiederholt sich bis jede Gruppe bei jedem Plakat war.
- Sie können Feedback in der Großgruppe machen oder, was ich persönlich vorziehe, fotografieren Sie jedes Plakat mit einem Digitalfotoapparat und schicken Sie die Fotos per email an die Lernenden.

- **Mindmapping** (© Tony Buzan)

Mindmapping ist eine graphische Darstellung von Inhalten, die statt einer Aufstellung mit römischem I, II, III und A, B, C, etc. verwendet werden kann. Es ist eine ganzheitliche Art sich Notizen zu machen: Im Zentrum des Blattes Papier steht das Thema. Von da aus verzweigen sich die anderen Informationsgebiete. Es wird viel mit Farben und Symbolen gearbeitet. Mit Mindmapping kann man Informationen für Referate, Präsentationen, Prüfungen, Mitschriften u.v.m. organisieren.

Buzan, Tony & Buzan, Barry: *Das Mind-Map-Buch . Die beste Methode zur Steigerung ihres geistigen Potenzials.*

A Human Mindmap

■ Sonne, Mond & Sterne

Die Lernenden stehen in der Mitte des Raumes. Sie zeigen in eine Ecke des Raumes und sagen ein Thema, z.B. „Sonne". Dann zeigen Sie in eine andere Ecke und sagen ein zweites Thema, z.B. „Mond". Die Lernende suchen sich jeweils das Thema worüber sie reden wollen – Sonne oder Mond - aus und versammeln sich in der entsprechenden Ecke. Sie besprechen dann dieses Thema mit den Leuten, die dort versammelt sind. Nach einigen Minuten geben Sie ein Signal, damit sich die Lernenden wieder in der Mitte des Raumes versammeln sollen. Und nun geben Sie zwei neue Themen an.

Die Themen sollen an Ihren eigenen Stoff angepasst sein. Wenn ich z.B. die Aktivität nach dem Inhalt dieses Buchs gerne gestalten möchte, könnte ich 3 Ecken des Raumes benützen: Eine für Visuell, eine für Auditiv und eine für Kinästhetisch. Die Angabe: „Welche dieser drei Modalitäten ist, Ihrer Meinung nach, Ihre Hauptmodalität? Visuell? (auf eine Ecke zeigen) Auditiv? (auf die zweite Ecke zeigen) Oder Kinästhetisch? (auf die dritte Ecke zeigen).

■ Wo stehe ich?

Hängen Sie die Zahlen von 1 bis 10 an einer Wand entlang. Die Lernenden sollen Stellungnahmen zu Fragen, die Sie stellen, auf einer Skala von 1 bis 10 abgeben. Sie stellen sich dann jeweils zum entsprechenden Platz auf der Skala. Lernende können dadurch wahrnehmen, inwieweit ihre Meinung mit der Meinung anderer übereinstimmt. Diese Übung ist dann der Ausgangspunkt für Diskussionen, Feedback, etc.

■ Spazierengehen

Diese Übung ist besonders für wunderschöne Frühlings- oder Herbsttage, wo jeder lieber draußen im Freien statt im Schulungsraum wäre. Bilden Sie Zweier- oder Dreier-Gruppen und geben Sie jeder Gruppe einen Zettel mit 2 oder 3 Diskussionsfragen darauf. Die Paare oder Dreier-Gruppen sollen 15 bis 20 Minuten spazieren gehen und unterwegs diese Fragen diskutieren. Es ist wichtig, dass sie pünktlich wieder in den Raum kommen.

- **Zwiebel**
    - Die Hälfte der Lernenden bildet einen Kreis mit ihren Sesseln mitten im Raum. Der Kreis soll nach außen schauen.
    - Die übrigen Lernenden suchen sich je einen Partner aus dem Kreis aus und setzen sich auf ihrem Sessel jeweils dem Partner gegenüber. Dadurch entsteht ein Außenkreis rund um einen Innenkreis.
    - Die Lehrkraft stellt eine Frage oder Aufgabe, die die Partner miteinander lösen sollen.
    - Nach einer entsprechenden Zeit gibt die Lehrerin ein Signal (Glocke oder Ähnliches), dass die Lernenden sich vom Partner verabschieden sollen. Der Außenkreis bewegt sich dann einen Sessel nach rechts und begrüßt den neuen Partner.
    - Es wird so weiter gearbeitet bis die Personen im Außenkreis wieder zum ursprünglichen Partner im Innenkreis kommen.

Es gibt zu diesem Frame Game viele Variationen:

- Die Lernenden können z.B. stehen statt sitzen. Außenkreis und Innenkreis können sich im entgegengesetzten Richtungen bewegen bis zu einem Signal von der Lehrerin. Bei „Stopp!" begrüßen sie ihren neuen Partner.
- Die Antworten auf die Aufgaben können auf einem Arbeitsblatt oder auf einem Plakat eingetragen werden. Jede Lernende nimmt z.B. sein Plakat von einem Partner zum Nächsten mit. Dies bildet die Grundlage für ein kurzes Anfangsgespräch bei jedem Partnerwechsel.

Zwiebel

- **„Fishbowl" Diskussionen:**

Einige Lernende sitzen und führen eine Diskussion / machen ein Experiment / spielen ein Spiel in der Mitte des Raumes. Die anderen sitzen im Kreis um sie herum und sind Beobachter des Geschehens.

- **Peer Teaching**
    - Einige Großgruppen bilden.
    - Jede Gruppe bekommt neue Informationen. Das kann in Form eines Textes, eines Artikels, eines Bildes, einer Videoaufnahme, einer Kassette, etc. sein.
    - Die Lernenden sollen diese Information lesen (hören, anschauen) und aufarbeiten mit Hilfe von Arbeitsblättern, Diskussionsfragen, etc.
    - Nun gehen die Lernenden als „Botschafter" hinaus in die anderen Gruppen und bringen den anderen ihren Stoff bei.

- **„Jigsaw" LernRätsel:**

Wie beim „Peer Teaching". Die Zusammenstellung aller Informationen aller Gruppen
ermöglicht das Lösen eines Rätsels, das Ausfüllen eines gemeinsamen Arbeitblattes, etc.

11 Metaprogramme: Individuelle Lebens- & Lernstrategien

Metaprogramme sind Filter & Strategien

Genau so wie Menschen die Welt unterschiedlich wahrnehmen, reagieren sie auch unterschiedlich darauf. Diese unterschiedlichen Reaktionen sind Metaprogramme.

Die unterschiedliche Wahrnehmung der Welt war unser bisheriges Thema. Wir haben die verschiedenen Modalitäten – Visuell, Auditiv und Kinästhetisch - angeschaut und festgestellt, dass sie von einem Menschen zum nächsten unterschiedlich ausgeprägt sind. Die Sinneswahrnehmungen sind unsere Fenster zur Realität. Wie die Welt ausschaut, hängt davon ab, aus welchem Fenster ich schaue. Das heißt, jeder nimmt die Realität unterschiedlich wahr. Meine Realität gleicht nicht der Ihren. Und Ihre gleicht nicht der Ihrer Lernenden.

Nun habe ich mein Bild der Realität. Ich bin – sei es auf der bewussten oder, wie es meist der Fall ist, auf der unbewussten Ebene - nun überzeugt, dass meine Realität die wahre ist.

Aber manchmal wird unser Gehirn mit Informationen, die unserer „Realität" widersprechen, konfrontiert. Meine „Realität" wird gefährdet. Nun, in diesem Kapitel geht es um meine Reaktion auf diese Gefährdung.

Welche Strategien setze ich ein, um meine Realität aufrecht zuerhalten?

Was haben Sie gesagt?!
Da sind Informationen, die meine Realität in Frage stellen?!?
Nun so geht das aber nicht! Ich bin doch nicht bereit, einfach meine maßgeschneiderte Realität so leicht aufzugeben!

So geht es jedem von uns, wenn unsere Welt in Frage gestellt wird. Aus diesem Grund haben wir Strategien entwickelt, um festzulegen, welche Informationen akzeptiert werden und welche herausgefiltert werden. Wenn ich diese Metaprogramme oder Filter verstehe, weiß ich wie ich mich selbst und auch andere besser motivieren kann. Diese Strategien oder Filter sind unsere Werte, unsere Glaubenssätze und das Thema dieses Kapitels, unsere Metaprogramme. Im Grunde genommen sind sie eine Art „Software-Programme", die einfach alle Informationen herausfiltern, die nicht in unser Bild der Realität hineinpassen.

Und wie mache ich das?
Nun das geht ganz leicht!

Tilgungen, Verzehrungen und Verallgemeinerungen

- Manche Informationen werden einfach ausgelassen oder **getilgt.**

- Andere werden **verzerrt** und so interpretiert, dass sie zu meiner Realität passen.

- Und andere wiederum werden **verallgemeinert.**

METAPROGRAMME

Schätze dich selber ein, wo du auf den einzelnen Punkten der folgenden Skala stehst. Falls es von der Situation abhängig ist, wie du reagieren würdest, wähle die Antwort, die in den meisten Fällen auf dich zutrifft.

1.	Bevor ich mit einer Aufgabe beginne, schaffe ich mir eine klare Übersicht über die gesamten Aufgabe.	○ ○ ○ ○ ○ ○	Bevor ich mit einer Aufgabe beginne, möchte ich über Details und die Reihenfolge, in der sie zu tun sind, nachdenken.
	Global		**Details**
2.	Ich weiß, dass ich eine Aufgabe gut gemacht habe, sobald ich die Reaktion anderen sehe.	○ ○ ○ ○ ○ ○	Ich kann selbst beurteilen, wenn ich etwas gut gemacht habe.
	Fremdreferenz		**Eigenreferenz**
3.	Wenn ich vor einer Herausforderung stehe oder ein Projekt in Angriff nehme, plane ich gerne im Voraus.	○ ○ ○ ○ ○ ○	Ich lasse lieber die Ereignisse auf mich zukommen und handle dann spontan.
	Aktiv		**Passiv**
4.	Ich arbeite am besten, wenn ich ein verlockendes Ziel im Kopf habe.	○ ○ ○ ○ ○ ○	Ich beginne erst zu arbeiten, wenn ich Angst davor habe, was passieren würde, wenn ich es nicht tue.
	hin zu		**weg von**
5.	Ich habe es gerne, viele Variationen und Auswahlsmöglichkeiten zu haben.	○ ○ ○ ○ ○ ○	Ich führe gerne ein geregeltes Leben und will die Dinge so belassen wie sie sind.
	Optionen		**Prozeduren**
6.	Ich arbeite besser alleine.	○ ○ ○ ○ ○ ○	Ich arbeite besser in einem Team.
	Introvertiert		**Extrovertiert**
7.	Mir fallen als erstes Ähnlichkeiten und Gemeinsamkeiten zwischen Personen, Situationen, etc. auf.	○ ○ ○ ○ ○ ○	Mir fallen als erstes Unterschiede zwischen Personen, Situationen, etc. auf.
	Matching		**Mismatching**

Und basta! Nun passt es! Diese lästigen und widersprechenden Informationen habe ich nun erfolgreich an mein Bild der Realität angepasst. Die Welt ist wieder heil. Meine Realität darf ungeändert aufrecht bleiben. Das habe ich wieder gut gemacht! Nun kann ich mich wieder eine Zeit lang zurücklehnen und ausrasten.

Eigentlich erinnert mich das an eine Geschichte ...

Mein Großvater war ein sturer Kerl. Es war schwierig mit ihm auszukommen und er hatte wenig Humor.

In den 40er Jahren hat er mit meiner Großmutter eine Reise im Westen der USA gemacht. Eine der Hauptattraktionen, die er und meine Großmutter besuchen wollten, war der Grand Canyon. An dem Tag, an dem sie dort ankamen, gab es leider sehr viel Nebel. Das kommt dort oft vor und der Nebel machte es unmöglich, den Canyon zu besichtigen. Mein Großvater war auch kein besonders geduldiger Mensch. Er wartete einen Tag, aber der Nebel war nicht weniger geworden. Deswegen entschied er, dass er und meine Großmutter gleich mit dem Zug weiter nach Kalifornien fahren sollten.

In den Jahren darauf hat er allen erzählt, dass der Grand Canyon eigentlich eine Touristenfalle sei. Er sei selbst dort gewesen und könne dafür bürgen, dass es eigentlich nichts besonders sei. Wir wollten ihm immer wieder Bilder davon zeigen, aber er hat es abgelehnt sie anzuschauen, mit den Worten: „Nein! Das gehört auch zur Touristenfalle dazu! Sie zeigen dir solche Photos und dann, wenn du endlich dort ankommst, schaut es ganz anders aus!"

Wir haben ihn nicht überzeugen können. Es war unmöglich mit ihm zu reden. Daher haben wir nach einer gewissen Zeit das Thema Grand Canyon mit ihm nicht mehr angeschnitten.

Meine Großmutter ist dann gestorben und einige Jahre später hat mein Großvater wieder geheiratet. Irgendwie – frage mich nicht wie es ihr gelungen ist - überredete meine neue Stiefgroßmutter ihn und sie sind miteinander auf Urlaub zum Grand Canyon gefahren.

Diesmal war es ein wunderschöner Tag. Der Ausblick war atemberaubend und mein Großvater war hellauf begeistert. Er ging sofort in einen Geschenkladen, kaufte sich eine Postkarte vom Grand Canyon und schrieb einen Nachricht an meine Eltern darauf: „Liebe Susi, lieber Herbert. Der Grand Canyon hat sich in der Zwischenzeit sehr stark verändert. Liebe Grüße, Hermann."

Die Studie von Metaprogrammen hat mit Leslie Cameron Bandler und ihrem Mann Richard, einer der Gründer von NLP, begonnen. Sie haben eine lange Liste von Metaprogrammen aufgestellt. Als Einführung in dieses Thema werden wir acht dieser Metaprogramme anschauen.

Beginnen wir mit folgendem Beispiel:

Metaprogramme: Aktiv vs. Passiv

Caroline und Herbert gehen unterschiedlich an die Planung eines Urlaubs heran:

> *Caroline plant alles genau durch. Sie recherchiert die Reise genauestens im Internet. Sie druckt Stöße von Informationen aus und besorgt sich Reiseführer und Landkarten. Sie plant die Reiseroute in Detail, rechnet genau aus, wieviele Kilometer sie von einem Ort zum nächsten fahren müssen, wie lange jede Strecke dauert, und reserviert für jede Nacht ein Hotelzimmer. Ein Programm für unterwegs legt sie auch fest. Welche sind die besten Restaurants? Welche Sehenswürdigkeiten gibt es unterwegs und wann sind sie geöffnet?*

> *Herbert legt das Reiseziel fest und kauft die Flugkarten. Er reserviert ein Zimmer für die erste Nacht und ein Mietauto. Am Abend vor der Abreise packt er seinen Koffer und hofft, dass er nichts vergessen hat.*

Caroline und Herbert haben unterschiedliche Strategien oder Metaprogramme, um mit der Realität zurecht zu kommen. (Und falls unsere fiktive Caroline und unser fiktiver Herbert miteinander verheiratet sind, sind sie hoffentlich sehr anpassungsfähig!)

Caroline gehört zum Metaprogramm AKTIV.
Wenn sie vor einer neuen Herausforderung steht, unternimmt sie aktive Schritte, um sie zu meistern.

Herbert gehört in diesem Fall zum Metaprogramm PASSIV.
Er macht die notwendigen Schritte, aber sonst wartet er ab und lässt das Ganze auf sich zukommen.

Metaprogramme sind sehr oft situationsbezogen.

Es kann sein, dass Herbert in der Arbeit ganz anders ist. Dort hat er vielleicht das Metaprogramm AKTIV. Er ist das Bild der Effizienz und eine fleißige Biene von in der Früh bis zum Arbeitsschluß. Wenn er dann zu Hause oder in seiner Freizeit ist, wechselt er auf das Metaprogramm PASSIV.

Woher kommen diese Strategien? Das passiert meist ganz einfach.
Sie haben in der Vergangenheit ein Problem gehabt und Sie haben eine Lösung für dieses Problem gefunden. Kurz darauf taucht das Problem wieder auf. Und Sie setzen die gleiche Lösung ein. Und noch einmal. Und noch einmal. Und noch einmal. Sie wiederholen diese Vorgangsweise so lange, bis sie zur Gewohnheit wird. Voila! Ein Metaprogramm wurde geboren! Sie haben nun Ihre höchsteigene, persönliche und unbewusste Strategie um Probleme zu lösen!

Und nun lesen Sie dieses Buch, in dem die Autorin gleich am Anfang und immer wieder zwischendurch betont, das Ziel sei es:

Das Unbewusste bewusst machen

Aber was bringt es konkret, wenn die Metaprogramme Ihnen bewusst werden? Was haben Sie davon? Was für ein Nutzen bringt dieses Verständnis für Sie und für Ihre Lernenden?

Wenn wir unsere eigenen unbewussten Metaprogramme verstehen, wissen wir, wie wir uns selbst motivieren können. Und wenn wir die Metaprogramme anderer verstehen, wissen wir wie wir andere Menschen besser motivieren können. Wie denkt, spricht, handelt und reagiert dieser Mensch in dieser Situation? Das sind Metaprogramme. Durch Ihr Verständnis von verschiedenen Metaprogrammen können Sie Informationen so vermitteln, dass Sie eine Person bzw. eine ganze Gruppe viel leichter erreichen können.

Die Tore zum Wachstum, zur Entwicklung, zur Transformation und zur Motivation sind geöffnet.

You can reach them to teach them.

Einige weitere Metaprogrammbeispiele:

Hier sind die Merkmale von fünf weiteren Metaprogrammen.

Es ist wichtig zu bedenken, dass keines dieser Programme „besser" oder „schlechter" als das andere ist. Sie sind einfach anders. Sie sind auch, wie bei den Modalitäten, nicht statisch, sondern eher Richtlinien, die wie auf einer Gleitskala von einer Situation zur nächsten vielleicht unterschiedlich bevorzugt werden. Oder vielleicht befinden Sie sich in der Mitte zwischen zwei Programmen. Nichts ist in Stein gehauen. Das sind einfach interessante Informationen und Denkanstöße, die uns eine bessere Kommunikation ermöglichen.

Während Sie lesen, werden Ihnen manche Metaprogramme vielleicht bekannter oder sympathischer vorkommen als andere. Das kann schon ein Zeichen für Sie sein, welche dieser Programme Ihnen eher liegen.

> WIE MOTIVIERE ICH MICH SELBST?
> WIE KANN ICH ANDERE MOTIVIEREN?
> Schreiben Sie eine Liste von zehn Aktivitäten, die Sie regelmäßig – aber ungern – machen. Nun überlegen Sie sich: Wie motivieren Sie sich selbst dazu? Welche Strategien setzen Sie ein? Fallen Ihnen irgendwelche Strategien ein, die noch besser wären?
>
> Nun denken Sie über Ihre Lernenden nach. Was machen sie ungern? Welche Strategien könnten Sie einsetzen, um Ihre Lernenden besser zu motivieren?

- **Introvertiert vs. Extrovertiert**

Susi verbringt gerne ihre Freizeit alleine oder nur mit ihren engsten Freunden. Im Büro, wo Susi als Buchhalterin arbeitet, gibt es Gleitzeit. Sie beginnt die Arbeit meist um 6.30. Ihre KollegInnen beginnen zum Großteil erst um 8. Susi verträgt sich mit ihren Kolleginnen gut, aber sie genießt auch diese Ruhe von 6.30 bis 8. Das Telefon läutet nicht. Es gibt sonst keine Ablenkungen und sie kann sich richtig in der Arbeit vertiefen. Zum Urlaub ist Susi gerne in der Natur. Diese Stille beim Wandern oder Tauchen gefällt ihr sehr gut.

Franz ist sehr gesellig und gerne unter Menschen. Er hat einige enge Freunde und eine Menge eher oberflächlicher Freundschaften. Er arbeitet an einer Hotelrezeption und er genießt es, mit den vielen internationalen Gästen, die in dem Hotel übernachten, zu plaudern. Franz kann gut kommunizieren und wenn ein Gast eine Beschwerde hat, kann Franz das meist leicht in Ordnung bringen. In der Freizeit ist Franz auch gerne unter Menschen und er verbringt seinen Urlaub meist in einem Klub.

- **Pro-aktiv vs. Reaktiv**

Philip arbeitet bei der Rettung. Seine Kollegen schätzen ihn und seine Arbeit sehr. Er leitet dort ein Team von Sanitätern und ist dafür bekannt, dass er in Stress- und Krisensituationen gute Lösungen findet und sein Team exzellent leiten kann. Vor allem versteht er es gut, Probleme im Keim zu ersticken – da greift er gerne bei einer Situation ein, ehe sich ein Problem überhaupt entwickeln kann! Außerhalb der Arbeit empfinden ihn manche jedoch als herrisch und befehlend. Philip bewegt sich schnell und manchmal wird er etwas ungeduldig.

Renate wartet immer bis der Hut brennt, bevor sie eine Lösung zu einem Problem sucht. Sie hat es viel lieber, wenn andere die Initiative übernehmen. Falls es notwendig ist, tritt Renate selbst in Aktion – aber meist dann, wenn keine andere Wahl mehr besteht. Sie hat die Tendenz, jede Situation lang und breit zu analysieren und sie betrachtet die Welt mit etwas fatalistischen Augen. Es wird passieren, wie es passiert – sie kann nichts dagegen unternehmen. Renate bewegt sich langsam und ihre Körperhaltung ist meist nicht aufrecht sondern etwas in sich hineingesunken.

- **Options vs. Procedures**

Maria liebt die Vielfalt und geniesst es, neue Sachen auszuprobieren. Die Welt ist da, damit sie sie erobern kann! In einem Restaurant sucht sie immer etwas aus, das sie noch nie gegessen hat. Am liebsten isst sie beim Buffet – da gibt es so viel Auswahl. Sie hat gerne Alternativen und Flexibilität. Sie schaut immer nach neuen Möglichkeiten oder Verbesserungen von alten Vorgangsweisen.

Sie kann gut innovative Vorgänge entwickeln aber sie hat es nicht gerne, wenn sie sie dann selbst befolgen muss. Maria verpflichtet sich nicht gerne – da könnte ihr eine andere Möglichkeit vielleicht entgehen! Am leichtesten bringen Sie sie dazu, sich zu verpflichten, wenn Sie ihr die neuen Wege und Möglichkeiten zeigen, die sich dadurch für sie eröffnen.

Harald hat es gerne, wenn sein Leben nach einem fixen Plan abläuft. Er muss nicht unbedingt diesen Plan selbst festlegen. Das kann ruhig sonst wer tun. Aber das Leben soll gleichmäßig und ohne viele Veränderungen ablaufen. Er führt ein geregeltes Leben. Jeden Tag das Gleiche. Er hat gerne Sequenzen und macht alles Schritt für Schritt. Gesetze sind für ihn heilig. Wenn es mitten in der Nacht ist und Harald der einzige Autofahrer auf der Straße ist, bleibt er trotzdem bei der Stoptafel stehen. Wenn Harald bemerkt, dass jemand anderer die herrschenden Regeln nicht befolgt, weist er die Person zurecht. Regeln sind da um befolgt zu werden!

■ **Hin zu vs. weg vom**
Finden Sie verlockende Ziele motivierend?
Oder streben Sie ein Ziel nur deswegen an, weil sonst etwas Unangenehmes passieren wird?

Manche Leute werden durch das, was sie wollen, motivert. Andere durch das, was sie NICHT wollen!

Jeder von uns kennt die Geschichte vom störrischen Esel, der nicht weiter gehen wollte. Da hat der Reiter ihm eine Karotte vor das Maul gehängt. Das hat den Esel motiviert, und um die Karotte zu bekommen, hat er sich in Bewegung gesetzt.

Das ist „hin zu". Die Person handelt, um etwas Angenehmes zu erreichen.

Das sind unsere Lernenden, die Ziele anstreben. Sie lernen, weil sie neugierig sind und sich neues Wissen aneigenen wollen. Sie studieren, damit sie eine gute Stelle bekommen, damit die Türen zu einer erfolgreichen Karriere geöffnet werden.

Ein anderer Reiter hätte den Esel vielleicht anders motiviert. Statt den Esel mit der Karotte zu locken, hätte er das eher mit Drohungen möglicher Strafen durchgesetzt. Er hätte ihm den Stock gezeigt, damit der Esel weiß was passiert, wenn er sich nicht in Bewegung setzt.

Das ist „weg von". Die Person handelt, um etwas Unangenehmes zu vermeiden.

Diese Person sieht die Probleme. Sie sieht alles, was schief gehen könnte. Erst wenn der Hut brennt oder wenn eine Katastrophe schon vor der Tür steht, tritt sie in Aktion.

Diese Metaprogramme, „hin zu" und „weg von" sind für mich persönlich das beste Beispiel dafür, wie situationsbezogen Metaprogramme sind (oder ist es eine Erscheinung der Reife?). Als ich in der Schule war und auch noch als ich studiert habe, habe ich alles – sei es Seminararbeiten, das Lernen für Prüfungen, die Fertigstellung von Aufgaben - im letzten Moment gemacht. Heute bin ich genau das Gegenteil und arbeite viel zielorientierter und (meist) im Voraus.

■ Internal (Eigenreferenz) vs. External (Fremdreferenz)

Inge hat eine leitende Position in einer Bank. Sie ist selbstbewusst und wenn sie eine Aufgabe oder ein Projekt durchführt, weiß sie, ohne Lob dafür zu bekommen, ob sie die Aufgabe gut gemacht hat oder nicht. Wenn sie negatives Feedback bekommt, nimmt sie es wahr und gleichzeitig versucht sie selbst zu beurteilen, ob dieses negative Feedback begründet ist oder nicht.

Melanie arbeitet in Inges Abteilung in der Bank. Sie macht ihre Arbeit gut, aber sie braucht viel Ermutigung dazu. Die Ermutigung baut sie richtig auf und ohne sie ist sie nicht ganz sicher, ob sie die Arbeit zur Inges Zufriedenheit erledigt hatte. Deswegen ist sie froh darüber, dass ihre Chefin Inge sie und ihre Arbeit oft lobt. Sie wird dadurch motiviert und weiß auch, ob sie sich am richtigen Weg befindet.

■ Global vs. Detail

Georg braucht immer eine globale Übersicht bevor er mit einem Projekt beginnt. Als Erstes legt er die Ergebnisse fest, die am Ende des Projektes erreicht werden sollten. Er sieht den Wald, aber manchmal verwirren ihn zu viele Bäume. Anschließend teilt er das Globale in (relativ große) Einheiten. Er wird manchmal ungeduldig, wenn seine Mitarbeiter ihm zu viele Details erzählen.

Diana sieht eher die Bäume als den Wald. Sie ist gut im Detail und arbeitet gerne Schritt für Schritt. Sie unterteilt die Arbeit in kleine Abschnitte und macht immer einen Abschnitt fertig, ehe sie mit dem nächsten beginnt. Manchmal ist es schwierig für Diana, Prioritäten zu setzen, weil ihr das globale Bild, das „Big Picture" fehlt.

WEG VON ODER HIN ZU?

Wie ich meine Schüler dazu brachte, Hausübungen zu machen:

Liebe Pearl,

Ich hatte eine Schülergruppe, die so gut wie keine Hausübungen gemacht hat. Egal welche Maßnahme ich gesetzt habe (tägliches kontrolliertes Eintragen ins Aufgabenheft; in der Pause in einem Extraraum nachmachen; Mitteilungen, bei 1o nicht gemachten Hausübung 1 Stunde länger dableiben; statt Turnen oder Zeichnen Hausübung nachmachen; Eltern im Aufgabenheft unterschreiben lassen,...), nichts hat gefruchtet.

Nach dem „Ich kann! Seminar", in dem ich von dir über Metaprogramme gelernt habe, habe ich meine Strategie geändert. Ich habe den Schülern nicht etwas zum Vermeiden, sondern zum Erreichen gegeben.

Für jede gemachte Hausübung gibt es jetzt einen roten Punkt in einer Namenstabelle. Diese hängt gut sichtbar für alle neben der Tafel. Am Ende des Monats werden die Punkte gezählt. Wer am meisten hat, darf sich aussuchen, was in der nächsten Turnstunde gemacht wird.

Plötzlich machten meine Schüler nicht nur ihre Hausübungen, sondern sie fragten sogar, ob sie auch Fleißaufgaben machen dürften!!!

Gerda W, Hauptschule, Wien

■ Matching vs. Mismatching

Harald, Bettina und Ingrid wird folgende Frage gestellt:

*„Wie war Ihr Urlaub dieses Jahr im Vergleich zu dem,
den Sie letztes Jahr gemacht haben?"*

Harald antwortet: „Es war wie immer. Ein Strandurlaub.

Bettina antwortet: „Wir haben wieder einmal einen Strandurlaub gemacht, aber diesmal haben wir im Hotel statt am Campingplatz übernachtet"

Ingrid antwortet: „Es war ganz anders als sonst. Dieses Jahr waren die Kinder nicht mit und das Wetter war schöner als sonst.

*Harald hat das **Metaprogramm Matching**.*
*Bettina hat das **Metaprogrogramm Matching mit Ausnahmen**.*
*Ingrid ist ein **Mismatcher**.*

Fallen Ihnen beim Vergleich von Personen, Aufgaben oder Dingen zuerst die Ähnlichkeiten und Gemeinsamkeiten auf oder merken Sie zuerst die Unterschiede?

■ Manche Leute sind sogenannte MATCHERS. Ihnen fallen Ähnlichkeiten auf. Wenn sie etwas Neues lernen oder erleben, suchen sie frühere Erlebnisse, die vergleichbar sind. Wenn sie keine Ähnlichkeiten zwischen neuen Informationen und vergangenen Erlebnissen finden, kann es sein, dass sie die neuen Informationen einfach ignorieren oder nicht wahrnehmen. Matchers mögen Stabilität. Sie meiden Konflikt und manchmal empfinden sie Veränderung als bedrohlich. Sie sind meist Rapportkünstler.

■ Es gibt auch: MATCHERS MIT AUSNAHMEN. Sie merken zuerst die Ähnlichkeiten zu früherem Gelernten. Erst dann, nachdem sie die Gemeinsamkeiten gefunden haben, fallen ihnen die Unterschiede auf. Sie können mit Veränderungen umgehen, aber sie haben es lieber, wenn sie langsam vor sich gehen. Plötzliche Veränderungen mögen sie nicht.

■ Andere, MISMATCHERS, merken Unterschiede. Wie ist das Neue anders als das, was sie schon kennen und können? Sie mögen Veränderungen und kommen leicht in Konflikte mit anderen. Ihr Motto ist Evolution und Revolution. Aus diesem Grund haben sie manchmal Probleme, Beziehungen aufrecht zu erhalten.

Diese sind die „Ja, aber – Menschen". Egal was man sagt, vertreten sie die gegenteilige Meinung.

Bei einem Mismatcher kann man gut „Reverse Psychology" praktizieren – Sagen Sie lieber das Gegenteil von dem was Sie gerne hätten und Ihre wahre Wünsche werden erfüllt! Sie haben auch die Tendenz, wie die Matchers, gewisse Informationen zu ignorieren. Wenn die Informationen sich von früheren nicht unterscheiden, sind sie für den Mismatcher uninteressant. Manchmal hat man auch das Gefühl, dass Mismatchers schlecht hören. In einem Gespräch sind sie ständig dabei Widersprüche zu den ausgedrückten Meinungen zu suchen. Das lenkt sie ab und deswegen bekommen sie manche Informationen nicht mit.

Das Ziel ist es, ein Gleichgewicht, ein MATCHING MIT AUSNAHMEN, zu erreichen. So lernt man die Vorteile von anderen zu schätzen und gleichzeitig ist man offen für Verbesserungen.

TEIL III

ZUSAMMENFASSEND

12

Multimodalität: So erreichen Sie alle

Stellen Sie sich vor ...

Ich unterrichte gerade eine Gruppe mit 25 Schülern. Plötzlich merke ich, dass es hinten in einer Ecke des Raumes brennt. Ich schreie laut „Feuer!" und laufe schnell aus dem Raum hinaus.

Die Schüler lachen. Sie glauben, ich erzähle einen Witz. Sie bleiben im Raum sitzen und verbrennen.

Meine Frage:	*War ich erfolgreich mit meiner Kommunikation?*
Die Antwort:	*Nein, war ich nicht.*

In der Kommunikation ist der Sender und nicht der Empfänger für das Verständnis zuständig. Ein Grundsatz von NLP heißt:

> **„Die Bedeutung der Kommunikation ist die Reaktion, die sie hervorruft."**

Das heißt, es ist meine Verantwortung, dass ich meine Botschaft so ausdrücke, dass sie richtig verstanden wird. Das habe ich offensichtlich nicht getan.

Und nun stellen Sie sich noch eine Szene vor ...

Ich unterrichte gerade eine Gruppe mit 25 Schülern.
Plötzlich merke ich, dass es hinten in einer Ecke des Raumes brennt.
Ich schreie laut „Feuer!" und laufe aus dem Raum hinaus.

Diesmal laufen 20 Schüler mit mir mit hinaus.
Die anderen 5 bleiben im Raum sitzen und verbrennen.

Meine Frage:	*War ich diesmal erfolgreich mit meiner Kommunikation?*
Die Antwort:	*Nein, noch immer nicht.*

20 von 25 Schülern zu erreichen ist zwar ein besseres Ergebnis aber ich war trotzdem nicht erfolgreich. Es ist meine Aufgabe als Lehrerin, ALLE, die im Klassenzimmer sitzen, zu erreichen. Diese Aufgabe habe ich nicht erfüllt.

Nun höre ich schon manche von Ihnen, wie ich es auch manchmal im Kurs höre, sagen: „Aber das geht gar nicht. Es gibt manche Schüler, die man einfach nicht erreichen kann!"

Womit Sie auch Recht haben.
Nein, Sie werden nicht alle erreichen. Aber es ist trotzdem Ihre Aufgabe es zu probieren.

Hier geht es nicht um einen Perfektionstrieb. Sondern es geht einfach darum, dass jeder von uns das Beste tun soll, das er tun kann. Das genügt.

Ich war vor kurzem auf einer Lehrerkonferenz und habe dort einen Satz gehört, der mich sehr beeindruckte. Der Referierende sagte: "God is perfect. I'm just here to learn."

Und so ist es. Tun Sie das Beste, das Sie können. Bemühen Sie sich, die Einzigartigkeit und den individuellen Lerntyp anzusprechen. Und wenn das nicht reicht, ist es okay.

Das ist so viel! Wie soll ich das alles unterbringen?

Eine Frage, die ich auch immer wieder höre, ist: „Ja aber, wie soll ich alle diese Techniken einbauen und mich gleichzeitig auf den Inhalt konzentrieren?"

Das geht. Schritt für Schritt.
Alles langsam und mit der Zeit.
Der erste Schritt ist, dass Sie sensibilisiert werden.

Lesen Sie die Informationen, die in diesem Buch beinhaltet sind, und lassen Sie sie auf Sie einwirken. Bevor Sie sie aktiv in Ihren eigenen Gesprächen mit anderen einsetzen, nehmen Sie die Gespräche, die in Ihrer Umgebung stattfinden, wahr.

Wenn Sie einmal alleine im Kaffeehaus sitzen, lehnen Sie sich zurück und beobachten Sie die anderen Menschen, die dort anwesend sind. Sind die Gesprächspartner am nächsten Tisch mit einander in Rapport? Wie ist die Körperhaltung der Menschen, die in der Nähe von Ihnen sitzen? Usw.

Oder schauen Sie Diskussionen im Fernsehen an. Die Nachrichten sind dazu nicht geeignet – da lesen die Nachrichtensprecher einfach den Text herunter. Besser ist es wenn Sie zum Beispiel Politikerdiskussionen anschauen. Schalten Sie den Ton ab (Da versäumen Sie beim Politikergespräch wahrscheinlich ohnehin nichts!) und beobachten Sie die Körpersprache, die Augenbewegungen, etc.

Mit der Zeit werden Sie immer geübter. Bald werden Sie merken, dass diese neuen Techniken Ihnen in Fleisch und Blut übergegangen und nicht mehr anstrengend sind.

Erzielen Sie eine gesunde Modalitäten-Mischung

Eine Frage, die auch immer wieder gestellt wird, ist:
„Das ist alles sehr interessant und ich erkenne durch deine Schilderungen viele meiner Lernenden. Aber wie mache ich das in der Gruppe? Ich kann doch nicht alle Lernstile gleichzeitig spiegeln!"

Ja, das stimmt. Und zum Glück ist es nicht notwendig!
Nein, Sie brauchen nicht jeden Schüler, der in der Klasse sitzt, zu spiegeln!

Wenn Sie mit dem einzelnen Lernenden arbeiten, spiegeln Sie seine Hauptmodalität bzw. setzen Sie eine Auswahl an Techniken für seine Modalität, die bis jetzt erwähnt worden sind, ein. Sie holen ihn in seiner Modalität ab und führen ihn dorthin, wo er gut lernen kann.

Sie werden aber nie eine Klasse haben, in der alle Lernenden, die auf den Bänken sitzen, den gleichen Hauptlernstil teilen. (Zum Glück! Wie langweilig die Welt und auch der Unterricht wäre, wenn wir alle gleich wären!!)

Je mehr Lernstile, desto besser!

**Rechtshemisphärisch. Linkshemisphärisch.
Visuell. Auditiv. Kinästhetisch. Metaprogramme.**

Das sind die Lernstile, die wir in diesem Buch besprochen haben. Und, wie Sie wissen, gibt es auch viele andere hervorragenden Lernstiltheorien, die noch weitere Lerntypen beschreiben.

Welche soll man einsetzen? Und wann?
Die Lösung dazu ist, eine Auswahl von möglichst vielen Lernstilen zu treffen. Nach Möglichkeit sollten für jedes neue, schwierige Thema Aktivitäten in allen drei Hauptmodalitäten eingesetzt werden. Wenn Sie Ihren Unterricht multimodal gestalten:

Hier ist ein Mail über den multimodalen Unterricht, das ich von Beate Fiedler, Hauptschullehrerin und Autorin aus Duisburg in Deutschland, erhalten habe.

Liebe Pearl,

Im Arbeitsbuch zu meinem neuen Buch Das Weihnachtstheater (Soziales Lernen für Hauptschüler) schlage ich den Lehrern vor, mit den Kindern Talkshow zu spielen. Sie kennen das fast alle aus dem Fernsehen. Dabei wird die Klasse in verschiedene Gruppen geteilt (5-6 Schüler) und erhält ebenso viele Zettel mit Arbeitsaufträgen. Aus meinem Unterricht möchte ich zur Erklärung folgendes Beispiel anführen.

Thema der Talkshow: Soll es in Deutschland Schuluniformen geben? Diskutiert über dieses Thema und verteilt vorher folgende Rollen:

1. Moderator, der das Thema und die Gäste vorstellt und dafür sorgt, dass jeder zu Wort kommt
2. Gast, der als Schüler dabei ist und gegen Schuluniformen ist
3. Gast, der als Schüler dabei ist und dafür ist
4. Mutter - Wähle selber aus, ob sie dafür oder dagegen ist
5. Lehrer/in - Wähle selber aus, ob sie dafür oder dagegen ist

In diesen Spielrunden dürfen auch die anderen Schüler zu Wort kommen, die das Publikum bilden. Sie stehen auf, signalisieren damit ihren Wunsch, etwas zur Diskussion beitragen zu dürfen und müssen warten, bis der Moderator sie an die Reihe nimmt.

Der Themenwahl für diese Talkshows sind keine Grenzen gesetzt. Auch Probleme innerhalb der Klasse können damit gut spielerisch bearbeitet werden. Da ja jeder nur „eine Rolle spielt", sind die Schüler/innen oftmals ehrlicher in ihrer Meinungsäußerung, als sie es sich in einer normalen Diskussion wagen würden.

Und was hat das alles mit den Lerntypen zu tun?
Nun, da jeder frei wählen darf, welche Rolle er einnehmen möchte, wird den verschiedenen Lerntypen schon entsprochen. Die eher kinästhetischen Typen wählen meistens die Moderatorenrolle. Der Moderator darf stehen, laufen, sich anlehnen, immer wieder dazwischen reden und bestimmen, wer zu Wort kommen darf.

- werden Sie alle Lernstile erreichen.
- werden die Auditiven und die Kinästheten lernen, besser visualisieren zu können
- wird das Erlernte durch den Einsatz von auditiven und kinästhetischen Lerntechniken im Langzeitgedächtnis gespeichert.
- wird gleichzeitig der Lernstoff im Gehirn vernetzt, d.h. der Lernstoff wird länger behalten und kann leichter rekonstruiert werden.

Dies gilt sowohl für den Unterricht von Kindern, von Jungendlichen wie auch von Erwachsenen, die vom multimodalen Unterricht enorm profitieren können.

Für die visuellen Lerner verwende ich Overheads, Power Point, Flip Chart, Plakate, Bilder und Kurzfilme. Die Unterlagen werden auf farbigem Papier kopiert und es steht ihnen farbigen Stifte zur Verfügung. Sie merken sich, was sie sehen. Ich bemühe mich auch, dass meine verbalen und meine nonverbalen Botschaften übereinstimmen, d.h. kongruent sind. Wenn ich die Lernenden z.B. bitte, sich ein Konzept vorzustellen, spreche ich etwas schneller, suche mir visuelle Worte aus und zeige mit meiner Hand hinauf, um visuelle Augenbewegungen zu unterstützen.

Die auditiven Lerner genießen Aktivitäten mit Brainstorming, Diskussionen. Sie arbeiten gerne in Paaren und Kleingruppen. Sie haben auch gerne Vorträge. Viele Fragen – auch rhetorische - halten ihre Aufmerksamkeit aufrecht. Bewegen Sie sich auch rhythmisch beim Vortragen und spielen Sie mit der Stimme - die Schüler gehen nämlich mit Ihrer Stimme im Ohr nach Hause.

Für den Kinästheten bemühe ich mich, den Unterricht möglichst „hands on" zu machen. Ich baue viel Bewegung und Rollenspiel in den Unterricht ein. Sie lernen durch das Tun und wollen nicht lange still sitzen. Sie merken sich den Stoff auch besser, wenn er mit Emotionen verknüpft ist. Daher sprechen Sie langsamer und bauen Sie auch Handgesten nach rechts unten in den Vortrag ein.

Alle Modalitäten werden adressiert und ich baue dadurch viele Verbindungen auf, die eine spätere Rekonstruierung des Lernstoffes leicht ermöglichen.

Sie sind auch diejenigen, die als Publikum immer wieder aufstehen, die Diskussion trotzdem aufmerksam verfolgen und wenn sie an die Reihe kommen, wissen sie nicht, was sie eigentlich sagen wollten (das wollten sie ja auch gar nicht, aber sie mussten eben mal ihre Position wechseln und konnten nicht die ganze Zeit sitzen).

Die eher Auditiven sind hervorragende Diskussionspartner. Sie reden sehr schnell und viel und müssen von Moderator oft gestoppt werden, damit auch andere zu Wort kommen. Sie wählen meistens die Rolle der Schüler.

Lehrer, Elternteil, Arzt, Sozialpädagoge oder Schulleiter sind die Rollen, die vorwiegend von den Schülern mit visuellem Lernstil gewählt werden. Es sind die eher ruhigen Schüler, die auch keine Lust auf Streitereien haben. Sie dürfen ihre Meinung äußern, lehnen sich danach meistens zurück und verfolgen die Diskussion eher still.

Beate Fiedler, Hauptschullehrerin & Autorin, Deutschland

Fiedler, Beate

Das Weihnachtstheater
Hase und Igel Verlag, www.hase-und-igel.com   Das Buch hat die ISBN   978-3- 86760- 082-8
Themen dieses Buches: Freundschaft, Liebe, Vorurteil, Erstes Verliebtsein, soziales Lernen

Es liegt an uns, unsere Lernenden zu erreichen

Das tun wir, indem wir ihre Lernstile erkennen und auch anerkennen. Nachdem wir den Zugang, d.h. den visuellen, auditiven oder kinästhetischen Lernstil in unseren Schülern erkannt haben, können wir diesen spiegeln und einen Rapport zum Schüler aufbauen. Wir steigen kurz in seine Welt ein. Wir nehmen seine Realität wahr und sind dann mit ihm auf der gleichen Wellenlänge. Seine Augen und seine Ohren sind offen für das, was wir ihm mitteilen wollen und gute Kommunikation kann stattfinden. Rapport gibt uns auch die Erlaubnis, ihn auf seine Reise ins Lernen zu begleiten. Da werden Brücken gebaut, die seinen Weg in unsere Welt ermöglicht und erleichtert. Durch diese Erweiterung seiner Welt kann er das Gelernte in neue Situationen transportieren und anwenden. Multimodalität in der Gruppe macht es möglich:

We can reach them to teach them.

Und das erinnert mich zum Abschluß, wieder an eine wunderschöne Geschichte.

DIE SIEBEN WELTWUNDER

Eine Schulgruppe wurde nach den momentanen sieben Weltwundern befragt. Trotz einigen Unstimmigkeiten bekamen folgende Denkmäler die meisten Stimmen:

1. *die ägyptischen Pyramiden*
2. *der Taj Mahal*
3. *der Grand Canyon*
4. *der Panama Kanal*
5. *das Empire State Building*
6. *der Petersdom*
7. *Chinas große Mauer*

Als die Lehrerin die Stimmen einsammelte, fiel ihr auf, dass eine Schülerin noch nicht fertig war. Sie fragte sie, ob sie Hilfe benötige und die Schülerin antwortete: „Ja, ein bisschen. Ich konnte mich nicht entscheiden, weil es so viele gibt."

Die Lehrerin erwiderte: "Nun sage uns was du aufgeschrieben hast, damit wir dir helfen können."

Das Mädchen zögerte, las dann aber vor:

"Ich glaube, die sieben Weltwunder sind:

1. *das Sehen,*
2. *das Hören,*
3. *Riechen,*
4. *Schmecken,*
5. *spüren*
6. *und lachen zu können,*

7. *und lieben.*
Im Zimmer war es nun mucksmäuschenstill.

Plötzlich wurde es allen bewusst:
Die Sachen, die wir als selbstverständlich sehen, sind die tatsächlichen Weltwunder. Wieder eine kleine Erinnerung, dass die wichtigsten Dinge im Leben nicht von menschlicher Hand gebaut oder gekauft werden können.

Bibliographie

Bodenhamer, Bob G. und Hall, Michael L.: *The User's Manual for the Brain.* WBC Book Manufacturers. (1999)

Bodenhamer, Bob G. und Hall, Michael L.: *Figuring Out People.* (1997)

Charvet, Shelle Rose: *Words that Change Minds.* (1997)

DePorter, Bobbi, Reardon, Mark & Singer-Nourie, Sarah: *Quantum Teaching: Orchestrating Student Success.* Allyn & Bacon, Boston (1999).

Goleman, Daniel. *Emotional Intelligence.* Bantam Dell Pub Group (1996).

Grinder, Michael: *Schule Erster Klasse. NLP für Lehrer.*

Grinder, Michael: *Schule Erster Klasse. Nonverbale Kommunikation im Unterricht.*

Markova, Dawna: Wie Kinder lernen. *Eine Entdeckungsreise für Eltern und Lehrer.* VAK Verlags G.m.b.H. (2002)

Meister-Vitale, Barbara: *Unicorns are for Real,* (Deutsch: Lernen kann auch Spaß machen)

Nitsche, Pearl: *Unterrichten mit Logik & Liebe. NONVERBALES KLASSENZIMMERMANAGEMENT. Strategien aus der Praxis für die Gruppe.* (2005) www.pearls-of-learning.com

O'Connor, Joseph und Seymour, John: *Training with NLP, Neuro-Linguistic Programming Skills for Managers, Trainer and Communicators.* Harper Collins Publishers. (1994)

Ready, Romilla und Burton, Kate: *Neuro-linguistic Programming for Dummies.* John Wiley & Sons, Ltd. (2004)

Tate, Marcia L.: *"Sit and Get" Won't Grow Dendrites. 20 Professional Learning Strategies that Engage the Adult Brain.* Corwin Press (2004)

Kontaktinformation

Ich hoffe, dieses Buch hat Ihnen gefallen und hat Ihnen einige gute Ideen für die Bereicherung Ihres Unterrichts gegeben!

Falls Sie mir Kommentare, Vorschläge, neue Ideen oder Anker schicken wollen, würde ich mich sehr über ein E-Mail freuen:

pearl.nitsche@chello.at

Falls Sie mehr Informationen bezüglich meines Seminarangebots haben wollen, schauen Sie auf meine Website:

www.pearls-of-learning.com

oder schreiben Sie mir:

pearl.nitsche@chello.at

Weitere Exemplare dieses Buches bzw. meines ersten Buch „NONVERBALES KLASSENZIMMER MANAGMENT Strategien aus der Praxis für die Gruppe" können Sie per email bestellen.